KALABRIEN

Vordere Umschlagklappe: Übersichtskarte nördliches Kalabrien

Hintere Umschlagklappe: Übersichtskarte südliches Kalabrien

Titelbild: Tropea mit der Isola Bella
Umschlagklappe vorne: Aspromonte
Umschlagklappe hinten: Vibo Valentia
Umschlagrückseite: Tropea, die cipolla rossa
Umschlagrückseite: Mit dem Calabro-Lucano in die Sila
Umschlagrückseite: Stilo und die Cattolica
Vignette S. 1: Capo d'Armi, an der Jasminküste
S. 2/3: Roccella Ionica

Über die Autorin: Ilona Witten, Jahrgang 1965, studierte Soziale Verhaltenswissenschaften und Soziologie an der Fernuniversität Hagen. Sie kennt, liebt und bereist Kalabrien bereits seit ihrer Kindheit.

Grazie: Ein herzliches Dankeschön für ihre Unterstützung bei der Arbeit an diesem Buch gilt: Maria e Angelo Stumpo, Concetta Carioti, Maria Pata, Pasquale Lorenzo, Maria Teresa Barini, Pasquale Fillardi, Francesco Vallone, Francesco Cirillo, Signora Carioti, Tommaso Leone, Marcella Romano, meinen Eltern, Heidemarie und Oskar Olaf Witten, Angelika Bartoldus, Stefani Brinck, Tim Seckert, Gabriele Nagath, Kirsten Hemling, Ute Schwarz und Ralf Kelle. Zu guter Letzt ein Dank an Giovanni Bosk, der mich mit *bella Calabria* bekannt gemacht hat.

© DuMont Buchverlag, Köln
2., aktualisierte Auflage 2001
Alle Rechte vorbehalten
Umschlaggestaltung: Groschwitz, Hamburg
Satz und Druck: Rasch, Bramsche
Buchbinderische Verarbeitung: Bramscher Buchbinder Betriebe

Printed in Germany   ISBN 3-7701-5288-3

INHALT

LAND & LEUTE

Natur und Lebensraum

Sonne, Strand und Meer	14
Gebirge und Flüsse	14
Wälder, Wiesen und Seen	17
Flora und Fauna	17
Thema: Waldbrände	19
Der Nationalpark	20
Die Thermen	21
Das Klima	22
›Steckbrief‹ Kalabrien	23

Geschichte, Wirtschaft, Kunst und Kultur

Mehr als 2800 Jahre Geschichte	26
Thema: 'ndrangheta – die kalabresische Mafia	30
Der ›rückständige‹ oder der ›ausgebeutete‹ Süden?	30
Industrie, Landwirtschaft und Tourismus	31
Baukunst und Malerei	32
Thema: Auf der Netzthaut von Albino Lorenzo	34
Das Handwerk	35
Bevölkerung – zwischen Tradition und Fortschritt	36
Thema: Emigration – emigrazione	37
Glaube, Bräuche und Feste	38
Die kalabresische Küche	41
Dichter und Denker	42

UNTERWEGS
IN KALABRIEN

Die Costa dei Cedri und der Monte Pollino

Von Praia a Mare nach Cetraro	48
Thema: Zedernfrucht	54
Cetraro, Guardia Piemontese und die Terme Luigiane	57
Thema: Waldenserverfolgung	58
Nationalpark Monte Pollino	62
Durch das Flusstal Lao nach Morano Calabro	62
Ins Flusstal des Raganello	68
Ein Ausflug nach Altomonte	69

Cosenza und Umgebung

Die Provinzhauptstadt Cosenza	74
Thema: Mit der Eisenbahn in die Sila	79
Von Cosenza gen Norden	80
Rende	80
Montalto Uffugo	81
Luzzi – die Stadt der Kirchen	82
Ausflüge von Cosenza an die Tyrrhenische Küste	86
Amantea	86
Paola	92

Die Sila

Geschichte und Geografie der Sila	96
Die Sila Grande	99
Von Camigliatello nach San Giovanni in Fiore	99
Thema: Die kulinarischen Genüsse der Sila	101
Die Laghi Arvo und Ampollino	103
Thema: Wandern, Wandertour von Mancuso nach Buturo	104
Die Sila Piccola	105
Vom Lago Ampollino nach Taverna	105

Die Sila Greca und das Alto Ionio Cosentino

Die Sila Greca	110
Rossano	111
Abstecher nach Castiglione di Paludi	114
Albanische Dörfer – Arbëreshë	114
Sibari – das antike Sybaris	116
Thema: Albanische Folklore – Ilambadhor und Vallja	117
Das Alto Ionio Cosentino	120
Cerchiara di Calabria	120
Von Trebisacce bis Rocca Imperiale	122
Abstecher nach Oriolo	124

Der Marchesato

Crotone	128
Von Crotone Richtung Süden über Capo Colonna nach Le Castella	131
Cropani	134
Cirò	136
Von der Torre Melissa ins Landesinnere des Marchesato	138
Strongoli und Santa Severina	138
Thema: Sarazenentürme	139

Rund um Catanzaro

Catanzaro	142
Museumsausflug nach Siano	147
Tiriolo – Stadt zwischen den Meeren	148
Thema: Vancali – oder die Kunst des Webens	149
Ausflüge an den Golf von Squillace	152
Parco Archeologico Roccelletta di Borgia	152
Squillace	153
Die Badeparadiese Staletti und Soverato	154

Costa degli Dei

Von Briatico nach Parghelia	160

Tropea – die Perle des Tyrrhenischen Meeres	167
Abstecher ins Landesinnere	170
Thema: Äolische Inseln	171
Südlich von Tropea zum Capo Vaticano und Monte Poro	172
Nicotera	173

Vom Tyrrhenischen zum Ionischen Meer

Pizzo und Ausflüge ins Landesinnere	176
Vibo Valentia	179
Von Vibo Valentia nach Serra San Bruno	183
Thema: Das Tal der Mühlen	185
Von Mongiana nach Bivongi	188
Stilo – Città del Sole	191
Kaulonia – Monasterace Marina	194

Um die Südspitze Kalabriens

Scilla	198
Reggio di Calabria	201
Thema: Die Bronzestatuen von Riace – Entwicklungshelfer des Südens	205
Pentidàttilo und die griechischen Dörfer and der Südspitze und im Aspromonte	208
Thema: Aspromonte	210
An der Costa dei Gelsomini	214
Locri Epizefiri und Locri	215
Gerace	217

TIPPS & ADRESSEN

Reisevorbereitung & Anreise	223
Unterwegs in Kalabrien	225
Unterkunft & Restaurants	226
Urlaubsaktivitäten	228
Reiseinformationen von A bis Z	231
Abbildungsnachweis	235
Register	236

Kartenverzeichnis

Zedernküste und Monte Pollino	50/51
Stadtplan Cosenza	76
Cosenza und Umgebung	81
Stadtplan Amantea	88
Sila Grande und Piccola	98/99
Stadtplan Rossano	112
Sila Greca und alto Ionio Cosentino	121
Stadtplan Crotone	130
Marchesato	140
Stadtplan Catanzaro	144
Rund um Catanzaro	150
Costa degli Dei und die Serre	162/63
Stadtplan Tropea	166
Stadtplan Vibo Valentia	182
Südspitze Kalabriens	200/01
Stadtplan Reggio di Calabria	206
Stadtplan Gerace	218

Bitte schreiben Sie uns, wenn sich etwas geändert hat.
Alle in diesem Buch enthaltenen Angaben wurden von der Autorin nach bestem Wissen erstellt und von ihr und dem Verlag mit größtmöglicher Sorgfalt überprüft. Gleichwohl sind – wie wir im Sinne des Produkthaftungsrechts betonen müssen – inhaltliche Fehler nicht vollständig auszuschließen. Daher erfolgen die Angaben ohne jegliche Verpflichtung oder Garantie des Verlages oder der Autorin. Beide übernehmen keinerlei Verantwortung und Haftung für etwaige inhaltliche Unstimmigkeiten. Wir bitten dafür um Verständnis und werden Korrekturhinweise gerne aufgreifen:
DuMont Buchverlag, Postfach 10 10 45, 50450 Köln
E-Mail: reise@dumontverlag.de

Die roten Zwiebeln von Tropea ▷

LAND & LEUTE

»... Als der Tag von
Kalabrien kam
hatte Gott in der
Hand 15 000 qkm
von grünem Ton mit
violettem Abglanz...
Er wollte, dass das
Meer immer violett sei
die Rose im Dezember blühe
der Himmel klar
das Land fruchtbar
die Ernte reichhaltig
das Wasser reichlich
das Klima mild
der Duft der Kräuter
berauschend sei«

*Leonida Rèpaci,
Rom, 31. Juli 1973*

Natur und Lebensraum

Sonne, Strand und Meer

Gebirge und Flüsse

Wälder, Wiesen und Seen

Flora und Fauna

Der Nationalpark

Die Thermen

Das Klima

Holzabbau in der Sila bei Lorica

Sonne, Strand und Meer

Kalabrien tief in der Stiefelspitze des italienischen Festlandes ist für die Norditaliener schon seit langem ein beliebtes Ferienziel. An der 780 km langen Küste finden sich zahlreiche weitläufige Sandstrände, kleine, versteckte Buchten und vereinzelt auch Klippen. Für einen Bade- und Strandurlaub bietet sich allen voran die *Costa degli Dei* an der Tyrrhenischen Küste an, aber auch die Badeparadiese Soverato und Staletti sowie die Isola di Capo Rizzuto (teils Felsküste) am Ionischen Meer versprechen schöne Ferien. Feine Sandstrände in wunderschönen Buchten finden sich aber auch an der *Costa dei Cedri* (Praia a Mare/San Nicola Arcella) und der *Costa dei Gelsomini* im äußersten Süden Kalabriens.

Die Badezeit beginnt für die Italiener meist mit den ersten Sonnenstrahlen im Mai, während die nordeuropäischen Touristen oft schon Ende März in das durchschnittlich nur 14° C kühle Wasser steigen. Die Saison, die im August ihren Höhepunkt mit Wassertemperaturen um die 24° C erreicht, dauert in der Regel bis Ende Oktober und bis sogar in den November hinein.

Gebirge und Flüsse

Kalabrien ist ein gebirgiges Land, obwohl es vor allem durch seine Küsten und Strände bekannt ist. Von rund 1,5 Mio. m² Gesamtfläche sind 630 000 m² Gebirge und 740 000 m² Hügelland. Im Norden Kalabriens ragt der Monte Pollino mit dem höchsten Berg der Region, der Serra Dolcedorme (2267 m), hervor. Dann folgen (von Nord nach Süd) die weitflächige Sila, die Serre und in der Südspitze Italiens der Aspromonte mit dem Montalto Monte Cocuzza (1955 m). Er ist äußerster Punkt des fast ganz Italien durchziehenden Apennins. Neben diesen Hauptgebirgen gibt es zahlreiche Vorgebirge, wie beispielsweise den Monte Poro (710 m) oder die Küstenkette *(catena costiera)* im Cosentino. Die Bergwelt wird nur durch die Ebenen von Gioia Tauro, Santa Eufemia und Sibari unterbrochen.

Kalabriens sehr altes kristallines Gestein ist mindestens 1000 Mio. Jahre alt und weist zahlreiche Mineralien auf. In dem überwiegend aus Kalkstein bestehenden Pollino-Gebirge lässt sich das ›Karstphänomen‹ beobachten. Durch die klimatischen Verhältnisse wird wasserlösliches Gestein (Kalk, Dolomit) an und unter der Erdoberfläche ausgelaugt: Es entsteht nackter Karst. Am oberen Ionischen Meer in der Nähe von Trebisacce und Cerchiara Calabro finden sich auch zahlreiche Karstgrotten. In der Serre-Gegend wurde lange Zeit Eisen und Kupfer abgebaut, weiter nördlich vor allem Salz, Koh-

---

Badefreuden südlich vom Capo Vaticano

Natur und Lebensraum

Viele Schluchten durchziehen die kalabresischen Nationalparks: Gole del Calore

le und Uran. Das Gebiet besteht überwiegend aus Granit und metamorphen Felsen. Insbesondere die ionische Küste, die Ostseiten der Sila und der Serre, bestehen aus Granit. Gneiss trifft man hingegen in der Westsila, an der cosentinischen Küstenkette und im Aspromonte-Massiv an. Die typischen Felsen im Aspromonte, die graugrün und als vielschichtiger Schiefer erscheinen, bestehen aus Phyllit und Glimmer.

Zahlreiche Flüsse durchziehen die italienische Region, darunter der Neto und der Crati. Letzterer ist mit seinen 93 km der längste Fluss mit dem größten Becken in Kalabrien. Er entspringt am Timpone Bruno (1742 m) in der Sila Grande und mündet, nachdem er das Wasser des Busento und des Coscile aufgenommen hat, ins Ionische Meer. Ebenfalls ins *mare ionio* münden – neben vielen kleineren Flüssen – der Trionto, der Neto und der Corace. Auf der anderen Seite des Apennins fließen der Laos, der Savuto und der Amato hinab in das Tyrrhenische Meer. Zahlreiche Flussadern durchziehen vor allem die Sila, um schließlich einige künstlich angelegte Seen zu füllen.

Wälder, Wiesen und Seen

Einst zog sich ein durchgängiges Waldgebiet vom Pollino bis zum Aspromonte. Im Laufe der Jahrtausende und vor allem der Jahrhunderte, in denen die Römer in Kalabrien weilten, wurden zahlreiche Wälder für die Konstruktion der Galeeren abgeholzt. Doch noch immer verfügt das Land über einen sehr reichen Baumbestand, allen voran in der Sila und im Aspromonte, aber auch in der Serre wachsen jahrhundertealte Buchen- und Pinienwälder. In der Aspromonte-Zone sind reine Buchen- und Mischwälder mit Pappeln und Weißtannen, Pinien und Fichten anzutreffen. Das Aspromonte-Gebirge hat wohl die dichtesten und undurchdringlichsten Wälder in ganz Italien zu bieten. Zu Recht gilt es als eines der letzten Naturparadiese Europas, in denen der Mensch bisher wenig Schaden angerichtet hat.

Das Sila-Gebirge und die Serre hingegen bestechen durch satte, grüne Wiesen, über die sich ein herrlicher Blick ins Landesinnere eröffnet und von wo aus man schon mal den ein oder anderen See in der Ferne erspähen kann. Zu den größten Seen zählen der Lago Cecita, der Lago Arvo und der Lago Ampollino. Nördlich der Sila Greca befindet sich der Lago Tarsia und oberhalb von Pizzo liegt der Lago dell'Angitola. Der einzige nicht gestaute unter den kalabresischen Seen ist der Lago di due Uomini in über 1000 m Höhe auf dem Binnenausläufer der cosentinischen Küstenkette.

Flora und Fauna

Vegetation und Tierwelt sind je nach Gebirgs-, Wald- oder Küstengegend sehr verschieden. Die am meisten verbreiteten Tiere in Kalabrien sind wohl die kleinen, flinken Salamander, die reglos kaum von der Flora zu unterscheiden sind, bei Gefahr aber blitzschnell verschwinden können. In den Küstengebieten findet man eine typische Mittelmeervegetation, die *macchia mediterranea*. Unverwüstliche grüne Büsche, Wacholder, Steineichen sowie Kakteen, Schilfpflanzen, Ginster und Oleander säumen die Straßenränder. Dazwischen immer wieder die prachtvollen Farben des Klatschmohns und der Glockenblumen. Und natürlich blühen entlang der Küsten die allseits bekannten Olivenbäume und – vor allem auf der Tyrrhenischen Seite – Zitronen- und Orangenbäume. In der kargeren Zone am Ionischen Meer gedeihen dagegen häufiger schnell wachsende und anspruchslose Eukalyptusbäume.

Im Monte Pollino-Gebiet wächst der *pino loricato* (Schuppenpinie), von der es weltweit nur einige tausend Exemplare gibt. In den tiefen Wäldern ist auch der apenninische Wolf zu Hause. Da das scheue Tier kaum zu beobachten ist, sei auf das Naturschutzzentrum in Morano (s. S. 67) hingewiesen, in dem anschaulich über den Wolf informiert wird. Daneben bevölkern Rehe, Dachse, Steinmarder, Hirsche, Wildkatzen, Schlangen und viele Vögel die Höhen des Pollino. Typisch für diese Gegend sind auch Mäusebussard, Specht, Sperber, Waldkauz, Eichelhäher und Gabelweihe.

In den Laub- und Nadelwäldern der Sila leben vor allem Wölfe, Füchse, Wildschweine, Hasen, schwarze Spechte, schwarze Eichhörnchen und Käuze. In ihren Gewässern schwimmen noch Forellen und Aale, deren Bestand allerdings durch die Schwarzfischerei bedroht ist. Neben der Fauna ist auch die Flora sehr interessant. Der für die Sila charakteristische Baum ist die Schwarzpinie *(pino laricio)*, die bis zu 50 m hoch wird. Während über der 1500 Meter-Grenze die Tannen überwiegen, zum Teil in Symbiose mit Buchenwäldern, sind in niedrigeren Höhen zahlreiche Kastanien und Eichen anzutreffen.

Die Serre ist ebenso wie die Sila für ihren Pilzreichtum bekannt und ein beliebtes Ausflugsziel. Hier gibt es Buchen-, Tannen-, Steineichen- und Kastanienwälder sowie eine Nussbaumanpflanzung bei Cardinale. Neben Farn, Stechpalmen und dem beliebten Mäusedorn mit seinen schönen roten Beeren fallen vor allem die Alpenveilchen auf. Die Bergamotte, eine ganz besondere Südfrucht, aus der die begehrte Essenz zur Herstellung von Parfüm gewonnen wird, wächst nur im Aspromonte-Gebiet. An seinen Hängen gedeihen auch gelber Ginster und Klatschmohn, die zusammen mit Margeriten und Glockenblumen ein prächtiges Panorama bieten. Im Frühling taucht der weiße Jasmin die gleichnamige Küste in eine Duftwolke.

In den Feuchtgebieten Kalabriens – an den Laghi Angitola und Tarsia sowie im Mündungsdelta des Crati – wachsen Schilfrohr, Rohrkolben und Binsen. Hier haben sich vor allem diverse Entenarten, Möwen, Limikolen, Stelzenläufer, Säbelschnäbler und die Uferschnepfe niedergelassen. Im Frühjahr ist im Aspromonte auch der Falke zu beobachten, wenn er auf seinem Zug nach Norden rastet. Doch immer wieder liegen alljährlich Jäger auf der Lauer (15. Sept.–31. Jan.), um diese und viele andere Vögel abzuschießen. Immerhin ist die Zahl der Jäger in den letzten 20 Jahren von 2,6 Mio. auf 970 000 gesunken und die einstige 10-monatige Zugvogeljagd konnte dank des Engagements der

Waldbrände

Wer in den Sommermonaten durch Italien, insbesondere durch den Süden reist, wird hin und wieder durch Brände aufgeschreckt. Wie die zuständige Behörde, der *Corpo Forestale* mitteilt, sind viele dieser Brände auf sehr wahrscheinlich auf Böswillig- oder Fahrlässigkeit zurückzuführen. Unklar jedoch sind die genauen Ursachen, und so bietet dieses Phänomen Raum für Spekulationen im wahrsten Sinne des Wortes: abgebranntes Gelände ist ergiebiges Bauland. Wie P. Kammerer und E. Krippendorf in ihrem Reisebuch ›Italien‹ (1999) darlegen, lässt sich das 1975 erlassene Gesetz über die Nichtbebauung von abgebrannten Grundstücken nicht durchsetzen.

Andere Erklärungsansätze ziehen Pyromanie oder einfach achtlos weggeworfene Zigaretten ins Kalkül, die in der Dürre des Sommers schnell ein Feuer entfachen kann. Aber auch die Vermutung, dass frustrierte Jäger für das teils verhängte Jagdverbot Rache nehmen, wird ernsthaft diskutiert. Eine weitere, wenn auch seltsam anmutende Erklärung ist die, das durch eine dem Brand folgende Wiederaufforstung Arbeitsplätze geschaffen werden können.

Das alles ist reine Spekulation. Unumstößlich fest steht aber, dass die von den Bränden am schwersten betroffenen Regionen Sizilien und Kalabrien zugleich die meisten Forstbeamten stellen. So sorgen allein in Kalabrien rund 30 000 Forstbeamte für die Wacht des Waldes. Aber: Wer auch da mit dem Feuer spielt, die Brände ziehen, ganz abgesehen vom Verlust des Lebensraums für viele Tiere und Pflanzen, schwerwiegende Folgen nach sich.

Spätestens im Winter, wenn die ersten Sturzbäche ins Tal hinunter strömen, kommt es zu starken Überschwemmungen, Hänge rutschen ab, Straßen und Gleise werden verschüttet. So wird nicht nur ein kostbares Naturgut vernichtet, sondern es entsteht auch ein hoher ökonomischer Schaden. Dass sich an dieser Problematik nur langsam etwas ändert, ist auch Ausdruck des immer noch mangelhaften Umweltbewusstseins der Süditaliener.

Im Brandfall bitte unter der in ganz Italien gültigen **Notrufnummer 1515** oder bei der Anti-Brand-Stelle *Servizio Anticendio Boschivo* (Centro Operativo Provinciale, Ispettatore Forestale di Catanzaro) unter Tel. 0961/534 21 melden:

»*C'è un incendio* (es ist ein Feuer) *nel bosco di ...* (im Wald von...) oder *vicino...* (in der Nähe ausgebrochen).«

Natur und Lebensraum

Pini larici im Monte Pollino

italienischen Tierschützer auf viereinhalb Monate verkürzt werden. So sprechen sich in Umfragen auch 90 % der Italiener für die Abschaffung der Zugvogeljagd aus.

Der Nationalpark

Der Nationalpark Kalabriens ist kein zusammenhängendes Gebiet, sondern verteilt sich auf mehrere Zonen der Sila, des Aspromonte und des Monte Pollino. Insgesamt sind ca. 90 000 ha des kalabresischen Gebiets (ohne das Pollino-Gebirge) zum Schutzgebiet *Parco Nazionale della Calabria* erklärt worden. Davon gehören jeweils ca. 6000 ha zur Provinz Catanzaro (Sila Piccola) und Cosenza (Sila Grande) und schließlich 76 000 ha zum Aspromonte (Provinz Reggio di Calabria). Ein Teil des Schutzgebiets erstreckt sich östlich des Lago Cecita in der Sila Grande. In der Sila Piccola ist das Gebiet rund um den Garglione zur Schutzzone erklärt worden. Im äußersten Süden befindet sich der Nationalpark des Aspromonte. Ganz im Norden Kalabriens liegt der Parco Nazionale del Monte Pollino, der sich bis in die Basilicata ausdehnt. Ca. ein Drittel der zum nationalen Schutzgebiet deklarierten Fläche des Pollino-Gebirges (192 565 ha) gehört zum kalabresischen Terrain.

Informationen bei den zuständigen Forstbehörden: **Provinz Catanzaro,** Comandi Stazioni Forestali in Garglione, Buturo, Tel. 0961/931 31, 92 20 30, 93 12 78. **Provinz Cosenza,** Comandi Stazioni Forestali von Cava di Melis, Tel. 0983/710 90, Santa Barbara, Germano, Tel. 0984/99 20

00, Camigliatello, Tel. 0984/97 82 13, Cupone, Tel. 0984/97 81 44. **Provinz Reggio di Calabria,** Comando Stazione Forestale von Basilico di Gambarie, Tel. 0965/74 30 20.

Die Thermen

Eine noch weitgehend unbekannte Attraktion Kalabriens sind seine Thermalanlagen. Warmes Heilwasser und Schlamm dienen zur Behandlung zahlreicher Krankheiten, so z. B. rheumatischer Leiden, Gelenkerkrankungen und Beschwerden im Bereich der Atemwege.

Am Hang des Berges Sellaro im Monte Pollino-Gebirge liegen die Thermen von Cerchiara di Calabria.

Aus dem Kalkgestein sprudelt warmes Heilwasser, das insbesondere bei rheumatischen, Haut- und Gelenkerkrankungen angewandt wird. Im großen Thermalschwimmbad können sich Groß und Klein im Schlamm wälzen, sei es zum reinen Vergnügen oder aus gesundheitlichen Gründen.

Nicht weit entfernt, in den Thermen der Sibarite in Cassano Ionio, ist Schlamm ebenfalls Hauptbestandteil der Thermalanlage. Bereits im Altertum waren die Quellen (Schwefelwasser) für ihre außergewöhnlich heilende Wirkung bei der Behandlung gelenkrheumatischer Leiden, rhinogener Taubheit, gynäkologischer Erkrankungen und Erkrankungen der Atemwege bekannt. Die brom- und jodsalzhaltigen Thermen, vor allem bei Lebererkrankungen indiziert, befinden sich in der Nähe von Spezzano Albanese am Fluss Esaro. Umgeben von Pinien, Eukalyptus- und Olivenbäumen be-

Entspannend: die Terme Luigiane

finden sich die Thermen in einer schönen Anlage.

In den Terme Luigiane in Guardia Piemontese hat das Wasser den höchsten Schwefelgehalt von ganz Europa. Zusammen mit bromjodhaltigem Schlamm wird es bei rheumatischen Leiden, Gelenkerkrankungen sowie bei Erkrankungen des Hals-, Nasen-, Ohrenbereiches und des Atmungsapparates angewandt. Gleichzeitig verabreicht man hier Schönheitskuren. Die Gesichtsmasken aus Schlamm oder Algen sollen ausgezeichnete kosmetische Wirkung hervorrufen.

Nahe dem Flughafen Lamezia Terme liegt die berühmte Quelle Caronte, deren Wasser sich aus Schwefel, Sulfat, Alkali, Erde, Jod und Arsen zusammensetzt. Neben einem Atem- und Bewegungsrehabilitationszentrum ist auch ein Zentrum für Hautkosmetik vorhanden.

Die Quellen von Galatro wurden bereits im 8./9. Jh. von den basilianischen Mönchen des Klosters Sant'Elia (Galatro nahe Rosarno) entdeckt. Aus der engen Felsspalte des Monte Livia sprudelt schlammartiges schwefel- und jodhaltiges Wasser. Zahlreich sind die Anwendungen, insbesondere bei Lymphdrüsenentzündungen, Asthma und Funktionsstörungen der Leber.

Warme sowie Schlammbäder, Spülungen und Aerosol-Therapie werden in den Thermen von Antonimina in der Nähe von Locri verabreicht. Die schon zur Zeit der alten Griechen bekannten jod-, sulfat- und alkalihaltigen Quellen werden bei chronischem Rheumatismus, Nerven- und Muskelentzündungen, chronischer Bronchitis, gynäkologischen Erkrankungen, Allergien und vielem mehr angewandt.

Allgemeine Informationen: Assessorato del Turismo e Terme, Loc. S. Maria, 88100 Catanzaro, Tel. 0961/618 98, 619 40, Fax 631 43. **Terme di Spezzano:** 87010 Spezzano Albanese Terme, Tel. 0981/95 30 96, Fax 95 32 15. **Terme Sibarite:** 87011 Cassano Ionio, Tel. 0981/713 76. **Terme Luigiane:** S.A.TE.CA., 87020 Guardia Piemontese Terme, Tel. 0982/940 52, Fax 944 78. **Grotta delle Ninfe:** Balze di Cristo, 87070 Cerchiara di Calabria, Tel. 0981/99 11 97. **Terme Caronte:** 88046 Lamezia Terme, Tel. 0968/43 71 80, Fax 236 37. **Terme Galatro:** 89054 Galatro, Tel. 0966/99 30 41, 99 31 49. **Terme Antonimina:** 89040 Antonimina Terme, Tel. (Thermalbad) 0964/31 20 40.

Das Klima

Bedingt durch die morphologische Struktur mit Gebirgen, Hügellandschaften und flachen Meereszonen kann man in Kalabrien drei verschiedene Klimazonen unterscheiden. Das Küstenklima an der tyrrhenischen Seite ist im Sommer warm und gemäßigt (26 °C), und im Winter mild (10 °C). Niederschläge fallen selten, aber wenn, dann wolkenbruchartig.

›Steckbrief‹ Kalabrien

Fläche: 15 080 km²
Lage: Stiefelspitze der italienischen Südhalbinsel
Küste: 780 km, längs des Tyrrhenischen und Ionischen Meeres
Hauptstadt: Catanzaro
Provinzen: die mit Abstand größte Provinz ist Cosenza (6650 km²), Reggio di Calabria (3183 km²), Catanzaro (2391 km²), Crotone (1717 km²) und Vibo Valentia (1139 km²)
Bevölkerung: 2,1 Mio.
Städte: Reggio di Calabria (177 580 Ew.), Catanzaro (96 614 Ew.), Cosenza (86 664 Ew.), Crotone (59 001 Ew.), Vibo Valentia (34 836 Ew.)
Dichte: 138 Einwohner pro km²
Wirtschaft: Landwirtschaft (vor allem Oliven, Wein, Zitrusfrüchte, Ziegenprodukte), geringe Industrieproduktion (Lebensmittel, Chemie, Metall), Dienstleistungen. In der italienischen Skala rangiert Kalabrien bezüglich des *prodotto interno lordo* (Bruttoinlandsprodukt) mit 9000 Euro pro Kopf gegenüber der Lombardei mit 25000 Euro pro Kopf an letzter Stelle, für ganz Italien beträgt das BIP pro Kopf 16000 Euro.
Arbeit: 26,8 % Arbeitslosigkeit (doppelt so viel wie im Landesdurchschnitt und vier Mal soviel wie in Norditalien); dramatisch die Zahlen der Jugendarbeitslosigkeit: 64 % (33 % in ganz Italien, 22 % in Norditalien).
Tourismus: in den letzten Jahren steigende Tendenz; auch der Anteil ausländischer Touristen ist deutlich gestiegen.

Im Winter bedeckt eine Schneedecke die Berge, so dass in der Sila (Camigliatello, Villaggio Palumbo, Lorica) und im Aspromonte (Gambarie) Wintersport getrieben wird. Im Sommer ist das Gebirge mit den dichten Wäldern ein beliebtes Ausflugsziel für alle, die Kühle suchen. Die Ionische Küste, allen voran die Isola di Capo Rizzuto zählt mit 600-800 mm Niederschlag zu den regenärmsten Zonen in Kalabrien.

Die Vielfalt der Region zeigt sich daran, dass man im Umkreis von 100 km alle drei Klimazonen antrifft. In der Sila herrschen, passend zu der geographischen Lage, lange, raue, schneereiche Winter, ein erfrischender Frühling mit sanft streichelnder Sonne, warme, relativ trockene Sommer und ein lauer Herbst.

Geschichte, Wirtschaft, Kunst und Kultur

Mehr als 2800 Jahre Geschichte

Der ›rückständige‹ oder der ›ausgebeutete‹ Süden?

Industrie, Landwirtschaft und Tourismus

Baukunst und Malerei

Das Handwerk

Bevölkerung– zwischen Tradition und Fortschritt

Glaube, Bräuche und Feste

Die kalabresische Küche

Dichter und Denker

Olivenernte bei Gerace

Mehr als 2800 Jahre Geschichte

Von der Steinzeit zu den Römern

600 000–10 800 v. Chr.	Erste Spuren von der Existenz altsteinzeitlicher Menschen in Form von Jagdutensilien bei Maida; Überreste pleistozänischer Fauna (Riss-Wurm) in der Grotte Torre Talao; Steinritzzeichnung in der Grotte Romito aus der jüngeren Altsteinzeit
2. Jt. v. Chr.	Auf dem Gebiet des heutigen Kalabrien siedeln die Volksgruppen der Enotrier, Italiker und Bruttier
1100–700 v. Chr.	Ausgrabungen und Stratigraphie der Grotta della Madonna in Praia a Mare; Bau der Nekropolis von Torre Galli (Drapia)
8. Jh. v. Chr.	Ansiedlung der ersten Griechen in *Vitulia* (benannt nach dem Volksstamm der Vituli; daraus entwickelte sich später der Name für das gesamte Festland und Sizilien, Italia)
5. Jh. v. Chr.	alle Küstenorte sind griechisch
510 v. Chr.	*Kroton* (Pythagoras und Milon) zerstört *Sybaris*
4./3. Jh. v. Chr.	Vorherrschaft der Bruttier und Lukaner
218–201 v. Chr.	Zweiter Punischer Krieg (Hannibal kämpft gegen Rom)
ab 2. Jh. v. Chr.	Römische Herrschaft in Unteritalien

Von den Byzantinern zu den spanischen Bourbonen

ab 535 n. Chr. –1071	Byzantinische Herrschaft
1053	Schlacht von Civitate, die Normannen besiegen die päpstlichen und byzantinischen Armeen
1059	Synode von Melfi: Der Normanne Robert il Guiscard erhält formell durch Papst Gregor VII. Apulien, Kalabrien und das sarazenische Sizilien als Lehen
1061–88	Sein Bruder, Roger I., beendet mit den Eroberungen von Messina, Palermo und Syrakus die arabische Herrschaft auf Sizilien
1130	Krönung Rogers II., König beider Sizilien (das unteritalisch-sizilianische Reich wächst zusammen)
1194	Krönung des Staufers Heinrich VI. als König von Sizilien und Geburt von Friedrich II.
1196	Friedrich II. (Sohn von Heinrich VI.) wird König von Sizilien

Geschichte

Durch tausendjährige Erosion ist im Felsen des Monte Vinciolo eine 19 m hohe Höhle entstanden: die Grotta della Madonna bei Praia a Mare

1197/98	Tod des Stauferkönigs Heinrich VI. und ein Jahr später seiner Gattin Konstanze, Königin von Sizilien
1198–1211	Staufisch-welfischer Thronstreit
1212–1250	Regentschaft von Kaiser Friedrich II.
1250	Tod von Friedrich II.; Sohn Konrad IV. tritt das sizilianische Erbe an, sein Bruder Manfred wird Stellvertreter
1250–54	Regentschaft von Kaiser Konrad IV.
1258	Krönung Manfreds zum König von Sizilien
1265	Papst Klemens IV. gibt das Königreich Sizilien dem Franzosen Karl von Anjou, Bruder Ludwigs IX. von Frankreich, als Lehen
1266	Karl von Anjou besiegt den letzten Stauferkönig Manfred bei Benevent und wird König von Sizilien
1282	Sizilianische Vesper: Blutige Volkserhebung gegen Karl von Anjou; man vertreibt die Franzosen und inthronisiert Peter III. von Aragon (Schwiegersohn von Manfred) als König von Sizilien
1296–1337	Friedrich II., Sohn Peters III. von Aragon, nimmt 1296 die Krone Siziliens an. Der Staat zerfällt durch die Kriege der verschiedenen Dynastie-Linien der Anjou
1409	Vereinigung der Kronen von Aragon und Sizilien unter König Martin I.

1416–58	Alfons V., der Großmütige, von Aragon, u. a. König von Sizilien, erobert das Königreich Neapel und wird dort als König anerkannt
1469–75	Heftige Bauernaufstände in Kalabrien gegen die Steuer- und Abgabepolitik der aragonesischen Herrschaft
1496	Durch eine doppelte Eheverbindung kommt es zu einer habsburgisch-spanischen Allianz
1516	Karl V. ist als Karl I. regierender König der Vereinigten Spanischen Königreiche
1530	Kaiserkrönung Karl V. des Heiligen Römischen Reiches Deutscher Nation in Bologna
ab 1600	Auflehnung gegen den spanischen Absolutismus
1701–14	Spanischer Erbfolgekrieg
1707/1708	Österreichische Truppen besetzen Süditalien
1713	Friede von Utrecht: Neapel-Sizilien geht an die österreichischen Habsburger über
1735	Der spanische Bourbonenkönig Karl III. erhält Süditalien
1743	Süditalien und Sizilien werden unter den spanischen Bourbonen zum autonomen Königreich

Napoleon, die Einigung Italiens und der Faschismus

1802	Italienische Republik unter Napoleon
1860	Die Bourbonen schlagen die Aufstände der sizilianischen Bevölkerung nieder. Von Mai–Sept. ›Zug der Tausend‹ unter Garibaldi
1861	Am 17. März 1861 wird Vittorio Emanuele II. zum ersten König des vereinigten Italien ernannt
1919	Mussolini gründet die *Fasci di combattimento* (Kampfbündel)
1922	Mussolini marschiert auf Rom
Okt. 1935	Überfall und Annektierung Äthiopiens durch Italien
1936–39	Spanischer Bürgerkrieg an Seite der Deutschen
1939	Stahlpakt zwischen Italien und Deutschland (bedingungslose Bündnisverpflichtung)
1940	Italien tritt in den Zweiten Weltkrieg ein
1943	Alliierten landen auf Sizilien und in Kalabrien; Großer Faschistischer Rat setzt Mussolini ab und verhaftet ihn. Waffenstillstand mit den Alliierten und Kriegserklärung an Deutschland
1946	Volksabstimmung: Abschaffung der Monarchie und Wahl der Nationalversammlung

Geschichte

Die Italienische Republik seit 1949

18. Juni 1949	Italien wird Republik
1950	Landreform (Enteignung vieler Großgrundbesitzer zugunsten der Kleinbauern)
1950–86	Gründung der *Cassa per il mezzogiorno*
1968	Studentenunruhen
1970–80er	Terrorismus der roten Brigaden und der Neofaschisten
1982	Mit den Aussagen des Ex-Mafioso Tommaso Buscetta beginnen die Mafia-Prozesse; durch ein neues Gesetz wird die Beschlagnahmung von Mafia-Vermögen ermöglicht
1987	In einem Referendum entscheiden sich die Italiener für den Ausstieg aus der Atomenergieproduktion
1989	Gründung der *Lega Nord* unter Umberto Bossi, die einen eigenen norditalienischen Staat aufbauen will
April 1992	Parlamentswahlen, starke Verluste der *Democrazia Cristiana,* starke Gewinne für die *Lega Nord*
1992	Ermordung der Anti-Mafia-Richter Giovanni Falcone und Paolo Borsellino
Juli 1993	Der rechtskonservative Medienzar Silvio Berlusconi gründet die *Forza Italia;* sein firmeneigenes Werbeunternehmen Publitalia beschäftigt sich in Folge mit dem Aufbau eines politischen Netzwerks. Die 2000 Wahlkandidaten werden neben ihrer politischen Eignung vor allem auf Fernsehtauglichkeit geprüft
April 1994	Berlusconi gelangt mit dem Wahlbündnis der *Forza Italia, Lega Nord* und *Alleanza Nazionale* an die Macht
Dez.1994	Ausstieg der *Lega Nord* und Rücktritt der Regierung unter Silvio Berlusconi; Regierungsbildung unter Lamberto Dini, einem Staatsbanker
1994	Umbenennung der *Democrazia Cristiana* in *Partito Popolare Italiano* (PPI) unter Verlust des rechten und linken Flügels der Partei
1998	Gründung der Nachfolgeorganisation für die Unterstützung des Mezzogiorno, *Agenzia per lo sviluppo industriale e dell' occupazione*
2000	Rechtsruck bei den Regionalwahlen in ganz Italien, Kalabrien wählt rechts; Ministerpräsident D'Alema tritt zurück; sein Nachfolger ist Giuliano Amato
2001	Im Mai gewinnt der Medienzar Berlusconi trotz zahlreicher Skandale und heftigem Protest der Linken die Wahlen und wird zum zweiten Mal Ministerpräsident.

Wirtschaft

'ndrangheta – die kalabresische Mafia

Über Kalabrien zu schreiben, ohne die Mafia zu erwähnen, wäre eine Idealisierung dieser ansonsten so wundervollen Region. Um es vorwegzuschicken, der Tourist setzt sich keiner Gefahr aus, denn die *'ndrangheta* (von dem griechischen *andreios*, tapfer, männlich) hat keinerlei Interesse, den wachsenden Touristenstrom zu bremsen.

Die Mafia bzw. in Kalabrien die *'ndrangheta* ist weit mehr als eine kriminelle Vereinigung. Sie ist ein bestimmender Einflussfaktor im Süden, indem sie den Alltag, die Mentalität, das Freiheitsempfinden der Menschen und die gesamte Entwicklung des Südens beeinträchtigt. Dennoch kann es passieren, dass im Gespräch Süditaliener entgegnen: »Mafia, Schutzgeld, alles Blödsinn!« So, als hätte es die berühmten Mafia-Prozesse und die Morde an den bekannten Aufklärern und Kämpfern gegen die Mafia wie Giovanni Falcone, Paolo Borsellino und Carlo Alberto della Chiesa u. v. a. nie gegeben. Da fällt einem schnell das Bild der drei Affen ›nichts sehen, nichts hören und nicht sprechen!‹ ein.

Die Ursprünge der *'ndrangheta* sind bis heute nicht eindeutig geklärt. Die Entstehung der Mafia wird von vielen Autoren aus der Entwicklung des Großgrundbesitzes abgeleitet. Die überwiegend im Norden lebenden Besitzer hatten ihr Land an die Bauern verpachtet, die unter der hohen Abgabenlast aufbegehrten. Als es zu Unruhen unter der Bauernschaft

Der ›rückständige‹ oder der ›ausgebeutete‹ Süden?

Geringes Bruttosozialprodukt, hohe Arbeitslosigkeit, geringe Industrieproduktion und anhaltende Emigration veranlassen insbesondere Politiker, immer wieder vom ›unterentwickelten‹ Süden und dem **Mezzogiorno-Problem** zu sprechen. Dass es ein eklatantes Wohlstandsgefälle zwischen Nord und Süd gibt, bezweifelt niemand. So wurde bereits Anfang des 20. Jh. mit der Förderung des Südens begonnen. Nach der *Cassa per il Mezzogiorno* (1950–86) ist seit 1998 die *Agenzia per lo sviluppo industriale e dell' ocupazione* (Agentur für die industrielle Entwicklung und Beschäftigung) für die in den Süden fließenden Subventionen zuständig.

Leider verschwanden die zur Verfügung gestellten Gelder in der Vergangenheit allzu oft in Seitenkanälen oder wurden in Projekte investiert, die schließlich weit hinter den in sie gesetzten Erwartungen zu-

Wirtschaft

kam, setzten die Großgrundbesitzer *gabellotti* (Steuereintreiber) ein, um die geforderten Abgaben einzutreiben oder die Ländereien in eigener Regie weiter zu verpachten. Laut Werner Raith (1986) hat sich irgendwann das Schutzverhältnis umgekehrt: Solche, die gern gabellotti werden wollten, setzten die Feudalherren so unter Druck, dass sie letztendlich gezwungenermaßen deren Schutz käuflich erwarben. Aufgrund ihrer Macht, Arbeit und Land zu vergeben, gewannen sie an gesellschaftlichem Einfluss. Aus diesen immer mächtiger gewordenen *gabellotti* sollen die Mafiosi hervorgegangen sein. Andere sehen ihren Ursprung in den *carbonari,* den patriotisch-republikanischen Geheimbünden.

Wie die mafiöse Praxis funktioniert, beschrieb der Richter Giovanni Falcone: »Jeder, der sich um öffentliche Aufträge kümmert, in Sizilien und im Mezzogiorno, weiß bestens, dass er das Material bei dem einen Lieferant und nicht bei dem anderen beziehen muss. Ein ungeschriebenes Gesetz, das beachtet wird. Nichtachtung wird mit brutaler Gewalt geahndet.« (1991). Es ist ein Kreislauf aus Unterdrückung, Angst, Nutznießertum, Resignation, Misstrauen in den Staat und Ohnmacht, der durchbrochen werden muss, um der Mafia den Boden zu entziehen. Wenn die Menschen wieder Vertrauen in den Staat haben, ihre Handlungen berechenbar planen können, und nicht der Willkür von Staatsbediensteten, Politikern und selbst ernannten Autoritäten ausgesetzt sind, dann verliert die organisierte Kriminalität ihren Nährboden. So meint Richter Neri, »dass dort, wo die Justiz wirklich glaubwürdig ist, sich die berühmt-berüchtigte *omertà* von selbst erledige« (1994).

rückblieben. Auch hier spielt wie so oft die *'ndrangheta* eine wesentliche Rolle.

Dass der Norden sich auf Kosten des Südens entwickelte, indem Süditalien als Kornkammer des Nordens genutzt wurde, Großgrundbesitzer die Bauern mit enormen Abgaben belasteten und so eine florierende Landwirtschaft verhinderten, und die Kalabresen auf ihr Einkommen mehr Steuern als die Norditaliener zahlten, bleibt allzuoft unerwähnt. Hinzu kommt noch, dass ein Heer von süditalienischen Arbeitskräften in den Industriebetrieben des Nordens mit für ein steigendes Wirtschaftswachstum sorgte.

Industrie, Landwirtschaft und Tourismus

Die Industrieproduktion in Kalabrien ist verschwindend gering. Es gibt zwar einige Textil-, Möbel-, Holz- und Lebensmittelfabriken, aber im Vergleich zum Norden ist die Produktion minimal. Einst war die Gegend zwischen Mongiana und Stilo ein Zentrum der **Stahlindustrie.** An den Hängen von Monte Stella und Mammicomito abgebautes Eisen wurde in den Fabriken von Stilo, Assi, Mongiana und Ferdinandea zu Kanonen, Waffen und zivilen Gegenständen verarbeitet. Aber mit dem Fall der Bourbonen und der Einigung Italiens 1860 wurde die Stahlproduktion eingestellt.

Weit verbreitet ist hingegen die **landwirtschaftliche Produktion.** Vor allem der Anbau von Oliven, Zitrusfrüchten, Kartoffeln, Tomaten und die Herstellung von Ziegenprodukten ist in weiten Teilen Kalabriens anzutreffen. Erwähnenswert ist auch der Anbau von roten Zwiebeln, von Wein und Bohnen. Nicht vergessen sollte man natürlich den traditionellen Fischfang vor der 780 km langen Küste.

Ein weiterer wichtiger und stetig wachsender Einkommenszweig ist der **Tourismus.** Kalabrien, das bisher maximal als Durchfahrtsland nach Sizilien bekannt war, wird in den letzten Jahren zunehmend von Reisenden entdeckt. So entstehen jeden Sommer an der Ionischen und Tyrrhenischen Küste neue Angebote für Urlauber, um den Aufenthalt noch angenehmer zu machen. Aber auch die Wintersportgebiete in der Sila und im Aspromonte erfreuen sich wachsender Attraktivität. Das Tourismusgeschäft beschert einigen Einheimischen in der Hauptsaison einen Lebensunterhalt, von dem manche Familie das ganze Jahr existiert.

Baukunst und Malerei

Bei einem Spaziergang durch die mittelalterlichen Stadtkerne Kalabriens fallen die in Stein gehauenen Wappen, Masken und Ornamente sowie die aufwendig gearbeiteten Portale auf. Meist sind es die *palazzi dei nobili* (Adelshäuser), aber auch an anderen Hauswänden finden sich vereinzelt kunstvolle Dekorationen und Masken gegen den *malocchio*, die den uralten Brauch pflegen, das Böse vom Haus samt seinen Bewohnern abzuwehren. Überwiegend im Serre-Gebiet werden die Paläste und Häuser zusätzlich noch von filigran aus Eisen geschmiedeten Balkonen geschmückt.

Bedingt durch die zahlreichen kulturellen Einflüsse gibt es eine Vielzahl an Baustilen, die sich oft miteinander vermischen. Dies liegt zum einen an der Zerstörung durch Erdbeben, zum anderen manifestieren die häufig wechselnden Herrscher ihre Macht gerne mit entsprechender Architektur. So kam es zur Zeit der Normannen zu vielen Kirchen- und Klostergründungen wie z. B. Santa Maria della Martina bei San Marco Argentano, der Kartause San Bruno oder dem Dreifaltigkeitskloster Mileto. Auch der Staufer Friedrich II. trug als Kunstsammler und Baumeister zur architektonischen Weiterentwicklung in Kalabrien bei.

Am ehesten ist sicherlich noch der byzantinische Baustil (6.–11. Jh.) mit den halbkreisförmigen Apsiden und den Zweibogen-Fenstern (Biforien) auszumachen. Beispiele dafür finden sich vorwiegend im Osten Kalabriens. Eine der wenigen erhaltenen Baudenkmäler ist die Cattolica in Stilo, aber auch die Kirchen San Marco und Panaghya (auch Panagia) in Rossano. Im 11./12. Jh. vermischt sich der normannische Einfluss mit dem byzantinischen Baustil. Aus dieser Zeit stammen das Pathirion-Kloster in Rossano, die Basilika San Giovanni Theristis in Bivongi und die Kirche San Giovanello in Gerace.

Neben der architektonischen Gestaltung der Kirchen sei insbesondere auf ihre innere Ausstattung verwiesen. Dem Kunstliebhaber öffnen sich wahre Schatztruhen mit Kunstwerken zahlreicher bekannter und unbekannter Künstler. Die sinnliche Erfassung dieser Region mit ihrer tiefen Religiosität spiegelt sich in vielen Gemälden wider. Der wohl berühmteste Maler ist sicherlich **Mattia Preti** (1613–99), ein Barockmaler aus Taverna. In seiner Heimatstadt hinterließ der sogenannte *Cavaliere Calabrese* zahlreiche Werke, bevor er über Rom, Modena und Neapel dauerhaft in Malta ansässig wurde.

Aber auch die Kunstwerke von Bildhauern aus unterschiedlichen Epochen sind in den Gotteshäusern anzutreffen. Erwähnen sollte man hierbei den Dom von Cosenza, in dem neben einem römischen Sarkophag (›Die Jagd des Meleager‹) aus dem 4. Jh. auch das Grabmal von Isabella von Aragon untergebracht ist, das von einem außergewöhnli-

Byzantinische Fresken in der Kirche Sant' Adriano von San Demetrio Corone

chen Abbild der Jungfrau Maria beherrscht wird, die von dem betenden Königspaar umgeben ist. Unweit des Doms, im Erzbischöflichen Palais ist auch die Staurothek, ein kreuzförmiges Goldplättchen mit Emaille und Edelstein verziertes

Auf der Netzhaut von Albino Lorenzo

Albino Lorenzo in seinem Atelier in Tropea

... bildet sich ein Kalabrien längst vergangener Zeit mit alten Werten und Lebensrhythmen ab. Dieses Kalabrien verewigt der Maler in seinen Bildern – für immer: Die Rückkehr der Bauern von den Feldern, Ochsenkarren, Bauern und Hirten, an der Waschstelle arbeitende Frauen, Menschen am Brunnen, Kalabresen im Gespräch. Einfachheit und Lebendig-

Reliquiar aus dem 13. Jh., zu bewundern. Dieses Kunstwerk soll von Meistern am Hof des Staufers Friedrich II. angefertigt worden sein.

Kunst ganz anderer Art kreiert der 1918 in Catanzaro geborene **Mimmo Rotella.** Mit seinen Kollagen und Bildern drückt der heute in Mailand lebende Maler, Fotograf und Poet eine sehr moderne Kunst aus, die als Pop Art Italiana bezeichnet wird. Die Kollagen aus zerfetzten Plakaten sollen als provokative Antikunst die durch die modernen Medien geschürte Schnelllebigkeit ironisieren. Die Stadt Catanzaro plant, sein Geburtshaus in ein Museum umzuwandeln und dort für weitere kulturelle Veranstaltungen ein offenes Zentrum einzurichten.

keit kennzeichnen die alltäglichen Szenen, die Albino Lorenzo mit unverkennbarem Pinselstrich festhält. Besondere Brillanz gewinnen seine Bilder durch das auf die Leinwand gebannte, im Süden Italiens so eindrucksvolle Licht.

Wie der bekannte Kunstkritiker Maurizio Calvesi in seinem Artikel ›Nella rètina di Albino‹ schreibt, drückt sich in der Malerei von Albino Lorenzo die bäuerliche Kultur ohne deformierte intellektuelle Filter aus. Aber nicht nur in seinen Bildern bleibt Albino bodenständig und stets nah am Menschen und an der Natur, auch in der Begegnung bleibt er authentisch. Der 1922 in Tropea geborene Maler und Vater von 18 Kindern hat seine Karriere 1960 als Autodidakt begonnen. Heute gilt Albino Lorenzo als der berühmteste lebende Maler des *meridionale*.

Sein Werk ist untrennbar mit seiner Heimat Calabria verknüpft. In einem Interview des italienischen Journalisten Pino Nano entgegnete er auf die Frage, warum er der Einladung, nach Mailand umzuziehen, nicht gefolgt sei: »Ich würde Erfolg haben, sagt Ihr. Aber den Preis, den ich dafür bezahlen muss, ist viel zu hoch. Hier bin ich geboren und hier werde ich bleiben. Ich habe gelernt, dass der Erfolg früher oder später vergeht, und das bisschen, was dir ernsthaft bleibt, ist deine Welt. Wenn du das Glück hast, eine eigene Welt zu haben.« (Übersetzung der Autorin)

Albino Lorenzo hat ›seine‹ Welt gefunden und verewigt ihre Schlichtheit und Schönheit in seinen teils lebensgroßen Bildern. Vielfach geehrt, nach zahlreichen Ausstellungen in der ganzen Welt, denkt der bescheidene Künstler gar nicht daran, aufzuhören. Bleibt zu hoffen, dass die Gemeinde Tropea ihrer jahrelangen Planung endlich Taten folgen lässt und die Werke des Malers in einem öffentlichen Ausstellungsraum einer breiteren Öffentlichkeit zugänglich macht (Informationen: Pro Loco Tropea, s. S. 169).

Das Handwerk

Auf einer Reise durch Kalabrien hat man die Möglichkeit, noch einige antike Handwerkstraditionen zu entdecken. Während früher in jedem kalabresischen Haushalt ein Webstuhl stand, ist dieser einst alltägliche Gebrauchsgegenstand heute die rühmliche Ausnahme. In Tiriolo werden damit jedoch noch die berühmten *vancali* (Schals, s. S. 149) gefertigt, in Longobucco die wunderschönen Decken und in San Giovanni in Fiore die Teppiche. Bekannt sind vor allem die *pezzare* (Flickenteppiche aus verschiedenen Materialien). Neben Baumwolle, Wolle, Leinen, Hanf werden in der Gegend vom Aspromonte auch Ginsterfäden verarbeitet.

Weit verbreitet, aber überwiegend nur für den eigenen Bedarf, ist die Kunst des Stickens und Häkelns. So finden sich in zahlreichen kalabresischen Haushalten wunderbar dekorierte Tisch-, Bett- und Handtuchbesätze, die auch heute noch traditioneller Bestandteil der Aussteuer sind.

Ein seit den Griechen praktiziertes Handwerk, die Keramikherstellung, ist u. a. in Gerace, Soriano, Badia, Tropea, Squillace und Seminara anzutreffen. Besonders interessant sind dabei die Stücke, die an alte Traditionen anknüpfen: *anfore* (Krüge, in denen Wasser transportiert wurde), Masken gegen den *malocchio,* die *babbaluti* (fratzenartigen Krüge) oder auch die *pinakes* (Weihetäfelchen des Persophene-Kore-Kults).

In der Bergwelt ist die Holzschnitzerei noch verbreitet, wie beispielsweise im Serre-Gebiet oder im Aspromonte. In Brognaturo (Serre) werden kunstvolle Pfeifen geschnitzt. Die Herstellung alter kalabresischer Musikinstrumente aus Holz ist in Tiriolo und Bisignano (Sila) zu Hause. Die Schäfer des Aspromonte sind dafür bekannt, ihre Haushaltsgegenstände (Löffel, Schalen, Stöcke, Kuchenformen) selbst zu schnitzen und mit religiösen Motiven zu verzieren. Weidenkörbe und Möbel aus Korb werden aber nur noch vereinzelt geflochten.

Bevölkerung – zwischen Tradition und Fortschritt

Das Leben der Kalabresen wird nach wie vor stark durch die geschichtlichen und kirchlichen Traditionen bestimmt. Auch wenn der Tourismus in den letzten Jahrzehnten gerade in den Küstengebieten für ein wenig mehr Freizügigkeit gesorgt hat, so leben die meisten dennoch in einem traditionellen kalabresischen Familieverband. Die moralischen Maßstäbe der Kirche, u. a. die Ablehnung von Scheidung und Abtreibung, bestimmen nach wie vor nachhaltig die kalabresische Gesellschaft. So liegt die Scheidungsrate in Kalabrien im Gegensatz zu Norditalien (10,2 %) bei 3,8 %. Während seit der Einführung der Scheidung Anfang der 1970er Jahre die Scheidungsrate in Norditalien angestiegen ist, blieb sie in Kalabrien konstant niedrig.

Die Ehre der Familie und ihr Zusammenhalt werden fast immer über individuelle Interessen und Selbstverwirklichung gestellt. Dennoch ist die Einheit der Familie stets aufs Neue auf harten Probe ausgesetzt: Die schlechte wirtschaftliche Situation und die hohe Arbeitslosigkeit zwingen nach wie vor viele Kalabresen zur Emigration (bereits ein Umzug in den Norden Italien gilt als Auswanderung). Diese Emigrationswellen haben zum Teil zu einer Landflucht geführt, so dass es in Kalabrien viele halbverlassene Ortschaften gibt, z. B. Daffinà in der

Emigration – *emigrazione*

Albino Lorenzo: Leben in Kalabrien

Als Folge der schlechten wirtschaftlichen Situation und der mangelnden Perspektive begann mit der Gründung des Königreiches Italien ein Exodus, der bis heute nicht abgeschlossen ist. Lay und Wunderle (1995) sprechen in ihrem Beitrag ›Auf Zehenspitzen im Mittelmeer‹ von 5 Mio. Kalabresen, die 1862–1913 ihre Heimat verließen. Seit den 1970er Jahren sind es nach Schätzung der Autoren ca. 3,5 Mio. Menschen, die in den Norden Italiens, Europas oder nach Übersee aufbrachen, um dort eine Zukunft zu finden. Berücksichtigt man die Heimatverbundenheit der Süditaliener und ihren traditionellen Familienverband, kann man erahnen, wie schwer den Emigranten dieser Schritt in die Fremde fällt.

Die meisten brechen mit dem Vorsatz auf ›Geld zu verdienen, zu sparen und dann zurückzukehren‹. Aber nur wenige kehren zurück, die meisten richten sich dauerhaft in der Fremde ein. Denn auch die fernab von der Heimat erzielten Ersparnisse reichen in der Regel nicht aus, um im Süden ohne Erwerbsquelle auszukommen. Ein anderer Faktor ist, dass die Emigranten sich durch ihr Leben in der Ferne einen anderen Lebensstil zugelegt haben, der sie unvermeidlich von dem der in ihrer Heimat Verbliebenen entfremdet. So beschränkt sich die Rückkehr in die Heimat meist auf die Sommeraufenthalte im Kreise ihrer angestammten Familie.
Tipp: Museo dell'Emigrazione Giovanni Battista Scalabrini, s. S. 178).

Nähe von Parghelia oder Maierà nahe Diamante.

In Kalabrien bestimmt der Wechsel der Jahreszeiten und die damit verknüpften Rhythmen den Alltag der Menschen. Mit den ersten intensiven Sonnenstrahlen im April scheint die Bevölkerung v. a. der Küstenorte aus dem Winterschlaf – im Italienischen *lettargo* genannt – zu erwachen. Das Strandleben beginnt im Juni und erreicht im August den Höhepunkt. Mit dem Ende der Saison im Herbst wird das Leben wieder gemächlicher und spätestens im Winter ist die Freizügigkeit des Sommers wie weggeblasen.

Während auf der Piazza im Sommer mancherorts bis spät in die Nacht munter das Leben pulsiert, ist derselbe Ort nach der Saison abends meist ausgestorben. Doch die Bedeutung der Piazza ist nicht zu unterschätzen: Täglich treffen sich am frühen Abend die Einheimischen. Schön anzusehen ist der Trubel, wenn die Kinder über den Platz toben, Jugendliche auf Flirtschau gehen, und Groß und Klein Neuigkeiten aller Art austauschen.

Glaube, Bräuche und Feste

Kalabrien mit seinen 2,1 Mio. Einwohnern ist ein tief katholischer Landstrich. Zahlreiche Orden, wie die Kartäuser (Serra San Bruno), die Dominikaner und die Franziskaner sind noch heute in dner Südspitze Italiens anzutreffen.

Unübersehbar ist bei einer Reise durch Kalabrien die Hinterlassenschaft und das Wirken der Basilianer. Dieser aus dem Osten stammende Mönchsorden geht auf den hl. Basilius (griech. der Königliche) zurück. Basilius, geboren in Cesarea (heute Kayseri in der Türkei), erstellte im 4. Jh. Ordensregeln, in deren Mittelpunkt Gehorsam, Gebet und Arbeit standen. Diese Regeln sollen im 6. Jh. Benedikt von Nursia, dem Begründer des Benediktinerordens, als Vorlage gedient haben.

Die Basilianer kamen ab Mitte des 1. Jt. nach Kalabrien, um hier als Eremiten in Grotten lebend oder in kleinen Gruppen ihren Glauben ausüben zu können. Die basilianischen Mönche wirkten auch in den zahlreichen, überwiegend im Osten Kalabriens errichteten byzantinischen Kirchen (Cattolica in Stilo, San Giovanni Therestis in Bivongi, Santa Maria di Tridetti nahe Staiti, San Marco und Santa Maria del Patire in Rossano, Santa Filomena in Santa Severina u. v. a.). Unter der Herrschaft der Normannen (11./12. Jh.) begann langsam, aber unaufhaltsam die Ablösung des östlichen durch den lateinischen Ritus. Heute praktizieren griechische Mönche in Bivongi allerdings wieder den orthodoxen Ritus.

Neben der Verehrung von zahlreichen Heiligen, allen voran des Schutzpatrons von Kalabrien, San Francesco di Paola, aber auch Padre Pio, San Paolo, San Francesco d'As-

Kultur

Festival del Teatro in Scilla

sisi, San Bernadino di Siena und San Pietro, spielt die Madonnenverehrung eine fundamentale Rolle. Der Madonnenkult soll ebenfalls basilianischen Ursprungs sein.

Die Madonnenfiguren sind während der zahlreichen Naturkatastrophen (Erdbeben, Überschwemmungen), der Pest, der Belagerungen und der Kriege angerufen und um Hilfe gebeten worden. Jede Ortschaft Kalabriens ehrt ihren Schutzpatron mindestens einmal im Jahr mit einer Prozession (Patrozinium).

Aus Dankbarkeit und nach der ›Erscheinung‹ der Madonna errichteten die Gläubigen zahlreiche Heiligenstätten und Wallfahrtsorte in Kalabrien (Spezzano Albanese, Madonna della Grotta in Praia a Mare, Gimigliano oder die Wallfahrtskirche San Francesco in Paola).

Ein besonders Spektakel bietet sich in Laino Borgo: Einen ganzen Tag lang findet eine Darstellung des Gerichts Jesus und dessen Kreuzigung statt. Hingegen geht es in Nocera Terinese im wahrsten Sinne des Wortes blutig zu: Während der Prozession schlagen sich die Büßer *(vattienti)* selbst mit nagelbesetzten Bürsten. In Rossano beginnen die Gläubigen im Morgengrauen den Kreuzweg, und am Nachmittag findet die beeindruckende Prozession der Mysterien statt.

Eng verknüpft mit den kirchlichen Festen sind zahlreiche Märkte und Festivitäten. Insbesondere in den kleineren Orten ist das Fest des Schutzpatrons oder der Schutzpatronin das Ereignis im Jahr. Ein anderer,

Kultur

Ein *alimentari* in Tropea bietet die Köstlichkeiten Kalabriens an

ganz wichtiger Tag ist *ferragosto*, der 15. August. Diesen Himmelfahrtstag, der Festtag der Madonna dell'Assunta, verbringen die Italiener gemeinsam mit der Familie oder Freunden am Meer oder in den Wäldern. Zudem enden mit dem *ferragosto* die in Italien noch allgemein üblichen Betriebsferien.

Für den Touristen ist auch der *Karneval* ein sehr sehenswertes Fest. In vielen Orten veranstaltet man traditionelle Umzüge, so u. a. in Montalto Uffugo und Amantea. Eine besondere Erwähnung verdient der Karneval von Castrovillari, der am Fuß des Monte Pollino gefeiert wird. Hier präsentieren sich während der ›fünften Jahreszeit ebenso wie im Sommer beim großen *Folklore-Festival* Trachtengruppen aus aller Welt.

Ebenfalls im Norden Kalabriens, in dem kleinen Städtchen Morano, feiert die Bevölkerung alljährlich im Mai das *Fest der Fahnen.* In dem mit Fahnen geschmückten Gebirgsdorf findet während der Festwoche auch ein *palio* statt. Dieser traditionelle italienische Reiterwettkampf, der meist von Umzügen in historischen Kostümen begleitet wird, ist auch in anderen Städten mitzuerleben (z. B. in Stilo und Vibo Valentia).

Eine relativ neue Form der Volksfeste, und wohl vor allem eine touristische Erfindung des 20. Jh., sind die *sagre.* Die verschiedenen typischen Produkte eines Ortes oder eines Gebietes (Pilze, *nduja, cipolla rossa,* Fisch, Kastanien) werden mit einer *sagra* (Kirmes, Kirchweihe) gefeiert. Es ist eine optimale Gelegenheit, die kalabresische Küche kennenzulernen. Oft werden diese Feste vom *Umzug der giganti* begleitet, zwei aus Pappmaschee geformte Riesenpuppen, die sich zum Schlag des Tamburins majestätisch über den Corso und die Piazza bewegen.

Die meisten Volksfeste in Italien werden zum Abschluss von einem Feuerwerk gekrönt. Sehr häufig geht der *Tanz der Tarantella* voran. Viele der dem typisch kalabresischen Tanz zugrunde liegenden Liedertexte verweisen auf Traditionen und Lebensweisen der Kalabresen. Beispielsweise erinnert der Tanz ›Mamma, li Turchi‹ an die Besetzung durch die Türken, die auf dem Rücken von Kamelen reitend, Furcht und Schrecken verbreiteten.

Die kalabresische Küche

Eine Reise durch Calabria ist auch eine Entdeckungsreise der kulinarischen Genüsse. Die *cucina calabrese* ist äußerst vielfältig und lokal sehr unterschiedlich. Während in den Gebirgsregionen eher deftige Hausmannskost auf den Tisch kommt, servieren die Köche in den Meeresregionen die leichte, feine Mittelmeerküche.

Unbedingt empfehlenswert sind in der reichhaltigen Gebirgsküche die Pilzgerichte, die in zahlreichen Varianten angeboten werden. Vor allem das Sila- und das Serre-Gebiet bietet eine große Auswahl an Pilzen (*rositi*, Steinpilze, Pfifferlinge, Steinpilze u. a.). Überwiegend in den bergigen Gegenden ist auch die Produktion von Käsesorten wie *ricotta* (in den griechischen Dörfern im Aspromonte mit Honig zubereitet), *provolone, caciocavallo, butirri* (mit Butter gefüllt) und *mozzarella* angesiedelt. Vor allem im Monte Poro und Aspromonte ist der exquisite Schafskäse *(pecorino)* zu kosten. Die bekannte *nduja,* eine sehr scharfe Wurst aus verschiedenen Fleischsorten und mit Peperoni gewürzt, wird vor allem in Spilinga/Monte Poro produziert.

Neben den vielen Kräutern und Gewürzen verdient die *peperoni* besondere Beachtung. Als fundamentales Gewürz in der kalabresischen Küche gibt sie vielen Gerichten die unverwechselbare Würze. In Diamante ist der ›scharfen Roten‹ sogar eine Akademie gewidmet (s. S. 55).

Auch der Thunfisch- (Pizzo) und der Schwertfischfang an der *Costa Viola* (Scilla, Bagnara und Palmi) haben in Kalabrien eine lange Tradition. Aber die kalabresische Küche hat auch eine reiche Auswahl an Gemüse, Hülsenfrüchten und Getreide, die zu zahlreichen Spezialitäten verarbeitet werden: *peperonata, melanzane alla griglia, arancini, fiori di zucchini, fritelle* ...

Die beliebten *primi piatti* sind lokal sehr unterschiedlich. Empfehlenswert ist grundsätzlich die *pasta fatta in casa* (hausgemachte Pasta), z. B. *maccheroni, fileja, gnocchi* und *pasta e ceci* oder *fagioli* (Pasta mit Kichererbsen oder Bohnen).

Sie tauchen das ganze Land in einen wunderbaren Duft und nehmen einen wichtigen Platz in der kalabresischen Küche ein: Orangen, Mandarinen, Zitronen, Zedern, Pfirsiche, Äpfel, Erdbeeren, Avocados, Pflaumen, Weintrauben, Mangos, Feigen und Melonen werden ebenso angeboten wie Kaktusfeigen *(fichi d'India)*, *mespole* (mirabellengroße gelbliche Früchte), *annone* (birnenartige Frucht). Als Süßspeisen *(dolci)* sind die traditionelle Ostersüßspeise aus Blätterteig, Kichererbsen und Honig *(a ciciarata)*, die traditionelle Weihnachtsspeise, ein Fettgebäck, genannt *cippula,* sowie die besonderen Spezialitäten in einigen Orten empfehlenswert.

Und schließlich gehört zu einem guten Essen auch ein guter Wein! Neben den bekannten *Cirò, Bianco, Limbadi* sind der goldgelbe *Greco,* der rote *Bova,* der Rosewein *Strogulia* (Spezzano Albanese), der Likörwein *Balbino d'Altomonte* sowie der *Zibibbo*-Wein von der Zedernküste sehr empfehlenswert. Zur Süßspeise oder als *ultimo* wird je nach Gegend ein *Limoncello (Costa degli Dei),* Zedernlikör *(Costa dei Cedri),* ein Bergamotte-Likör (Provinz Reggio di Calabria) oder ein Amaro del Capo (Tropea) serviert.

Dichter und Denker

Die jahrtausendealte Geschichte und Tradition, insbesondere die griechischen Einflüsse in Kalabrien, haben die Region zweifelsohne geprägt. Aber es ist wohl nicht nur dieses kulturelle Vermächtnis, das so manchen Intellektuellen geprägt hat. Vielmehr ist es diese einzigartige Natur mit ihren durchdringenden Farben, Düften, Lichtverhältnissen und wunderbaren Ansichten, die Geist und Sinne erfüllt.

Gut vorstellbar also, wie sich der Philosoph **Pasquale Galluppi** (1770–1846) auf seinen Wanderungen von Tropea ins Landesinnere von der Weite und dem Blick über die Küste inspirieren ließ. Oder wie **Tommaso**

Dichter und Denker

Campanella (1568–1639) in diesem wunderschönen Landstrich am Ionischen Meer sein Szenario einer besseren Welt entwarf und in ›Città del sole‹ verewigte.

Der sicherlich bekannteste Schriftsteller Kalabriens, **Corrado Alvaro** (1895 in San Luca geboren, 1956 in Rom gestorben), vermittelt dem Leser auch heute noch Einblicke in eine Welt, die dem Fremden ansonsten verschlossen bleibt. Insbesondere in seiner Erzählung ›Gente in Aspromonte‹ (1930) beschreibt er anschaulich das einfache, beschwerliche Leben der Schäfer, ihre geschlossene Welt und ihre Werte.

Ein lohnender Blick gilt auch der Reiseliteratur, in der verschiedene Schriftsteller aus den letzten Jahrhunderten über ihre Reise in den tiefen Süden Italiens berichteten.

Noch während er seine Eindrücke 1781–86 in einem dreibändigen Werk niederschrieb, »nahm Gott Kalabrien in seine beiden Hände, schüttelte Felsen, Städte und Dörfer als wolle er das Korn entfernen«, wie **Alexandre Dumas** poetisch die Grauen der verheerenden Erdbeben beschrieb. Als das Werk des Geistlichen ›Voyages pittoresque ou Description des Royaumes de Naples et de Sicilie‹ erschien, waren die Kartause in Serra und das Kastell in Scilla durch das Erdbeben von 1783 bereits vernichtet.

Doch der wohl berühmteste Reiseschriftsteller, dessen Werk als eines der schönsten Bücher über Italien gilt, war **Norman Douglas**. ›Old Calabria‹ (1915 erschienen) ist nicht nur eine geistreiche Erzählung, genährt durch die Beobachtungen von Natur und Tradition sowie der Betrachtung von Denkmälern, es ist zugleich auch eine kritische Reflexion der kalabresischen Realität.

Anknüpfend an die Tradition der Reiseschriftsteller ist der Parco Letterario Old Calabria ins Leben gerufen worden. Auf den Spuren der Autoren sollen Reisen zu den Kulturstätten Kalabriens unternommen werden. In einem Besucherzentrum in Camigliatello (Sila, Infos Tel. 081/66 75 99, s. S. 99f.) soll den Interessierten ab Sommer 2001 eine kleine Bibliothek, eine Foto- und Verkaufsausstellung über kalabresische Produkte und viel Informationsmaterial über die Region zur Verfügung stehen.

Nicht unerwähnt bleiben darf an dieser Stelle das sicherlich älteste Buch über die Erlebnisse eines Reisenden, den es – wenn auch unfreiwillig – nach Kalabrien verschlagen hat. In dem weltbekannten Werk ›Odyssee‹ beschreibt der griechische Dichter **Homer** (9./8. Jh. v. Chr.) die Leiden des Odysseus, eines listigen Kriegers. Das epische Werk ist gespickt mit Figuren aus der griechischen Mythologie, deren Vermächtnis die Überreste der den griechischen Göttern geweihten Tempel, die Weihetäfelchen der Persephone und zahlreiche Legenden bezeugen.

Gimigliano in der Sila Piccola ▷

UNTERWEGS IN KALABRIEN

»…Er gab Sila die Kiefer, Aspromonte den Olivenbaum, Reggio die Bergamotte, der Meeresenge den Schwertfisch, Scilla die Sirenen, … , Palmi den Feigenbaum, der Meerswelle den Sonnenstrahl, dem Gestein den Oleaster,…«

Leonida Rèpaci
Rom, 31. Juli 1973

Costa dei Cedri und Monte Pollino

Sonnenbaden an der Zedernküste und relaxen in den Terme Luigiane

Murales und quirliges Leben in Diamante

Aktivurlaub im Monte Pollino und in den Flusstälern des Lao und Raganello

Das Schicksal der Waldenser

Die Bucht von Scalea

Die Costa dei Cedri und der Monte Pollino

Ganz typisch für Kalabrien ist der Wechsel von entspannendem Sonnenbaden an der Zedernküste und körperlicher Anstrengung im Monte Pollino: Rafting, Wandern und Klettern durch die aufregenden Flusstäler Raganello und Lao. Auf den Spuren der Prähistorie in der Grotta Romito, der Waldenser in Guardia Piemontese sowie in den *murales* von Diamante findet der Reisende aber auch Geschichte, Kultur und Kunst.

Von Praia a Mare nach Cetraro

Der kleine Ort **Praia a Mare** im äußersten Norden der Tyrrhenischen Küste ist ein beliebter und moderner Badeort. Am Meer laden zahlreiche *lidi* an feinen dunklen Sandstränden zum Faulenzen und Wassersport ein. Doch trotz aller Modernität blickt dieser Küstenstrich auf eine lange Geschichte zurück: Die in der hiesigen Grottenkirche gemachten Ausgrabungen zeugen bereits im Paläolithikum von menschlicher Anwesenheit. Die Fundstücke sind teils im *Museo Comunale città di Praia,* teils im Paläontologischen Institut in Rom zu besichtigen. Neben den archäologischen Funden aus der Grotte sind im Museum von Praia auch moderne Kunstwerke zu sehen (Via Dante Alighieri, Mo–Sa 9–12, 17–20 Uhr).

Unter den Bahngleisen hindurch gelangt man über einen steilen Weg hinauf zur *Grottenkirche Madonna della Grotta*. Sehr beeindruckend ist der Anblick der weißen Kirchenfassade, des schroffen Felsens, des umgebenden Grüns und des meist strahlend blauen Himmels. Die Grotte, in der sich eine Wallfahrtsstätte befindet, ist selbst schon ein wunderbares Schauspiel der Natur. Durch tausendjährige Erosion ist im Felsen des Monte Vinciolo eine 19 m hohe Höhle entstanden. Die in der Grotte nistenden Vögel bringen durch ihr Gezwitscher Leben in die andächtige Stätte. Im 10. Jh. soll hier die basilianische Klosterkirche Sant'Elia situiert gewesen sein, bis sie im 15. Jh. zum lateinischen Ritus überging.

Die Holzstatue der ›Madonna mit dem Kind‹ soll aus dem 14. Jh. stammen. Der Legende nach ist im August 1326 ein vorbeifahrendes Schiff ohne erklärbare Ursache unterhalb der Grotte gestoppt worden. Trotz aller, zum Teil auch rabiater Anstrengungen der Besatzung ließ sich das Schiff nicht von der Stelle bewegen. Und so kam es, dass man die Madonnenfigur für das Unglück verantwortlich machte und sie ins Meer werfen wollte. Der gläubige Kapitän jedoch rettete die Madonna und ließ sie in der Grotte aufstellen. Plötzlich konnte das Schiff wieder manövriert werden.

In der alljährlichen Prozession am 15. August wird das Fest der Madonna della Grotta gefeiert und die Figur der Jungfrau durch den Ort getragen. In der Höhlenkirche ist eine Kapelle mit der Marmorstatue der ›Madonna della Neve‹ von Giacomo Gagini aus dem 16. Jh. zu bewundern. Ebenfalls zu sehen ist der freigelegte Ausgrabungsschacht, dessen einzelne Erdschichten (bis zu 8 m Tiefe) an einem Riesenlineal nachvollziehbar sind.

3 km südlich der Küstenstraße gelangt man zur Frazione Fiuzzi, bekannt vor allem durch die **Isola di Dino.** Vom Strand nur 200 m entfernt, scheint sie zum Greifen nah, lediglich getrennt durch das seichte Gewässer. Die Insel mit ihren zahlreichen Grotten ist ein beliebtes Ziel der Badegäste und ohne große Probleme mit dem Boot erreichbar. Von den vielen Grotten hat vor allem die **Grotta Azzura,** benannt nach dem wunderbaren Farbenspiel, ihren besonderen Reiz.

Nicht weit entfernt, schräg gegenüber der Insel wacht der Sarazenenturm **Torre di Fiuzzi** mit seinem massigen, viereckigen Mauerwerk aus dem 16. Jh. Hier am Strand bietet sich ein fast schon bizarrer Anblick: dunkler Sand, umgeben von schwarzen Felsen, die alte Befestigungsanlage, das strahlend blaue Meer, die grüne Insel und am Berghang eine futuristische (Ferien-)Siedlung. Die Kontraste, alt und modern, saftige und karge Natur, lösen sich in einem wunderschönen Zusammenspiel auf. Weiter südlich steht das aus dem 12./13. Jh. stammende *Kastell,* eine der wenigen bewohnten Burgen in Kalabrien, und daher leider nicht zu besichtigen. Die typisch normannische Bauweise zeigt sich an dem rechteckigen Grundriss mit den zylindrischen Türmen.

Die Stadt **Scalea** gehört zu einer der ältesten in Kalabrien und geht höchstwahrscheinlich auf die Gründung der griechischen Stadt *Laos* zurück, die von den Sybariten im 6. Jh. v. Chr. als Tochterkolonie gegründet wurde. Diese ursprüngliche Ansiedlung der Griechen erstreckte sich vom Capo Scalea bis zum Punta Cirella. Bei Ausgrabungen auf dem heutigen Gebiet der Gemeinde Santa Maria del Cedro (Località Perato) wurde die antike südliche Stadtmauer freigelegt.

Als die Mutterkolonie Sybaris zerstört wurde, verbündete sich *Laos* mit *Thurium,* und gemeinsam kämpften sie gegen die drohende Invasion der

Costa dei Cedri

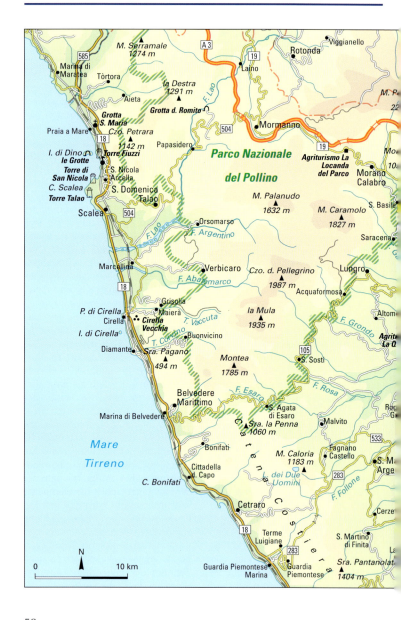

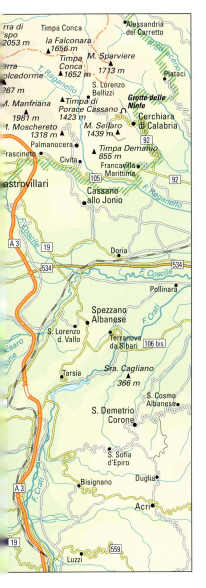

Lukaner. In der fürchterlichen Schlacht 389 v. Chr. zwischen den Lukanern und den Verbündeten *Laos* und *Thurium* fielen 10 000 Krieger.

Ausgrabungen in der Località Foreste zeugen von der römischen Ansiedlung *Lavinium*. Nachdem die Siedlung, vermutlich wegen des sumpfigen und morastigen Terrains verlassen wurde, entstand unter den Byzantinern um das 6. Jh. n. Chr. auf einem ca. 60 m hohen Hügel La Scalea, das heutige Scalea. Der mittelalterliche Teil der Stadt ist treppenartig (ital. *scala* = Treppe) an den Hang gebaut. Charakteristisch sind die schmalen Gassen und Torbögen, durch die man nach oben gelangt. Hoch oben thronen das normannische *Kastell* bzw. die noch existierenden Ruinen. Da es auf den Resten der ehemaligen Befestigung der Langobarden (6. Jh. n. Chr.) im 11. Jh. errichtet und später unter den Anjou und Aragonesen erneuert wurde, sind heute nur noch die Ruinen des Bollwerks und der Türme zu sehen.

In unmittelbarer Nähe des Kastells befindet sich die Mutterkirche *Santa Maria d'Episcopio,* besser bekannt als *Chiesa del Carmine* (12. Jh./17. Jh.). Der Glockenturm weist römische Inschriften aus dem 1. Jh. v. Chr. auf. Im Inneren sind das Gemälde der ›Beschneidung‹ von Paolo de Matteis aus dem 18. Jh.,

---

Zedernküste und Monte Pollino

Fresken der Madonna und den Engeln (13. Jh.) zu betrachten.

Interessant ist auch die einer Festung gleichende *Pfarrkirche San Nicola* (14. Jh.) in Plateis/Scalea, die u. a. das Mausoleum des Admirals Ademaro Romano beherbergt. In der *Chiesa dello Spedale* kann der Besucher noch byzantinische Fresken bewundern. In der Via Lido befindet sich der restaurierte *Palazzo dei principi,* höchstwahrscheinlich aus dem 13. Jh., der zum Nationaldenkmal erklärt wurde. Im 18. Jh. von der Familie Spinelli umgebaut, wurde er vor kurzem restauriert.

Im *Antiquarium Torre Cimalonga* in Scalea ist eine ständige Ausstellung der archäologischen Funde aus Laos zu besichtigen (Sommer 9–13, 16–19, Winter 9–13, 15–18 Uhr, Mo geschl.). Die wichtigsten Funde aus dem 4. Jh. v. Chr. sind allerdings im Nationalmuseum in Reggio di Calabria (s. S. 204ff.) zu sehen.

Auf dem Capo Scalea, dem über dem Meer ragenden Kap, steht die *Torre Talao* (16. Jh.). Früher wurde der Turm noch vom Meer umspült, heute befindet sich der 1568 von Mastro Paulo Personne errichtete Wachturm auf dem Festland. In den *Grotten von Talao* wurden Fossilien von Fauna aus dem Pleistozän und Objekte aus dem Paläolithikum gefunden. Diese Ausgrabungen versichern, dass das Gebiet schon in der Steinzeit besiedelt war.

Fährt man die Küste entlang Richtung Diamante, sieht man hoch über dem Meer die Ruinen des alten Kastells, der Kirche und des Konventes von **Cirella Vecchia** aufragen. Von dort erblickt man im Norden Scalea, im Osten die Ausläufer des Monte Pollino. Direkt zu Füßen liegen das neue Cirella und südlich Diamante. Von hier genießt man aber nicht nur ein wunderschönes Panorama, sondern fühlt sich in längst vergangene Zeiten zurückversetzt. Wie Francesco Cirillo in seinem informativen Buch ›Diamante und Cirella‹ berichtet, ist der *Konvent San Francesco di Paola* (15. Jh.) nach der Konfiszierung durch die napoleonische Regierung 1810 verlassen worden. Die Mauern der ehemaligen mittelalterlichen Mutterkirche San Nicola Magno sind ebenso zu sehen wie das Gemäuer des Glockenturms und des Kreuzgangs. In der zuvor einschiffigen Kirche kann der neugierige Besucher in den seitlichen Kapellen noch einige Fresken erkennen. Ein Kontrastprogramm zu den uralten Gemäuern ist das erst kürzlich erbaute Amphitheater. Architektonisch unpassend, aber in wunderschönem Ambiente finden hier kulturelle Veranstaltungen statt.

Das lebhafte Städtchen **Diamante,** dessen Stadtgründung im Jahr 1638 datiert, ist vor allem durch die *murales* bekannt. Die zahlreichen Wandmalereien schmücken den Ort und machen den Spaziergang durch die verwinkelten Gassen zu einer wahren Entdeckungsreise. Im Sommer 1981 begannen 80 Künstler mit den Gemälden, 1986 waren die Dichter zu Besuch und hinterließen ebenfalls Spuren auf den Mauern.

Scalea/Diamante

Palazzo mit *mural* in Diamante

Diamante ging im 15. Jh. in den Besitz des neapolitanischen Fürsten Caraffa über. Als einer der wenigen Fürsten betrieb er keine Feudalherrschaft, so dass die Bewohner selbst zu etwas Wohlstand gelangen und sich freiheitliches Gedankengut aneignen konnten – ein wesentlicher Unterschied zu anderen Ortschaften, die jahrhundertelang unterdrückt wurden und noch immer stark autoritätshörig sind. Um so erfrischender ist der liberalere Geist in dem kleinen Künstlerstädtchen.

Bis 1806 gehörte Diamante zum Fürstentum von Belvedere. Ein Jahr später erlangte die Stadt ihre Unabhängigkeit und wurde *Università alle dipendenze di Belvedere*. Die Mutterkirche *Immacolata* ist 1645 im Auftrag des Fürsten Caraffa errichtet worden. Die Altarfigur der Immacolata Concezione (17. Jh.) ist ebenfalls ein Geschenk des Fürsten. Die Verehrung der Madonna dell'Immacolata geht auf eine Legende zurück. Nach ihr soll ein Schiff vor der Küste von Diamante in Seenot geraten sein. Um etwaigen Schaden zu vermeiden, brachte die Besatzung die Madonna von Bord in die Kirche. Sobald dies geschehen war, setzte sich das bis dahin manövrierunfähige Schiff wieder in Bewegung. Als die Bevölkerung die ›Macht‹ der Madonna erkannte, wollte sie die Statue unbedingt behalten. Am Morgen nach ihrer Ankunft in der Kirche fand der Geistliche die Figur mit einer zum Himmel mit drei Fingern geöffneten Hand vor. Nach dem Glauben soll die

Zedernfrucht

Der Küstenabschnitt des Tyrrhenischen Meeres im äußersten Norden von Kalabrien, auch *Riviera dei Cedri* genannt, hat seinen Namen von der Zedernfrucht erhalten. In 26 Gemeinden zwischen Tortora und Paola wird die Pflanze angebaut. Im Frühjahr, wenn die Zedernbäume mit ihren weißen Blüten erblühen, sind Gärten und ganze Straßen von einem wunderbaren Duft erfüllt. Im November schließlich werden die Früchte geerntet und aus der Essenz Likör, Eis und *granite* (gefrorenes Eis) hergestellt.

Aber die Zedern haben noch eine weitere, ganz besondere Verwendung: Sie sind Bestandteil des jüdischen Festes *Sukkoth* (Laubhüttenfest) im September. So kommen im August viele Rabbiner an die Zedernküste, prüfen die Reinheit der Pflanzen und pflücken sie in Handarbeit. Die Prüfung wird allerdings dadurch erschwert, dass viele Zedernpflanzen Anfang des 20. Jh. mit dem wilden Apfelsinenbaum gekreuzt worden sind und die Rabbiner aber ausschließlich an den reinen, ungekreuzten Pflanzen interessiert sind. Die ausgewählten kleinen, grünen Früchte werden dann über den Ozean geschickt, weil das Laubhüttenfest überwiegend in den orthodoxen Gemeinden Amerikas gefeiert wird.

Madonna Immacolata Diamante vor den drei kalabresischen Plagen Krieg, Pest und Erdbeben beschützen. Die Glocken, ein Taufbecken, ein Messbuch und die Holzfigur des hl. Nicola im Inneren der Mutterkirche stammen aus der Vorgängerkirche San Nicola.

Nah an der Mündung des Corvino entstand um das Jahr 1500 die *Torre* (Turm), eine der ersten und noch heute erhaltenen Konstruktionen auf dem Gebiet von Diamante. Um den Turm herum ließ der Principe Caraffa Häuser für die nach Diamante kommenden Bürger errichten, die als Rebellen aus den Fürstentümern von Neapel, Maierà und Buonvicino gegen die dort herrschenden Fürsten aufbegehrten. Nahe dem Turm zum Meer hin ist ein Teilstück der ursprünglichen Treppe zu sehen. Von der massiven Befestigungsanlage zeugt das sichtbare Teilstück der Mauer.

Auch während des *Risorgimento* kämpften Bürger aus Diamante gegen König Ferdinand II. Einer der berühmtesten Söhne der Stadt ist sicherlich Arcangelo Caselli, der als Garibaldianer an der Befreiung Kalabriens beteiligt war. So verwundert es nicht, dass in dem Städtchen einige Straßen nach Freiheitskämpfern, Revolutionären oder weltlichen Persönlichkeiten benannt sind.

In Diamante wirkt seit einigen Jahren die *Accademia del Peperoncino,* deren Anliegen es ist, dem in Kalabrien so verbreiteten Gewürz und fundamentalem Bestandteil der kalabresischen Küche gerecht zu werden. Im September jeden Jahres veranstaltet die Akademie das *Festival del Peperoncino* unter dem Motto ›Kunst, Kultur und Gastronomie in pikanter Sauce‹. Im Rahmen dieses Festivals finden Ausstellungen und kulturelle Vorführungen statt, in verschiedenen Restaurants werden cene del diavolo (Abendessen des Teufels) angeboten. Gleichzeitig verwandelt sich der Lungomare in einen Marktplatz.

Von Diamante lohnt sich ein Ausflug in das kleine Bergdorf **Maierà.** Auf einem Felsvorsprung erbaut, wollten die Einwohner sich hier, hoch oben, gegen die Invasionen der Sarazenen schützen. Auch die noch sichtbaren Öffnungen in den Häuserwänden dienten der Absicherung: durch sie konnten Gewehrläufe nach außen gerichtet und gegebenenfalls unliebsame Besucher vertrieben werden. Der Spaziergang führt durch enge, Schwindel erregende Gassen, Torbögen, die kaum mit dem Auto zu passieren sind, und gibt immer wieder atemberaubende Ausblicke frei.

Direkt in den Fels gehauen ist ein Balkon mit Blick ins Landesinnere. Besonders beeindruckend der Ausblick zum nur wenige 100 m entfernten und scheinbar zum Greifen nahen Ort **Grisolia**. Aber zwischen den Orten klafft das unzugängli-

Diamante: überall frisches Gemüse

che Tal des Wildbachs Vaccuta. Während Maierà mit ca. 150 Einwohnern fast verlassen darliegt, nachdem viele der Einwohner emigriert oder in Richtung Meer gezogen sind, ist das noch oberhalb von Maierà gelegene Dorf mit 3000 Einwohnern noch richtig bewohnt. Um von Maierà dorthin zu gelangen, muss man erneut hinunter ins Tal fahren und kann dann auf der weiter nördlich gelegenen, steil hinaufführenden Straße den Ort in 500 m Höhe erreichen.

Costa dei Cedri

Im *Palazzo Feudale von Maierà* finden im Sommer Ausstellungen und Kurse zur Ausbildung von Kunstrestauratoren statt (Info Diamante).

ℹ *Informazione Accoglienza Turistico,* Via A. Vespucci, 87026 Praia a Mare, Tel. 0985/725 85. *Ufficio turistico,* Viale Kennedy, 87029 Scalea, Tel./Fax 0985/906 79. *Ufficio turistico,* Piazza Mancini, 87023 Diamante, Tel. 0985/ 87 60 46.

🛏 *Hotel Club Bridge,* Loc. Vannefora, 87020 San Nicola Arcella, Tel. 0985/3385, Fax 3930, Luxus; futuristische Siedlung nahe Praia a Mare in wunderbarer Panoramalage, Bridgespielhaus, jeglicher Komfort vorhanden, Restaurant. *Villaggio turistico La Manitinera,* S.S.18, Loc. Mantinera, 87026 Praia a Mare, Tel. 0985/77 90 23, Fax 77 90 09, Hotel/Residence teuer, Camping günstig; gegenüber der Isola di Dino gelegen, wahlweise Hotel, Residence oder Camping, jeglicher Komfort, verschiedene Sportmöglichkeiten, Disco, Baby-Sitting. *Hotel Talao***,* Corso Mediterraneo 66, 87029 Scalea, Tel. 0985/204 44, Fax 209 27, moderat; direkt am Strand, unterhalb des Torre Talao gelegen, modernes Hotel mit Klimaanlage, Balkon, Solarium, Schwimmbad, Restaurant. *Hotel Cristina***,* Via Pietrarossa 94, 87023 Diamante, Tel. 0985/812 10, Fax 87 62 24, günstig; modernes Hotel mit Restaurant, direkt an der Superstrada 18 gelegen, daher Zimmer zur Bergseite bevorzugen.

✗ *Ristorante Aligia,* Loc. Vrasi, Maierà, Tel. 0985/87 66 09, Mo geschl., moderat–teuer; modernes Landrestaurant in künstlerischem Ambiente. *Ristorante Pizzeria La Stella del Tirreno,* Corso V. Emanuele, Diamante, ganzjährig geöffnet, Di geschl., moderat; nah am Lungomare gelegen, traditionelle lokale Küche. *Bar Ristorante Genova,* Via Lido 10, Scalea, Tel. 0985/202 09, im Winter So geschl., moderat; Holzofen, lokale Küche.

🍷 *Enoteca Salzano,* Via P. Longo 23, Praia a Mare, Tel. 0985/77 73 50; Weine und typische lokale Produkte. *Il Coccio,* Laboratorio Arte Ceramica, Via Fratelli Bandiera 5, Praia a Mare; Keramikwerkstatt. *Peccati di gola,* Piazza XI. Febbraio, Diamante, Tel. 0985/815 46; typische kalabresische Produkte, u. a. Zedernfrüchte, Likör, getrocknete und gefüllte Feigen. *Markt* in Scalea: 19. März, 15. /16. Juli, 1.–8. Sept.

🏃 *La rosa dei venti,* Piazza 11 febbraio, Diamante, Tel. 0985/87 67 89; Francesca, Tel. 0338/587 02 13, www.mondopc.com/diving; Trekking, Rafting, Tauchen, Wasserski, Tennis, Windsurf. *Lao River Club/Hotel Club Cirella,* Via Vittorio Veneto 240, 87020 Cirella, Tel. 0985/865 46. *Fahrradverleih:* F.lli le Rose, Viale Amendola, Diamante, Tel. 0985/ 873 35.

🎭 **Scalea:** *Karneval* mit fröhlichem Umzug (Tanz der Fischer, *Pizzica'ndo*). **Diamante:** 3. So im Mai, von den Fischern organisiert, wird die Madonna Addolorata in einer *Prozession* über's Meer getragen; 12. Aug. und 8. Dez., zweimal wird die *Schutzpatronin Madonna Immacolata* gefeiert, *Jahrmarkt;* Sept., *Festival del Peperoncino.* **Cirella Vecchia:** August, *Cirella Antica Festival* mit kulturellen Veranstaltungen, Tanz und Musik; 14. August, *Fest der Melone,* am Strand von Cirella mit viel Kerzenschein zelebriert. **Praia a Mare:** 13.–18. Aug., Fest der *Madonna della Grotta* mit Veranstaltungen und *Jahrmarkt;* 15. Aug. *Prozession* der Madonna della Grotta über's Meer.

> *Accademia del Peperoncino,* Via Amendola 21, Diamante, Tel. 0985/811 30, Fax 87 77 21, accademia@peperoncino.org, www.peperoncino.org.

Bahnhöfe an der Küste: Guardia Piemontese Terme, Diamante–Buonvicino, Cirella–Maierà, Scalea–Santa Domenica Talao, San Nicola Arcella, Praia a Mare–Tortora, die Küstenlinie (Richtung Paola oder Sapri/Salerno) verkehrt ca. 15 x tgl.; Schnellzüge halten in Paola. **Auto:** Autobahnausfahrt Falerna für den südlichen Teil der Küste, Tarsia für den nördlichen, dann Küstenstraße 18.

Cetraro, Guardia Piemontese und die Terme Luigiane

Die Stadt **Cetraro** steht ganz in der Tradition des Zitronatbaum-Anbaus an der *Costa dei Cedri (citrarion).* Die Stadt selbst ist höchstwahrscheinlich eine der ersten Küstenstädte der Bruttier gewesen. Später dann, unter der Herrschaft der Normannen, schenkte Robert il Guiscard die Stadt seiner Braut Sichelgita zur Hochzeit. Nach dem Tod ihres Gatten überschrieb die Witwe Cetraro an den Abt Desiderio IV. Epifanio von Montecassino. Die Stadt verblieb anschließend über 700 Jahre im Besitz der Abtei von Montecassino, die sie als *feudo* (Lehen) vergab. Auch Cetraro teilt sich wie die meisten maritimen in einen Ort im Landesinneren und einen an der Küste, Cetraro Marina. In diesem unteren Teil der Stadt befinden sich der Bahnhof und der Hafen, von dem auch Schiffe zu den Äolischen Inseln ablegen.

Von Cetraro Marina die Straße hinaufsteigend oder -fahrend, lockt schon hoch oben, südlich des Zentrums die kleine *Kirche San Francesco.* Zur ihr gelangt der Besucher über eine langgezogene kleine Straße, die von kleinen Heiligenbildern gesäumt wird. Der etwas mühsame Weg wird durch einen wunderschönen Aus- und Weitblick über die Küste belohnt. Die kleine, schlichte Kirche mit ihren Holzfiguren und dem Marmoraltar ist ein Ort der Stille in wunderbarer Panoramalage.

Im Zentrum geht es dagegen wesentlich lebhafter zu. Viele Geschäfte und ein reger Verkehr zeichnen den befahrbaren Teil Cetraros aus. Dort, wo die Gassen so eng sind, dass die Autos nicht mehr passieren können, ist der Spaziergang aufgrund des Gefälles etwas beschwerlich. So wundert es nicht, dass viele Bewohner sich ihre Einkäufe bringen lassen und sie in Körben zum Fenster hochziehen, um den mühsamen Auf- und Abstieg zu umgehen. Ein ausgeschilderter Rundgang führt durch das Gassengewirr über die kleinen *Piazze,* vorbei an Hinterhöfen und durch Torbögen. Zahlreiche *Palazzi* mit Portalen, Türklopfern und Wappen sowie einige Kirchen sind Zeugen der Stadtvergangenheit. Im *Largo Giuseppe Ricucci* erzählt ein Bild von der Ankunft der Sarazenen.

Waldenserverfolgung

Sein Amt habe der Waldenser »von der Gesamtheit der Brüder übertragen bekommen; jeder einzelne habe ihm sein Recht ›sich zu regieren‹ übertragen«, so schreibt Martin Schneider in seiner Dissertation zur Entwicklung des Waldensertums. Mit Berufung auf den Lyoner Kaufmann P. Waldes, den Begründer der Buß- und Armutsbewegung, legitimierten die Waldenser ihren apostolischen Anspruch. Ihre Priester galten als ›Sandalenträger‹, die ein Wanderleben führten, kein Geld annahmen und von ihren Anhängern beherbergt wurden. Das einfache Leben der Missionare stand in krassem Gegensatz zu der feudalen Herrschaft der Bischöfe, die auch von Teilen der Bevölkerung immer kritischer betrachtet wurde.

Mit ihrem Anspruch auf Repräsentation der Kirche Gottes wurden die Waldenser zur Bedrohung für die Römische Kirche. Grundelemente des waldensischen Glaubens waren die generelle Ablehnung von kirchlichem Brauchtum und von der Bekreuzigung. Sie leisteten keinen heiligen Schwur, glaubten nicht an das Fegefeuer und lehnten jede Art von Blutvergießen ab.

Die Waldenser kamen ab 1315 aus dem Piemont nach Kalabrien, um der Inquisition zu entfliehen. Ihre erste Ansiedlung errichteten sie nahe Montalto Uffugo, weitere in San Sisto, Vaccarizzo, Argentina, San Vincenzo und Guardia Piemontese folgten. Anfangs passten sich die Waldenser der katholischen Kirche an, zumindestens oberflächlich. Sie folgten dem Gottesdienst und ließen ihre Kinder taufen. Ihre eigenen Prediger kamen nur alle zwei Jahre und blieben lediglich wenige Tage. Im Zuge der lutheranischen Reform waren sie überzeugt,

Die Barockkirche *Arcipretale San Bendetto,* reich geschmückt mit Kunstwerken und Deckengemälden, wirkt geradezu majestätisch. Sie gilt als Abbild der Basilika von Montecassino, deren Abtei die Stadt zugeordnet war. Ebenfalls sehenswert die *Chiese del Ritiro* und *dei Cappuccini*.

Nur wenige Kilometer sind es von Cetraro nach **Guardia Piemontese.** Der einer Festung gleichende Ort liegt in über 500 m Höhe. Dieser Defensivcharakter ist nicht verwunderlich, wenn man auf die bewegte und blutige Geschichte blickt. Der Ort wurde um 1375 von waldensischen Flüchtlingen aus dem Piemont gegründet, die auf dem Lehen Guardia des Markgrafen Spinelli Signore di Fuscaldo siedelten. Im 16. Jh. kam es zur blutigen Verfol-

ihren Glauben nicht länger verstecken zu müssen. So schickten die Waldenser Marco Uscegli nach Genf, um Prediger nach Italien zu holen. Daraufhin kam Gian Luigi Pascale nach Kalabrien, der die neue Doktrin predigte und Kulttempel in San Sisto und in Guardia eröffnete.

Als der Abt Giovan Antonio Anania davon Kenntnis nahm, teilte er dies dem Kardinal Gisleri mit. Dieser spätere Papst Pius V. gab dem Abt den Befehl, die Ketzerei unter der Aufsicht des Bischofs von Cosenza auszumerzen. Der Abt versuchte, die Waldenser mit Drohungen einzuschüchtern, allerdings ohne Erfolg. Derweil kamen immer mehr Waldenser in das befestigte Guardia Piemontese, um Schutz zu suchen. Auch der Markgraf Spinelli versuchte, sie zum Einlenken zu überreden und gab den Predigern Uscegli und Pascale den Rat, einfach zu verschwinden.

Als er keine Wirkung erzielte, griff der Markgraf, der befürchtete, selbst der Ketzerei bezichtigt zu werden, zu einer List. Er bat gemeinsam mit 50 Männern, die unter ihrer Kleidung Waffen versteckt hatten, um Unterkunft in Guardia. Die Bewohner, die ihren Feudalherren immer nur höflich und korrekt erlebt hatten, taten ihm diesen Gefallen. Als die Nacht anbrach, kamen die Soldaten Spinellis hervor und nahmen die Stadt in Besitz. In den folgenden zwei Wochen ließ der Feudalherr 2000 Waldenser umbringen. Er wollte ein Exempel statuieren und ließ 88 Waldenser einzeln vorführen, niederknien und köpfen.

Die Überlebenden durften in Guardia Piemontese bleiben, allerdings unter harten Bedingungen. Die Heirat unter Waldensern wurde verboten, und an den Türen waren Gucklöcher für die Inquisatoren angebracht (teils noch heute vorhanden!). So konnten sie kontrollieren, ob die Bewohner auch den katholischen Ritus zelebrierten.

gung der waldensischen Minderheit, bei der 2000 Waldenser umgebracht wurden. An diese Nacht im Juni 1561 erinnert die *Porta del Sangue* (Tor des Blutes), die jeder Besucher der Stadt zwangsläufig durchquert. Es heißt, dass in besagter Nacht das Blut der Ermordeten bis zum Stadttor geflossen sei.

An der dortigen Piazza delle Strage befindet sich das *Centro di Cultura Giovan Luigi Pascale*. Das nach dem Geistlichen benannte Kulturzentrum beherbergt die waldensische Bibliothek, einen Videoraum, Schautafeln zur Geschichte und eine alte waldensische Küche. Ebenfalls dem Vermächtnis der Waldenser gewidmet ist das *Museo della Civiltà Contadina,* in dem das damalige häusliche Leben der Bauern nachgestellt wird. Trotz, oder viel-

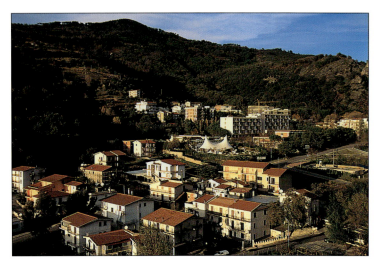

Guardia Piemontese: ein Tag in den Thermen und man fühlt sich wie neu geboren

leicht gerade wegen der Verfolgung, der sie ausgesetzt waren, bewahrten die Waldenser ihre Traditionen und ihre okzidentalische Sprache.

In dem Museum (Juli–Sept. tgl. 17.30–20.30 Uhr) ist auch die typische Tracht der Frauen zu bewundern. Dazu gehören neben einem Kleid und einer weißen Bluse ein Unterkleid, eine Schürze, ein Tuch, halbe Ärmel und ein Anhänger. Die Tracht der Braut, *dourne*, repräsentierte die Mitgift des Mädchens und war daher aus kostbarem Stoff (wie Seide) genäht und goldbestickt. Die tägliche Tracht *tramontana* ist hingegen aus einfachem Stoff in dunklen Farben gefertigt. Im Trauerfall wurden einige Teile des Gewandes gegen entsprechende schwarze ausgetauscht. Und auch hier hat die tragische Geschichte ihre Spuren hinterlassen: War der Leichnam Opfer eines gewaltsamen Todes, schneiderte man das komplette Gewand aus schwarzem Stoff. Während die Tracht früher zum alltäglichen Erscheinungsbild gehörte, ist sie heute nur selten zu sehen.

An der *Piazza Pietro Valdo* erhebt sich die *Kirche* des Schutzpatrons von Guardia Piemontese, *Sant'Andrea Apostolo*. Die *Piazza Chiesa Valdese* erinnert an die einstige waldensische Kultstätte. Heute hat dort ein kleiner Felsbrocken seinen Platz, der von der Schwesterngemeinde Torre Pellice/Piemont an die Guardia Piemonteser übersandt worden ist. Er trägt die Inschrift »Considerate

Guardia Piemontese

la roccia da cui foste tratti« (Gedenkt dem Gestein, von dem ihr abstammt). Nah dem Felsbrocken kann man einen *spioncino* (Spion) sehen, durch den die Bewohner von außen kontrolliert wurden, ob sie den katholischen Glauben praktizierten.

Schon von weitem ragt die *Torre di Guardia,* ein Sarazenenturm aus dem 11. Jh. hervor. Sehenswert ist auch die *Dominikaner-Kirche,* die nach der Bluttat im Auftrag der Familie Fuscaldi (16. Jh.) errichtet worden ist. Die Kultstätte sollte zur Verbreitung des katholischen Glaubens beitragen. Von besonderem Wert sind das hölzerne Chorgestühl und die Fresken aus dem 16. Jh.

Nach so vielen düsteren Eindrücken auf den Spuren der Geschichte bieten die **Terme Luigiane** Entspannung und Abwechslung. Nur wenige Kilometer vom Meer entfernt, wartet das Kur- und Erholungszentrum mit einem breiten Angebot für Kurgäste und Touristen auf. Die Anwendungen reichen von Luft-, Physio-, Ergo-, Bade- und Rheumatherapie über Schlammbad, Massagen, Thermalbad bis zum Beauty-Center. Und so sind die Anwendungen nicht nur für Kranke gedacht, sondern für alle, die sich einmal so richtig verwöhnen lassen wollen.

Die Anlage befindet sich in einem Flusstal, dem **Vallata del Fiume Bagni,** umgeben von einer reichen Vegetation. Am Fuß des Teufelsfelsens Rupe del Diavolo sprudeln die warmen Quellen Caronte, Minosse und Galleria Calda sowie eine kalte, die Galleria Fredda. Die berühmten Quellen haben eine lange Tradition und wurden bereits bei Plinius erwähnt. Der bourbonische Fürst Luigi Carlo, zu dessen Territorium die Thermen einst gehörten, gab ihnen ihren Namen.

Wer einfach nur einen schönen Spaziergang in der Natur machen möchte, der findet auch dazu Gelegenheit. Der ausgeschilderte Pfad ›*Passeggiata Ecologica*‹ führt entlang dem Bach Bagni über kleine Stege an einem Wasserfall vorbei. Der Spaziergang beginnt an der Piazzetta delle Terme.

Pro Loco Civitas Citrarii, C.S. Benedetto 11, 80722 Cetraro, Tel. 0982/916 51. *Consorzio Turistico Cetrarese,* Via Libertà 13, 80722 Cetraro, Tel. 0982/914 37. *Azienda Autonoma di cura soggiorno e turismo,* 87020 Terme Luigiane, Tel. 0982/940 56.

Grand Hotel San Michele Cetraro, Loc. Bosco 8/9, 87022 Cetraro, Tel. 0982/910 12, Fax 914 30, sanmichele@antares.it, Luxus; exklusives, wunderschönes nah am Meer gelegenes Hotel mit Golfplatz, Garten, Schwimmbad, eigenes Obst- und Gemüseanbau. *Centro Residenziale Colonia San Benedetto,* Via Suor Crocefissa Militerni 1, 87020 Cetraro Marina, Tel. 0982/910 07, moderat (vergünstigte Studentantarife); diese einfache, zweckmäßige Herberge in einem Konvent wird von Schwestern geleitet. Sie liegt im Grünen und 80 m vom Strand entfernt. Traditionelle Küche. *Hotel Mediterraneo***,* Via Nazionale 57, 87020 Guardia Piemontese Marina, Tel. 0982/941 22, 3 (Sommer), 0984/93 44 94 (Winter), moderat; 56-Zimmer-Hotel mit Privatstrand, Sportanlagen, Animation, und Ausflugsangebot.

🍴 *Ristorante Carnevale*, Via Andrea Doria 8, Guardia Piemontese Marina, Tel. 0982/901 83, Di geschl., teuer; direkt am Strand gelegen, lokale Küche, insbesondere Meeresspezialiäten und selbstgemachte Süßspeisen. *Ristorante Pizzeria Il Cubo,* Via Sottocastello, Cetraro Marina, Tel. 0982/916 74, moderat; oberhalb des Strandes, Meeresküche, Spezialitäten: *pasta al nero di seppia* (schwarze Tintenfischsaucen-Pasta), *risotto alla marinara* (Risotto mit Meeresfrüchten).

🚆 **Bahn & Auto:** s. S. 57. **Schiff:** *Agenzia Foderaro,* Viaggi e turismo, Via Porto, Cetraro, Tel. 0982/912 19; Ausflüge zu den Äolischen Inseln (Liparen), in der Hauptsaison 1 x tgl. morgens hin und abends zurück, ansonsten abhängig von der Nachfrage.

Nationalpark Monte Pollino

Das Pollino-Gebirge erstreckt sich von der Basilikata bis nach Kalabrien, so dass der Besucher ohne es zu merken von einer Region in die andere wandert. Der **Parco Nazionale del Pollino** hat insgesamt eine Ausdehnung von 192 565 ha. Der kalabresische Teil wird im Norden begrenzt von dem höchsten Gipfel des Pollino, dem Serra Dolcedorme mit 2267 m Höhe. Im Osten des Nationalparks liegt Cerchiara di Calabria mit seinen Thermalquellen in der Grotte delle Ninfe. Westlich erreicht der Monte Pollino fast das Tyrrhenische Meer, besonders charakteristisch sind hier die Flusstäler des Lao, des Argentino und des Corvino.

Ein ganz besonderer Baum und zugleich das Symbol des Monte Pollino ist der *Pino Loricato*. Benannt nach ihrer dicken, schuppenartigen Rinde, wächst die Schuppenpinie auch in höchsten Lagen trotz Eis und Schnee. Aber auch Steineichen, Ulmen, Buchen, Weißtannen, Pinien, Pappeln, Sträucher sowie ein vielfältiger Unterwald bereichern die Vegetation. Funde im Gebiet des Monte Pollino zeugen von Leben bereits vor 100 Mio. Jahren. Vor wenigen Jahrzehnten ist im Tal des Merkur, nahe Rotonda (Basilikata), einer der wichtigsten paläontologischen Funde Süditaliens gemacht worden: Bei Pflugarbeiten wurden die Knochen des *Elephas antiquus* freigelegt. Die Steinritzzeichnung in der Grotta del Romito belegt außerdem menschliche Anwesenheit bereits vor fast 13 000 Jahren.

Diese aufregende Natur kann der Naturfreund auf ganz verschiedene Art und Weise entdecken, je nach Gegebenheit, Geschmack und Kondition (Tipps und Adressen s. S. 68). Wandern, Klettern, Bergsteigen ist hier ebenso möglich wie Drachenfliegen, Rafting oder *torrentismo classico* (Auf- oder Abstieg eines Flusstals längs dem Wasser).

Durch das Flusstal des Lao nach Morano Calabro

Das **Flusstal des Lao** ist sicher eine der schönsten Landschaften Kalabri-

Flusstal des Lao/Papasidero

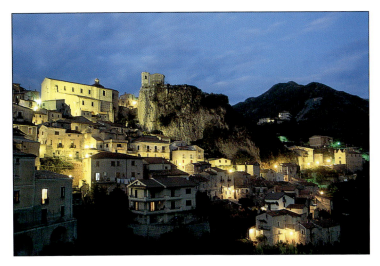

Juwel im Flusstal des Lao: Papasidero mit seinen verwinkelten Gassen

ens. Flankiert von riesigen Bergen, fließt der Fluss mal sachte plätschernd, mal als Sturzbach dem Meer entgegen. Die Landschaft ist dicht bewaldet, überragt von den kargen, sich auftürmenden Bergen. Neben wunderbaren Wanderungen durch das Flusstal, kann man den Lao auch per Schlauchboot erkunden. Bleibt zu hoffen, dass Touristen wie Kalabresen die leider noch so wenig verbreitete umweltpolitische Losung ›Der Respekt, die Liebe und die Pflege der Pflanzen sind Indizien für den Grad der Kultur eines Volks‹ achten, wie es auf einem Straßenschild auf dem Weg ins Landesinnere zu lesen steht.

Der kleine, knapp über 1000 Seelen zählende Ort **Papasidero** ist ein ganz besonderes Juwel. Direkt am Lao, nur 200 m hoch gelegen, schmiegt sich Papasidero in das grüne Flusstal. Durch kleine verwinkelte Gassen, teils heruntergekommen und unbewohnt, teils neueren Datums erklimmt man die Stadt. Hoch oben über dem kleinen Ort byzantinischen Ursprungs thront die *Kirche San Constantino,* rechts daneben ein schöner Glockenturm. Erwähnenswert ist das Taufbecken aus Granit und das Gemälde des hl. Francesco d'Assisi aus der Neapoletanischen Schule.

In absoluter Spitzenposition hoch über dem Ort ragen die Ruinen des *Kastells* und die Überreste der alten *Stadtmauer.* Die ehemalige Befestigungsanlage ist begehbar, allerdings ist wegen herabstürzender Steine

Vorsicht geboten. In der *Kapelle Santa Sofia* lassen sich Fresken unbekannten Ursprungs aus dem 16. Jh. betrachten. Ganz im Kontrast zu dem alten Städtchen, das fern unserer Zeit zu leben scheint, befindet sich in der Via Municipio ein modernes Gemälde von Francesco Ginevra (1993).

Unten in einer Schlucht liegt das *Santuario Santa Maria di Costantinopoli* direkt an einem Felsen. Hier kann man die Fresken eines unbekannten meridionalen Malers aus dem Jahr 1530 bewundern. Sie zeigen die Madonna mit dem Kind und einen Heiligen. Der beschwerlicher Abstieg lohnt sich, denn mit jedem Schritt wird das Rauschen des Lao stärker, und man taucht ein in eine phänomenale Mischung aus Natur und Kultur.

Ob die Stadt nach dem Fluss oder der Fluss nach der einst von den Griechen gegründeten Stadt Laos an der Mündung in das Tyrrhenische Meer nahe dem heutigen Santa Maria del Cedro benannt wurde, mag heute sicherlich niemand mehr so genau feststellen. Unbestritten ist al-

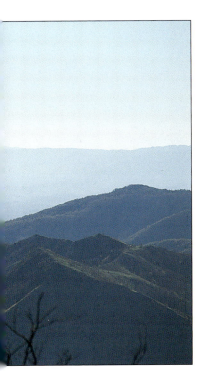

Weit schweift der Blick über die bewaldeten Hügel des Monte Pollino

lerdings, dass in den Grotten des Flusstals der prähistorische Mensch gelebt hat.

Das wohl bedeutendste Zeugnis ist das Graffiti des *bos primigenius* (wörtlich: allererster Stier, 10 800 v. Chr.) in der **Grotta del Romito.** Eine schmale Straße führt durch Kastanienwälder hinab in das Tal des Lao, wo sich die Grotte mit der berühmten Steinritzzeichnung befindet (tgl. 8–13, 15–17, im Sommer je nach Andrang auch bis 18/19 Uhr, Infos Rathaus von Papasidero, Tel. 0981/830 78).

Bei den scheinbar echten Skeletten von einem Kind und einer Frau handelt es sich um Kopien. Die Originale werden im Nationalmuseum von Reggio (s. S. 204ff.) aufbewahrt. Die Ausgrabungsstätte zeigt verschiedene Erdschichten, anhand derer man unterschiedliche Epochen nachvollziehen kann. Die Grotte mit ihrer tropfsteinartigen Decke ist ca. 20 m tief.

Die kleine, fast 700 m hoch gelegene Stadt **Morano Calabro** schmiegt sich eng an den Berg. Lieblich in die Landschaft passend, hat die Stadt schon so manchen verzaubert. Wen wundert es da, dass M. C. Escher sie zeichnete und die von Tommaso Campanella in ›Città del sole‹ beschriebene Stadt so sehr Morano ähnelt? Der Ort soll bereits 317 v. Chr. von den Römern eingenommen und wegen seiner strategisch wichtigen Position Station der Via Popilia geworden sein.

Direkt am Ortseingang liegt die schlichte *Chiesa San Bernardino* mit einem originalen Kreuzgang aus dem 15. Jh. Die Kirche ist 1452 im Auftrag von Antonio Sanseverino, Fürst von Bisignano, errichtet worden. Durch eine schöne freskengeschmückte Eingangshalle gelangt man ins aufwendig mit Holzarbeiten versehene Innere. Beachtenswert ist u. a. die Statue von San Bernardino (17. Jh.) und eine Dar-

Morano Calabro: einst Station an der römischen Via Popilia

stellung der Immacolata, der Unbefleckten, von Daniele Russo, ebenfalls aus dem 17. Jh. Das Polyptychon (Flügelaltar) von Bartolomeo Vivarini aus dem Jahr 1477 soll nach der vollständigen Restaurierung der Kirche wieder hier zu bewundern sein (vorübergehend in der Chiesa Maddalena). Dem Schutzpatron der Stadt, San Bernardino da Siena, wird jedes Jahr mit einer traditionellen Prozession am 20. Mai gedacht.

In dem schönen schattigen *Park* gegenüber der Kirche kann man entspannen und sich an dem kleinen Brunnen erfrischen. Der Straße aufwärts folgend, gelangt man in die Stadt, die sich in ihrer ganzen Eigenart am besten zu Fuß erkunden lässt. Es empfiehlt sich, das Auto auf der Höhe der *Chiesa Maddalena* (zu erkennen an dem farbigen Kuppeldach) abzustellen. Das sehr stuckverzierte Innere der Kirche aus dem 16. Jh. kann leider nicht über den desolaten Zustand des Gotteshauses hinwegtäuschen. Sehenswert vor allem die Kunstwerke von Gagini (Skulptur von 1505) und einige Gemälde aus dem 18. Jh.

Hinter der Kirche gelangt man in Richtung Sportplatz zu dem Schulkomplex der Scuola Elementare, in der das *Museo di Storia dell'Agricoltura e della Pastoriza* untergebracht ist (Mo–Sa 9–13 Uhr, Tel. 0981/ 310 21). Hier findet man Informationen rund um das Leben der Bauern und Hirten des Monte Pollino.

Um zu den Ruinen des Kastells zu gelangen, steigt man oberhalb der Kirche Maddalena durch enge Gassen und Treppen nach oben. Noch unterhalb des Kastells liegt die *Kirche dei Santi Pietro e Paolo,* die höchstwahrscheinlich um das Jahr 1000 errichtet wurde. Für lange Zeit war diese Kirche das einzige Gotteshaus im alten, befestigten Bereich der Stadt. Im Laufe der Jahrhunderte sammelte man für sie einige wertvolle, noch heute zu bewundernde Kunstwerke: Statuen der Hll. Lucia, Caterina d'Alessandria, Pietro und Paolo von Pietro Bernini (16./ 17. Jh.), das Gemälde ›Madonna mit Kind und vier Heiligen‹ von Giovan Battista Colimodio (17. Jh.), ein hölzernes Kruzifix (15. Jh.) u. v. a.

Vom Largo San Pietro geht es in die Via Castello, über die man schließlich zu den *Ruinen des Kastells* gelangt. Einst standen an dieser Stelle bereits unter den Römern Wachtürme. Unter der Herrschaft der Normannen wurde im 11. Jh. eine richtige Befestigungsanlage installiert. Doch die noch verbliebenen Ruinen sind überwiegend Teil der Burg, die Fürst Sanseverino ähnlich dem Castel Nuovo von Neapel bauen ließ. In knapp drei Jahrzehnten (von 1514–45) entstand eine Burg mit zylindrischen Türmen und einem Graben. Von hier oben genießt man ein wunderbares Panorama auf die beeindruckenden Gipfel des Monte Pollino, aber auch auf die sich ausbreitende Stadt.

Unterhalb des Kastells, im Vico II. Annunziata 11 befindet sich das Naturwissenschaftliche Zentrum *Il Nibbio* (Sommer: 9.30–13, 16–20.30, Winter: 10–13, 15–18 Uhr, Tel. 0981/307 45, Eintritt 2,50 €). Auf zwei Etagen und in einem weiteren ausgegliederten Vorführungsraum wird hier sehr realitätsnah – und untermalt mit akustischen Geräuschen – die Fauna und Flora des Monte Pollino vorgestellt. Ausführliche Erklärungen und didaktisches Material sind ebenso vorhanden wie ein sehr interessanter Videofilm, der Vorfreude macht auf eine Entdeckungstour in die faszinierende Natur des Monte Pollino.

Ente Parco Nazionale del Pollino, Via Mordini 20, 85048 Rotonda, Tel. 0973/66 16 92, Fax 66 78 02, ente@parcopollino.it, www.parcopollino.it. *Pro Loco,* Piazza Maddalena, 87016 Morano, Tel. 0981/305 90, www.morano.org, proloco.morano@morano.org.

Agriturismo La Locanda del Parco, Contrada Mazzicanino, 87016 Morano, Tel./Fax 0981/313 04, moderat; familiäre Atmosphäre, Spielplatz, Reiten, Trekking, Mountain-Bike, Wintersport. Zimmervermietung. *Zimmervermietung La Panoramica,* C. da Mangioppo, 87016 Morano, Tel. 0981/319 10, günstig; Swimming-Pool, Spielplatz, Exkursionen.

Ristorante Villa San Domenico, Via sotto gli olmi 10, Morano, Tel. 0981/305 88, Mi geschl., moderat; elegantes Restaurant, lokale Küche. *La Cantina,* Piazza Croce 21, 87016 Morano, Tel. 0981/310 34, Mo geschl., günstig; traditionelle Küche in familiärer Atmosphäre, Spezialität *fussili, cavatelli, lagana e fagioli.*

 Artigianale Il Moro, Piazza Maddalena 2, Morano, Tel. 0981/

303 87; Kunstwerke aus Marmor, Gips, Ton, Holz.

Centro di Esperienza per l'educazione Ambientale, Rifugio Montano, Loc. Folloreto, 87010 Civita, Tel. 0368/22 02 88, Fax 48 96 87, cea.pollino@labnet.comm2000.it; Ausflüge, Führungen in den Park, Wanderungen, Vogelbeobachtungen, kulturelle Aktivitäten. *Gruppo Speleologico Sparviere,* Piazza San Vincenzo 19, 87070 Alessandria del Carretto; Führungen *(torrentismo classico)* durch den Monte Pollino.

Morano Calabro: 1. Mai, *Maifest;* 20. Mai, *Prozession* für den Schutzpatron San Bernadino da Siena, historischer Umzug in Kostümen durch die Stadt; Ende Mai, *Festa della Bandiera,* Umzug und Schauspiel. **Castrovillari:** *Karneval*; Ende August, *Internationales Festival der Folklore.* **Papasidero:** 16. Aug., *Fest des Heiligen Rocco.*

Auto: Ausfahrt Morano–Castrovillari (nach Morano), Ausfahrt Mormanno (nach Papasidero, über die Straße 504). **Bus:** *SAJ,* Trebisacce, Tel. 0981/50 03 31, Fax 50 03 32, www.saj.it; zwischen Morano und Castrovillari, zwischen Castrovillari und Cosenza oder Sibari, mindestens 2 x tgl.

Ins Flusstal des Raganello

Nur einen Katzensprung von Morano entfernt liegt das 23 000 Einwohner zählende **Castrovillari.** Die Landwirtschafts- und Industriestadt ist in einen modernen, unten gelegenen, und einen historischen, auf dem Berg gelegenen Teil gegliedert. Besonders in der Karnevalszeit finden sich einige Touristen ein, die dem seit etwa einem halben Jahrhundert gefeierten *carnevale del pollino* beiwohnen. Das Spektakel ist verknüpft mit einem internationalen Folklorefestival, das mit seinen Festwagen, den Reitern, Masken und großem kulturellem Angebot ein besonderes Erlebnis ist. Aber auch im Sommer treffen sich in Castrovillari Folkloregruppen aus aller Welt zu einem Festival.

Hoch oben im Nationalpark Monte Pollino entspringt der ca. 30 km lange Sturzbach Raganello. Er schlängelt sich durch ein Tal mit durch Karsterscheinung entstandenen Grotten, hindurch zwischen den höchsten Bergen des Pollino, stürzt hinab ins Tal, und mündet schließlich ins Ionische Meer. Das Tal mit seinen steilen Felswänden wird immer wieder durchbrochen von lieblichen grünen Tälern. Buchen, Eichen, Ahorn sind hier ebenso zu Hause wie Pinien, Weiden und Akazien. An der Grande Porta in 2000 m Höhe wachsen die *Pini Loricati,* eine Pinienart, die außer auf dem Balkan sonst nirgendwo auf der Welt anzutreffen ist.

Das **Raganello-Tal** gilt als eines der schönsten und faszinierendsten des gesamten Nationalparks. Unverwechselbar sind auch die *timpe* (Felswände) mit ihrem enormen Gefälle. Die **Timpa Conca** (auch San Lorenzo, 1652 m) ragt mitten im Tal mit 1000 m in die Höhe. Besonders auffällig und unverwechselbar auch die **Timpa del Demanio** – mit 600 m schießt sie geradezu vertikal in die

Höhe. Dieses schroffe Ambiente hat dem Fluss auch seinen Namen gegeben. *Ragas* (griech.) bedeutet soviel wie felsiger Abgrund. Aus diesem byzantinischen Namen hat sich schließlich der heutige Name entwickelt. Auf dem **Timpone della Motta** zeugen Funde von einem Dorf der Enotrier und von der ersten griechischen Kolonisierung.

In **Palmanocera** nahe Cività sind noch die Reste eines von den Mönchen gegründeten Klosters zu sehen. Unterhalb der **Timpa di Cassano** findet man längs dem Abhang auf einem archäologischen Weg noch Mauernreste. Die hier ausgegrabenen Glasscherben und Keramikerzeugnisse datieren um das 11.–13. Jh. n. Chr.

Ein Ausflug nach Altomonte

Der Reisende lässt nun das mächtige Pollino-Gebirge im Norden hinter sich und gelangt über die Autobahn südwärts durch eine grüne Hügellandschaft nach Altomonte. Hoher Berg *(alto monte),* der Name der knapp 5000 Einwohner zählenden Stadt, beschreibt sehr treffend die Lage oberhalb des Esaro-Tals. Im Norden dominieren die hoch aufragenden Gipfel des Monte Pollino die Landschaft. Bei den Römern unter dem Namen *Balbia* bekannt, von den Sarazenen *Brahalla* genannt, erhielt die Stadt ihren heutigen Namen im 14. Jh. In dieser Zeit entfaltete sich auch die herausragende künstlerische Blüte, die Altomonte den Ruhm als Kunstinsel einbrachte. Entscheidenden Einfluss auf diese künstlerische Entwicklung hatte die Familie Sangineto, die viele Kunstwerke in Auftrag gab.

Über die Piazza Balbia links abbiegend, gelangt man zu der erst kürzlich restaurierten **Kirche San Giacomo** byzantinischen Ursprungs. Im Inneren ist die Holzfigur des hl. Giacomo ebenso zu bewundern wie die Figur der Madonna und ein mehrfarbiger Marmoraltar. Das *centro storico* ist überwiegend sehr gut erhalten, auch wenn einige Häuser leer stehen und dem Verfall überlassen sind.

Der quadratische Normannenturm wurde im 11. Jh. errichtet und erhielt seinen heutigen Namen **Torre Pallotta** im 13. Jh. von Guglielmo Pallotta, einst Signore von Brahalla. An der Piazza Castello befindet sich das **Kastell** aus dem 12. Jh. bzw. das, was nach den vielen Umbauten und Erweiterungen noch von ihm zu erkennen ist. Neben der Verteidigungsfunktion diente es schon seit dem 16. Jh. als Wohnsitz und wurde Besitz der Familien Pallotta von Sangineto, Ruffo und Sanseverino. Heute genutzt als Wohn- und Geschäftshaus, befinden sich im Inneren ein Antiquariat, ein Hotel und Wohnungen. Beachtenswert der neben dem Toreingang befindliche Beobachtungsposten. Durch die Maueröffnung konnten die Wachposten die Ankommenden unbeobachtet in Augenschein nehmen.

Den Schildern folgend, gelangt man zum Domplatz der **Santa Ma-**

ria della Consolazione, einem Bau aus dem 14. Jh. Das im gotischen Stil errichtete Portal ist ebenso prachtvoll wie die wunderschöne Rosette. Die einschiffige Kirche mit einigen Seitenkapellen wurde im Auftrag des Grafen von Altomonte, Filippo Sangineto erbaut. Der im Dienste des Hauses Anjou stehende Graf wurde hier in einem Mausoleum beigesetzt. Als die Familie Sangineto ausstarb, fiel die Kirche 1443 an den Dominikanerorden. Tommaso Campanella studierte und lebte in dem Konvent. An ihn erinnert ein Monument vor dem Gebäude.

Durch einen Torbogen gelangt man zu dem ehemaligen Kreuzgang, in dem antike Überreste von der Kulturgeschichte in Altomonte zeugen. Hier ist auch das **Museo Civico di Santa Maria della Consolazione** (Di–Sa 8–20, Mo und So 10–13, 16–19 Uhr, aufgrund der häufigen Änderungen empfiehlt sich eine Anfrage unter Tel. 0981/ 94 84 64, 94 80 41, Eintritt 1,50 €) mit zahlreichen wertvollen Schätzen untergebracht: kleine Holzbilder aus dem 14. Jh. von Bernardo Luberdi, San Giovanni Battista und Simone Martini; eine kunstvoll gearbeitete Marmorsäule (14. Jh.), eine Holzsäule (18. Jh.), Ölgemälde aus dem 18. Jh., ein Polyptychon von Antonio und Onofrio Penna (15. Jh.), Brokatgewänder *(piviali)* der Priester, ein Tabernakel aus dem 18. Jh., ein imposanter Apothekerschrank aus dem 17. Jh. und viele andere Kunstschätze.

Vom weiträumigen Domplatz aus genießt man einen wunderschönen Balkonblick auf die grüne Hügellandschaft und das unterhalb liegende gepflegte Städtchen. Das erst vor wenigen Jahren errichtete Freilufttheater ist im Sommer Ort des *Festivals dei due Mari*. Jedes Jahr finden hier Musik-, Theater- Tanz- und Kunstvorstellungen mit nationalen und internationalen Künstlern statt. Von der Rückseite des Doms gelangt man in den völlig vernachlässigten und überwiegend verlassenen Teil von Altomonte. Bei dem interessanten Spaziergang durch den Ort, kann der aufmerksame Beobachter an einigen Häuserwänden Eisenbefestigungen entdecken. Als Schutz gegen Einsturz bei Erdbeben sind hier Eisenstangen quer durch das Mauerwerk der Häuser gezogen worden, um miteinander verschraubt auch starken Erschütterungen standzuhalten.

Sehenswert ist auch das **Konvent der Minimi** (Anhänger des San Francesco di Paola), heute Sitz des Rathauses *(municipio)*. Ein wunderschöner Kreuzgang befindet sich in sehr gutem Zustand. Ebenfalls beeindruckend ist die **Barockkirche** mit dem 24 m hohen Glockenturm.

Museo Civico, Piazza T. Campanella, 87042 Altomonte, Tel. 0981/94 80 41. *Comune di Altomonte,* Largo della Solidarietà 1, 87042 Altomonte, Tel. 0981/94 80 41, Fax 94 82 61, www.comune.altomonte.cs.it.

Hotel Il Castello di Altomonte, Piazza Castello 6, 87042 Alto-

Altomonte

Santa Maria della Consolazione in Altomonte

---

monte, Tel. 0981/94 89 33, Fax 94 89 37, www.altomonte.it, Luxus; luxuriöses Hotel in mittelalterlichem Ambiente, Restaurant. *Azienda Agrituristica La Quercia,* Inh. Giovanni Maiolino, Contrada Boscari, 87042 Altomonte, Tel. 0981/91 62 32, laquercia@telsa.it, günstig, Camping möglich; Unterkunft in kleinen Häusern.

Ristorante Il Castello di Altomonte, s. o., Tel. 0981/94 89 33, Menü teuer-Luxus; exklusives Restaurant in gediegenem Ambiente. *Al ristoro del principe, centro storico,* Altomonte, Tel./ Fax 0981/94 87 43, Mo geschl., Menü moderat; das stilvoll eingerichtete Restaurant befindet sich in den umgebauten Stallungen eines Palazzo aus dem 16. Jh. Lokale Küche, besondere Spezialitäten: *Antipasto della casa, gnocchetti. Azienda Agrituristica La Quercia,* s. o., Tel. 0981/91 62 32, Menü durchschnittlich 15 €, moderat; lokale Küche.

 25. Juli, *Fest des Schutzpatrons San Giacomo;* August, *Festival dei due mari.*

Bus: tgl. Busverbindungen nach Castrovillari, Paolà, Cosenza, Abfahrt beim Rathaus auf der zentralen Piazza, Infos bei *Ferrovie Calabro-Lucane,* Tel. 0981/ 39 91 11, oder *Autolinee La Valle,* Tel. 0981/630 22, Fax 634 50. **Autobahnausfahrt** Altomonte (nach Altomonte).

Cosenza und Umgebung

Cosenza, lebhafte Universitätsstadt

Luzzi, die Stadt der Kirchen

Opernkarriere in Montalto Uffugo

Amantea, Handel am Tyrrhenischen Meer

Paola, Wallfahrt zum hl. Franz von Assisi

Mit der Eisenbahn in die Sila

Cosenza: die kulturelle Hauptstadt Kalabriens

Cosenza und Umgebung

Zwischen der Sila und dem Tyrrhenischen Meer liegt Cosenza, die kulturelle Hauptstadt Kalabriens. So bunt und lebhaft mit einem permanenten Wechsel zwischen Tradition und Moderne, so abwechslungsreich sind auch die Ausflüge rund um die Universitätsstadt: im Norden die schmucke Kleinstadt Rende, Montalto Uffugo als Schauplatz des ›Bajazzo‹ sowie Luzzi, die Stadt der Kirchen, im Westen direkt am Meer die lebhafte Handelsstadt Amantea und das Pilgerzentrum Paola. Und mit dem Zug kann der Neugierige eine erste Schnuppertour in die Sila unternehmen.

Die Provinzhauptstadt Cosenza

Die 87 000 Einwohner zählende Provinzhauptstadt ist unbestritten die kulturelle Metropole Kalabriens. Die einstige Hauptstadt der Bruttier, deren Gründung wahrscheinlich auf das 4. Jh. v. Chr. zurückgeht, spielte in Kalabrien immer schon eine herausragende Rolle. Cosenza war bereits unter den Normannen, Anjou, Aragonesen und Spaniern das Handels- und Kulturzentrum des nördlichen Kalabriens. Bereits früh entwickelte sich hier eine freiheitliche Denkweise. So verwundert es nicht, dass hier der Bauernaufstand unter Johanna von Anjou stattfand und die Stadt während des *Risorgimento* das Zentrum der Unabhängigkeitsbewegung in Calabria war.

Das Stadtbild prägen der Zusammenfluss von Crati und Busento mitten im Zentrum sowie die sieben die Stadt umgebenden Hügel. Das *centro storico* schmiegt sich an den Hang des **Colle Pancrazio.** Der neuere, moderne Teil der Stadt liegt hingegen in der langgestreckten Ebene entlang dem Crati-Fluss. Er wird von scheinbar endlosen Straßenzügen, Neubauten und der erdrückenden Last des Straßenverkehrs dominiert. Ein guter Ausgangspunkt für eine Stadterkundung ist die **Piazza dei Bruzi.** Hier, an einem der Verkehrsknotenpunkte der Stadt, liegen Geschichte und Moderne dicht beieinander. In die an die Stadtgründer erinnernde Piazza

In der Altstadt von Cosenza

mündet der **Corso Mazzini,** die Einkaufsstraße von Cosenza. Mitten auf der Piazza befindet sich ein Brunnen mit einem überdimensionalen Stahlhelm, der an die Gewalt des Zweiten Weltkriegs erinnert.

Nicht weit entfernt, auf der Höhe der Mündung des Busento in den Crati liegt die **Chiesa** und der **Convento San Domenico** (1). Die Kirche ist schon von weitem an der kupferfarbenen Kuppel zu erkennen. Über dem Spitzbogen-Eingang befindet sich eine wunderschöne, fein gearbeitete Steinrosette. Die Kirche wurde im 15. Jh. im Auftrag der Familie Sanseverino di Bisignano errichtet und ist im 17. Jh. umgebaut worden. Die reich verzierte *Cappella del Rosario* beherbergt die Statue der ›Madonna delle Febbre‹, die von der Bevölkerung Cosenzas besonders verehrt wird.

Über den **Ponte Alarico** zur anderen Uferseite des Crati schlendernd, gelangt man zur **Kirche San Francesco di Paola** (2) aus dem 16. Jh. An den Wänden der Sakristei bilden Fresken (16./17. Jh.) Szenen aus dem Leben des San Francesco di Paola ab. Der hl. Franz wurde vom Papst als Schutzpatron der Schiffer proklamiert. Als er einst nach Sizilien übersetzen wollte, breitete er, der Überlieferung nach, seinen Mantel aus und überquerte die Meerenge von Messina.

Gegenüber der Kirche, am südlichen Ufer des Busento, ist der alte Stadtkern von Cosenza zu entdecken. Über den **Corso Telesio** mit seinen zahlreichen kleinen *botte-*

Cosenza und Umgebung

ghe, Buchhandlungen, Cafés und Büros schlendernd, genießt der Besucher das lebhafte Treiben dieser pulsierenden Stadt. Der nach dem Philosophen Bernardino Telesio benannte Corso war einst der Mittelpunkt einer Stadt, die sich durch Handel und Unternehmertum auszeichnete. Das am Corso gelegene **Haus der Kulturen** *(Casa delle Culture,* 3), die Betonung liegt auf dem Plural, ist auf jeden Fall einen Abste-

---

Cosenza 1 San Domenico   2 San Francesco di Paola   3 Haus der Kulturen (Casa delle Culture)   4 Dom   5 Palazzo della Prefettura   6 Villa Comunale   7 Teatro Rendano   8 Accademia Consentina (mit Bibliothek und Museum)   9 Palazzo Sersale   10 Castello Svevo   11 San Francesco d'Assisi

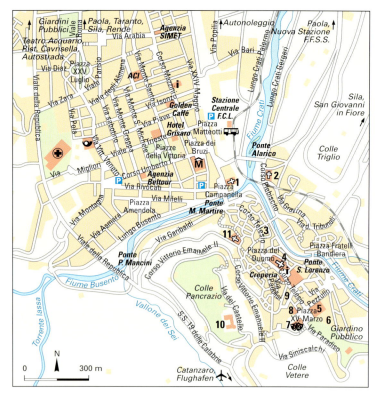

cher wert. Hier werden immer wieder wechselnde Ausstellungen gezeigt, aber auch Musik-, Film- und Theaterstücke aufgeführt (Mo–Sa tgl. 8–22 Uhr, Infos unter Tel. 0984/ 81 33 96, 79 02 71, Fax 79 16 20, www.comune.cosenza.it/culture/invasioni).

Folgt man dem Corso weiter nach oben, stößt man unweigerlich auf den **Dom** (4) mit der großen Rosette und drei Portalen im gotischen Stil. Die Kathedrale ist im 12. Jh. errichtet worden und wurde 1222 in Gegenwart von Friedrich II. geweiht. Die von dem Hohenstaufer gestiftete Staurothek, ein kreuzförmiges Reliquiar ist im Erzbischöflichen Palais untergebracht. Passend zu den gotischen Portalen ist das Spitzdach des Mittelschiffs im Kircheninneren mit Holz ausgekleidet und in viele Bögen unterteilt. Besonders beachtenswert ist die *Kapelle der Madonna del Pilerio,* der Schutzpatronin von Cosenza. Sie soll die Stadt 1576 von der Pest und 1783 und 1854 von den Erdbeben erlöst haben. Zu Ehren der Schutzpatronin wird alljährlich am 12. Februar die Statue der Madonna von tausenden Gläubigen über die Hauptstraßen der Stadt geleitet.

Auf der rechten Seite befindet sich der Originalfußboden im normannischen Stil aus dem 12. Jh. Das Grabmal von Isabella von Aragon ist mit einem ganz besonderen Grabstein versehen: die Darstellung der Jungfrau Maria mit dem betenden Königspaar ist ein sehr seltenes, wenn nicht gar einzigartiges Motiv.

Im Dom kann der römische Sarkophag aus dem 4. Jh., auf dem die ›Jagd der Meleager‹ dargestellt ist, bewundert werden. In ihm sollen die Gebeine Heinrich VII., dem ältesten Sohn Friedrichs II., aufbewahrt sein. Auf der Rückseite des Doms befindet sich übrigens eine Touristeninformation.

Der Corso Telesio mündet an seinem südlichen Ende in die **Piazza XV. Marzo,** seit Bestehen Cosenzas einer der wichtigsten Orte der Stadt. Zur Linken befindet sich der **Palazzo della Prefettura** (5) aus dem 19. Jh., der auf den Resten des alten Monastero Santa Maria di Costantinopoli errichtet wurde. Auf der zentralen Piazza stehen zwei Denkmäler. Eines ist dem Philosophen Telesio gewidmet, das andere den 1844 im Kampf für ein geeintes Italien gestorbenen Bürgern. Von hier geht auch der Eingang zur von Bäumen beschatteten **Villa Comunale** (6) ab. Zur rechten befindet sich das **Teatro Rendano** (7) aus der Wende vom 19. zum 20. Jh., das nach dem Pianisten Alfonso Rendano benannt wurde. In dem prachtvollen goldverzierten Theater werden in verschiedenen Zyklen alljährlich Lyrik (Okt.–Dez.) und Prosa (Jan.–April) aufgeführt. Im Monat Mai finden Konzerte und Theateraufführungen statt.

Ebenfalls an der Piazza befindet sich die **Accademia Consentina** (8), die 1514 von Aulo Giano Parrasio gegründet wurde. Neben dem Sitz der Akademie sind in dem Gebäude auch das **Museo Civico** und die **Biblioteca Civica** untergebracht. Die

Cosenza und Umgebung

Bibliothek (erste Etage) ist eine der wichtigsten Sammlungen Kalabriens und enthält u. a. Pergamente aus dem 13.–18. Jh. Die im Museum (Erdgeschoss) in einem recht schlichten und teils etwas heruntergekommenen Ambiente ausgestellten Münzen, Tonscherben, Schmuck- und andere Fundstücke stammen u. a. aus der nahe Torre Mordillo (nördlich von Spezzano Albanese) ausgegrabenen Nekropolis der Eisenzeit (Mo–Fr 9–13.45, Mo und Do 15.30–18.15 Uhr; freier Eintritt). In einer schönen Panoramalage, mit Blick auf die Piazza, steht der **Palazzo Sersale** (9). An diesem, zu den ältesten der Stadt zählenden Palast (1592) ist noch das marmorne Wappen der Familie Sersale zu bewundern.

Hoch oben auf dem Colle Pancrazio thront das **Castello Svevo** (10), dessen erste Anlage höchstwahrscheinlich unter dem Hohenstaufer Friedrich II. errichtet wurde. Unter den Anjou und schließlich auch unter den Aragonesen ist das Kastell ausgebaut und befestigt worden. Der sogenannte ›Korridor der Anjou‹ ist noch in seinem Originalzustand anzutreffen. Der Verfall der Burg begann mit den Erdbeben im 17. Jh. Nachdem die Festung damals als Priesterseminar und anschließend als Haftanstalt genutzt wurde, wird das Kastell Anfang des 21. Jh. restauriert.

Sehenswert sind auch die **Kirche** und das **Kloster San Francesco d'Assisi** (11), die 1217 vom Schüler des Francesco, Pietro Cathin gegründet wurden. 1686 ist die Kirche im barocken Stil umgestaltet und nach dem Erdbeben von 1874 neu errichtet worden. Die durch Säulen in drei Schiffe geteilte Kirche verfügt über wertvolle Kunstschätze, u. a. Werke von Daniele Russo (17. Jh.). Die Sakristei ist ebenso einen Besuch wert wie der gut erhaltene Kreuzgang. Heute ist im Konvent die Werkstatt der *Sopraintendenza per i Beni Culturali* (staatliche Einrichtung, zuständig für das kulturelle und archäologische Erbe der Region) untergebracht.

APT, Corso Mazzini 92/C, 87100 Cosenza, Tel. 09 84/272 71.

Hotel Grisaro**, Viale Trieste 38, 87100 Cosenza, Tel. 09 84/279 52, Fax 09 84/278 38, moderat; einfaches Hotel in der Neustadt, in der Nähe vom Corso Mazzini.

Restaurant La Calvrisella, Via G. De Rada 11a, Cosenza, Tel. 0984/280 12, Sa ganztägig, So abends geschl., teuer; elegantes, sehr beliebtes Lokal, traditionelle lokale Küche. *Creperia del duomo*, Corso Telesio, Cosenza, So geschl., 7–20.30 Uhr, günstig; Crepes, ein Tagesmenü und kleine Snacks werden hier gegenüber vom Dom angeboten. *Golden Caffé*, Corso Mazzini 85, Cosenza, tgl. 6–23 Uhr, günstig; leckere *pasticcini*, guter Service und nettes Ambiente.

Donato Francesco, Via Sertorio Quattromani 41–47, Cosenza, Tel. 0984/285 00, 8.30–13, 15.30–20 Uhr, Sa nachmittag und So geschl.; Porzellan- und Geschenkartikel in großer Auswahl.

Mit der Eisenbahn in die Sila

Um einen ersten Eindruck von der Sila zu erhalten, bietet sich eine Fahrt mit der Eisenbahn an. Mit durchschnittlich 40 km/Std. erklimmt der **Calabro-Lucano** die Gebirgslandschaft. Der Zug startet im Crati-Tal von 200 Höhenmetern, passiert Camigliatello und die Croce di Magara und klettert dann langsam bis zum höchsten Punkt dieser Bahnstrecke, San Nicola (1400 m). Danach geht's mit neuem Schwung abwärts bis die schon in der Ferne auftauchende Endstation San Giovanni in Fiore (1050 m) erreicht ist. Die Fahrt begleiten wunderbare Ausblicke und erste Einblicke in die Bergwelt, die auf das Erlebnis Sila Appetit machen (s. S. 96ff.).

In Cosenza startet die Eisenbahn am Hauptbahnhof, hält aber ebenfalls in Cosenza Monaco, Cosenza Centro und Cosenza Casali. Dann schlängelt sie sich durch all die kleinen Orte (Pedace, Spezzano della Sila, Moccone) bis nach Camigliatello. Für diese erste Teilstrecke benötigt der Zug ca. 1 Std. 15 Min. Von dort geht's weiter nach San Giovanni in Fiore (ca. 45 Min.). Die Strecke wird durchschnittlich nur 2 Mal am Tag pro Richtung befahren (morgens und nachmittags).

Wichtig: Der Zugführer hält an den einzelnen Stationen auf Nachfrage, daher bitte dem Schaffner rechtzeitig den Zielort bekannt geben. Fahrkarten und Auskünfte gibt's in den Bahnhöfen.

Cosenza und Umgebung

 Cassiodoro, Corso Telesio 114, 87100 Cosenza, Tel./Fax 0984/736 20; Ausflüge, Führungen, Ausstellungen, Feste.

 Teatro Rendano, Piazza Prefettura, Cosenza, Tel. 0984/81 33 31, Fax 81 32 20. *Teatro Acquario,* Via Galluppi 15/19, Cosenza, Tel./Fax 0984/731 25, www.linkey.net/acquario. 12. Feb., *Prozession* für die Schutzpatronin Pilerio; 19. März, *Fest des hl. Giuseppe,* in der Festwoche findet im *centro storico* einer der ältesten und berühmtesten *Märkte* Süditaliens statt; Juli, *Festival delle Invasioni* mit Literatur-, Musik- und Theaterdarbietungen; *Il gioco dei sette Cantoni,* Volksspiele der sieben umliegenden Städte; Sommer, während des *Estate Consentina* werden Konzerte, Ausstellungen, Film- und Theatervorführungen sowie *sagre* (Weihefeste) veranstaltet.

Bahnstation: Cosenza Hbf (von da Buslinien 15, 16, 27, 57 Richtung Centro, Karten gibt's beim Tabacchaio); die *Calabro-Lucano* hält auch in Cosenza Centro. **Bus:** *Autolinee SAJ,* nach Castrovillari, Amendolara, Trebisacce, Sibari, Cechiara, Spezzano Albanese, mindestens 1 x tgl., Infos und Fahrkarten bei *Beltour Viaggi,* Corso Umberto 91, Tel. 0984/221 16, Fax 742 65; *IAS,* nach Camigliatello, Catanzaro, Lorica, Paola, Rossano, San Giovanni in Fiore, mindestens 1 x tgl., *Ufficcio IAS,* Autostazione, Tel. 0984/31324. **Flughafen:** Lamezia, Adresse s. S. 224. **Autobahnausfahrt:** Cosenza. **Autoverleih:** *Autonoleggio Maggiore Nuova Stazione FF.SS.* (Hbf Cosenza), Via Popilia, 87100 Cosenza, Tel. 0984/48 21 23, 48 21 44, Fax 48 21 44.

Von Cosenza gen Norden

Rende

Wenige Kilometer nördlich von Cosenza liegt die antike, höchstwahrscheinlich von den Enotriern im 6. Jh. v. Chr. gegründete Stadt. Im Unterschied zu den meisten anderen kalabresischen Städtchen sticht sie durch ein sehr gepflegtes und gut erhaltenes Stadtbild hervor. An dem höchsten Punkt des Ortes errichteten die Normannen im 11. Jh. ein **Kastell,** das nach mehreren Umbauten heute als Rathaus *(municipio)* genutzt wird. Unterhalb erstreckt sich die **Piazza degli eroi** mit der **Chiesa del Rosario** (17. Jh.). Im Inneren der einschiffigen Kirche mit der barocken Fassade trifft der Besucher auf Bilder des einheimischen Malers Cristoforo Santanna und ein Altarbild von Gabriele De Paola (19. Jh.). Von der Piazza geht die **Via Mazzini** mit kleinen Geschäften und Lokalen ab.

An der **Piazza Dante Alighieri** befindet sich die Mutterkirche von Rende, die **Santa Maria Maggiore** gewidmet ist. Die *chiesa matrice* wurde Anfang des 16. Jh. errichtet und ist mehrfach umgebaut worden. Die recht schlichte Fassade mit drei Steinportalen wird von einer schönen großen Steinrosette geschmückt. Der im spätbarocken Stil dekorierte Innenraum ist dreischiffig, in Form eines lateinischen Kreu-

Rende

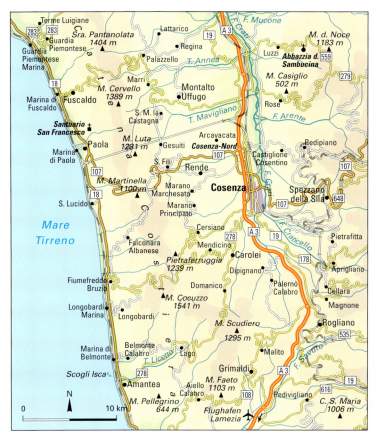

Cosenza und Umgebung

zes angeordnet. In den zwölf seitlichen Kapellen befinden sich u. a. Werke von Santanna.

Im **Palazzo Zagarese** in der Via R. De Bartolo aus dem 18. Jh. sind das Folkloremuseum und die Pinakothek untergebracht. In dem *Museo folklorico* R. Lombardi Satriani stellt man in verschiedenen Abteilungen über 3000 Trachten, Webstühle, Goldschmiedearbeiten, alte Musikinstrumente, Werkzeuge und Krippen aus. Die nach Achille Capizzano, einem bekannten Rendeser Maler, benannte *Pinacoteca* ist in zwei Abteilungen gegliedert. In

Cosenza und Umgebung

einer kann man die Werke von meridionalen Künstlern aus dem 15.–19. Jh. In der zweiten Etage ergötzen den kunstbegeisterten Besucher Bilder von berühmten italienischen Meistern aus dem 20. Jh. (tgl. 9–13 Uhr, Infos Tel. 0984/44 35 93).

Ebenfalls sehenswert ist die **Chiesa del Ritiro,** die dem hl. Michele Arcangelo geweiht wurde. Sie beherbergt verschiedene Kunstwerke, darunter ein Gemälde von Giuseppe Pascaletti aus dem 18. Jh., das die Dreieinigkeit mit dem hl. Michele Arcangelo darstellt. Wunderschön gelegen ist das **Santuario di Santa Maria di Costantinopoli.** Die Rendeser wandten sich während der Pest 1656 und auch bei dem eisigen Wintereinbruch 1670 in ihrer Verzweifelung an die Madonna von Costantinopoli. Ihr zu Ehren errichteten sie dann im 17. Jh. die Wallfahrtsstätte. In der Kuppel hat Achille Capizzano die Madonna abgebildet.

Unterhalb von Rende, in dominierender Postion über dem Tal gelegen, befindet sich der ehemalige **Konvent der Franziskaner.** Im 16. Jh. errichtet, mehrfach zerstört und wieder aufgebaut, wird der Gebäudekomplex heute von der Universität genutzt. Sehenswert ist der Kreuzgang mit Freskenarbeiten von dem einheimischen Künstler Francesco Pellicore. In der dem hl. Francesco d'Assisi geweihten Kirche ist in 14 kleinen Bildern der Kreuzweg dargestellt. Weitere Kunstwerke sind die Marmorstatuen im gaginesischen Stil (16. Jh.), Gemälde von Cristoforo Santanna und das Altarbild von Francesco de Mura.

In **Arcavacata,** dem neueren, sich im Tal erstreckenden Teil der Stadt, befindet sich die 1972 gegründete Università della Calabria. Die moderne Universität verfügt über fünf Fakultäten und pflegt einen internationalen Austausch mit anderen Hochschulen. U. a. wird in der Wirtschaftswissenschaftlichen Fakultät ein Studium der Betriebswirtschaftslehre in Zusammenarbeit mit der Universität Bochum angeboten. Weitere Hochschulen gibt es in Catanzaro und Reggio di Calabria (Info: Università degli Studi della Calabria, Ponte Pietro Bucci, 87036 Aracavacata di Rende, www.unical.it.)

 Hotel Executive, Via Marconi 59, 87036 Rende, Tel. 0984/40 10 10, teuer; hochmodernes Hotel mit 90 eleganten Suiten, Restaurant Il Nabucco. *Residence Mira,* Via Bagno, 87036 Rende, Tel. 0984/44 67 53, Fax 44 67 56, moderat; Komplex mit Ferienwohnungen, auch monatsweise vermietbar.

 Caffé Giraldi, Pasticceria Gelateria, Via Mazzini 8, Rende, Mo–Sa 6–22 Uhr, moderat; gepflegtes Café.

 20. Feb., *Fest für die Schutzpatronin Immacolata;* letztes Wochenende im August, 3-tägiger *Markt.*

 Autobahnausfahrt: Cosenza Nord.

Montalto Uffugo

Die Ursprünge der Stadt gehen wahrscheinlich auf das antike *Aufugum* zurück. Es wird vermutet, dass sie ihren Doppelnamen zu dem Zeitpunkt erhalten hat, als sie nach der Zerstörung durch die Sarazenen auf dem Hügel Montalto neu errichtet wurde. An die einstigen Angreifer erinnert noch heute der alljährlich stattfindende *Carnevale Saracenu*, bei dem der Sieg der Einwohner über die Sarazenen (10. Jh.) ausgerufen wird. Die Stadt war oft in ihrer Geschichte Schauplatz grässlicher Kämpfe, so auch im Juni 1561, als ein Blutbad unter den Waldensern angerichtet wurde (s. S. 58f.).

Die 12 000 Seelen zählende Handelsstadt empfängt den Besucher mit einem lebhaften Treiben auf der **Piazza Erico Bianco.** Hier befindet sich die im 16. Jh. errichtete **Chiesa della SS. Annunziata,** auch San Francesco di Paola genannt, mit einem barocken Portal und einer nach oben führenden Steintreppe. Sie verfügt über ein ebenfalls reich verziertes Seitenportal.

Auf der anderen Straßenseite steht die Kirche **Santa Maria della Serra** (13. Jh.). Eine weitläufige, prächtige Treppe mit einem aus Stein gehauenen Geländer führt zu der mehrfach umgebauten Kirche hinauf. Mit Pinien und Palmen umgeben, strahlt der Bau etwas Besonderes aus: der untere Teil reich verziert und verschnörkelt, der obere Teil in Ziegelsteinen gearbeitet und unverputzt. Im Inneren ist die Holzstatue der ›Madonna della Serra‹ aus dem 15. Jh. anzuschauen. Die Kirche ist ein beliebter Pilgerort, insbesondere am 15. August, dem Himmelfahrtsfest.

Rechts von der Piazza, unterhalb der Kirche Santa Maria della Serra ist dem berühmten Komponisten Ruggiero Leoncavallo (1857–1919) in der gleichnamigen Via ein Denkmal gesetzt. Der Schöpfer der bekannten Oper ›*I Pagliacci*‹ (Der Bajazzo) war nämlich hier in Montalto Uffugo zu Hause und hat die Geschichte einer wahren Begebenheit in dem kleinen Städtchen entlehnt. Sein Vater war hier einst Richter und als solcher mit der Aufklärung eines Mordfalls betraut. Im ›Bajazzo‹ verknüpft sich in Montalto Uffugo, der Station von Wanderkomödianten, Schauspiel mit wahrer Geschichte: Liebe Eifersucht und Mord.

Ruggiero Leoncavallo hat den Mordfall, über den sein Vater zu richten hatte, auf die Bühne gebracht. Der eifersüchtige Bajazzo Cenio tötet während der Vorstellung seine Frau Nedda und deren Geliebten Silvio. Der Bajazzo wird festgenommen und ein Harlekinspieler verkündet: »Das Spiel ist aus«. Für Leoncavallo war das Spiel mit diesem Werk nicht aus, ganz im Gegenteil. Die Oper war bereits bei ihrer Uraufführung 1892 in der Mailänder Scala ein Riesenerfolg und wurde in den folgenden Jahren zu einem berühmten Werk.

Ein Spaziergang durch das *centro storico* von Montalto Uffugo führt durch enge Gassen, unter Torbögen

Cosenza und Umgebung

hindurch und auch an Resten der **mittelalterlichen Stadtmauer** vorbei. So beispielsweise am **Normannischen Turm** in der Via Petralta Foscarini. Er ist neben einem der sechs Stadttore errichtet worden, und hier bezogen die Wachposten ihre Stellung, um die Ankommenden und die Umgebung zu überwachen. Von der **Torre Campanaria** (Glockenturm) in der Via Turano aus wurden die Bürger durch Läuten vor Gefahren gewarnt oder auf besondere Ereignisse aufmerksam gemacht.

Die restaurierte **Chiesa San Giacomo** aus dem 16. Jh. verfügt ebenfalls über einen beeindruckenden Glockenturm: ein kleines Runddach schützt die Kirchturmuhr vor Regen. Oberhalb der Kirche befindet sich ein den Gefallenen des Ersten Weltkriegs gewidmetes Denkmal mit einer Kanone deutschen Ursprungs. Neben der Barockkirche San Domenico gelangt man durch einen Durchgang (Richtung *vigili urbani*) in den alten, besonders schönen Kreuzgang der Kirche.

Zwischen den Häuserfronten erhascht man immer wieder einen faszinierenden Ausblick auf die umgebende Natur. Die Landschaft ist aber nicht nur wunderschön, sondern zudem ziemlich fruchtbar und trägt wesentlich zu der reichen und schmackhaften kalabresischen Küche bei. Typische Produkte der Gegend sind Pilze, Feigen, Kastanien und Gemüse, die in Öl oder Essig eingelegt angeboten werden. Diese und auch das in Montalto Uffugo zahlreich vertretene Handwerk (Holz-, Keramik-, Glas-, Goldschmiedearbeiten, Stickerei) werden auf dem wöchentlich sonntagsvormittags stattfindenden Markt angeboten.

Comunità montana media valle Crati, Via Turano 1, 87040 Montalto Uffugo, Tel. 0984/93 23 21.

Ristorante Le Macine, C. da San Nicola 20, Tel. 0984/93 14 45, Mo geschl., günstig; Trattoria, 3–4 km nördlich von Montalto Uffugo Richtung San Nicola (Straße am Dom vorbei), rustikales Ambiente, lokale Küche. *Ristorante L'Eden,* Via A. Moro 18 (hinter der Post), Montalto Uffugo, Tel. 0984/93 15 45, Mo geschl., moderat; Hausmannskost.

Pasticceria Cristini, Via Roma, 110, Montalto Uffugo, Tel. 0984/93 13 05; nette kleine Gebäckstube. *Lavorazione Gesso,* Luciana Rizzo, Via Bologna 25, Montalto Uffugo, Tel. 0984/93 27 30, Holz- und Gipsarbeiten, u. a. Stuck. *Gioielleria Laboratorio,* Caterina Stancato, Via Alimena, Montalto Uffugo, Tel. 0984/93 27 16, Mo geschl.; Silberverarbeitung, im Verkauf Kunstwerke aus Kristall, Silber, Gold. *Azienda,* Inh. Franca Russo, Via Pontecorvo, Montalto Uffugo, Tel. 0984/93 15 90; hier werden kalabresische Lebensmittel ohne Konservierungsstoffe nach traditioneller Art verarbeitet und verkauft (Artischocken, Pilze, Oliven, Zucchini, *rape* – Blattgemüse).

Cooperativa Erbanetta, Via Candelisi 103, Mendicino (nahe Montalto Uffugo), Tel. 0984/63 04 00; Ausflüge und lokale Küche im Naturpark des Crati-Tals parco naturale, Reiten, Mountain-Bike, Trekking.

Karneval/Carnevale Saracenu, Umzug mit selbstgemachten Pappmachémasken, die zum Ende des Karnevals verbrannt werden; *Karfreitag* mit traditionellen Prozessionen, Ende Juli–Anfang Sept. finden *Filmvorführungen, Theateraufführungen* statt; 15. August, *Fest für die Madonna della Serra,* gleichzeitig großer *Jahrmarkt.*

Bahnhof: Montalto–Rose, mehrmals tgl. Züge Richtung Cosenza und Sibari. **Busverbindung:** *Costabile Bus,* von der großen Straßenkreuzung bivio M. U., alle Mo–Sa alle 2 Std. nach Cosenza, Tel. 0984/46 22 80, Fax 46 22 81, www.costabilebus.it. **Autobahnausfahrt:** Rose/ Montalto Uffugo.

Luzzi – die Stadt der Kirchen

Von Montalto Uffugo geht es hinab in das Flusstal des Crati. Jenseits des Flusses, der einst das antike *Sybaris* überschwemmt haben soll, gelangt man über eine kurvenreiche Anfahrt nach Luzzi in 370 m Höhe. Die Stadt mit ihren 11 000 Einwohnern thront oberhalb des Mucone-Tals. Die Ursprünge von Luzzi sind nicht definitiv bekannt. Vermutet wird, dass es auf dem Gebiet des einstigen *Thebae Lucanae* entstanden ist.

Sicher ist, dass das heutige *centro storico* auf die Gründung durch die Normannen im 11. Jh. zurückgeht. Den Namen erhielt die Stadt unter der Herrschaft der französischen Familie Lucij, die hier einst Feudalherren waren.

Aufgrund der Lage empfiehlt es sich, das Auto auf dem unten gelegenen Parkplatz abzustellen und die Stadt zu Fuß zu erklimmen. Der Spaziergang durch die ruhige, bedächtige Stadt führt durch schmale Gassen, vorbei an vielen Kirchen. Darunter die **Kirche Santa Maria** mit einer außergewöhnlichen, oktagonalen Kuppelkonstruktion. Auf der Rückseite dieser Kirche führt eine kleine Straße unter einem Torbogen zu der oben liegenden **Chiesa San Giuseppe.** In der Kirche ist u. a. das Ölgemälde von Andrea Vaccaro aufbewahrt, das den hl. Gennaro darstellt.

Über die von der Piazza della Repubblica aus nach oben führende Via Concezione gelangt der Spaziergänger zu der schon von weitem sichtbaren **Chiesa dell'Immacolata.** Im Inneren ist ein Meisterwerk, die ›Madonna‹ von Luca Giordano, zu besichtigen. Am kleinen, sehr gepflegten Corso gibt es einige Geschäfte. Hier hat auch die *Associazione culturale Insieme per Luzzi* ihren Sitz, die sich dem Erhalt der Volkstraditionen und der religiösen noch heute in Luzzi lebendigen Riten verschrieben hat.

In ca. 6 km Entfernung und 40 m höher gelegen befindet sich das Zisterzienserkloster **Abbazia della Sambucina.** Um die Kirche nicht verschlossen vorzufinden, sollte man vorab telefonisch anfragen (Tel. 0984/54 93 37, 54 50 24, 54 50 84). Die kleine Abtei ist umgeben von Holunderbäumen, denen sie höchstwahrscheinlich ihren Namen verdankt (*sambuchi* = Holunder). Ihre Außenfassade schmücken ein wunderschönes Steinportal und ein guelfisches Fenster. Der erste Bau der Abtei geht auf das Jahr 1141 durch den Mönch Bruno aus der Kartause Chiaravalle zurück. Die Kirche fiel später an den Zisterzienserorden und wurde Mutterkirche von weiteren Klöstern in der Region. Hierhin zog sich auch der spätere Abt und Prophet Gioacchino da Fiore (s. auch S. Giovanni in Fiore, S. 102) zurück, nachdem er sich von seiner Familie getrennt hatte, um der Berufung zu folgen. Als die Abtei 1639 ihre Rolle als Mutterhaus verlor, läutete dies den Untergang des Ordens ein und endete 1780 schließlich mit dessen Auflösung. Die ehemaligen Gebäude des Klosters sind verkauft worden und werden heute als Bauernhäuser genutzt.

Von dem einstigen Glanz der Abtei zeugen noch die im Inneren zu bewundernden Fresken aus dem 15. und das Gemälde der ›Assunzione‹ (Verkündigung) aus dem 16. Jh.

Ausflüge von Cosenza an die Tyrrhenische Küste

Um von Cosenza die Küste zu erreichen, muss die apenninische *catena costiera* (Küstenkette) überwunden werden. Für eine zügige Anfahrt ist daher die südliche Autobahnstrecke bis Falerna und von dort die Küstenstraße 18 gen Norden empfehlenswert. Wer aber die Landschaft genießen möchte und genügend Zeit eingeplant hat, der kann die Autobahn südlich von Cosenza bei Rogliano Grimaldi verlassen und die kurvenreiche Straße 108 wählen.

Amantea

Ein Abstecher nach Amantea, einer lebhaften Handelsstadt am Tyrrhenischen Meer, ist auf jeden Fall lohnenswert. Die Stadt vereint Antike und Moderne ebenso wie Tradition und Fortschritt. In diesem Küstenabschnitt auf den Anhöhen über dem Fluss Savuto sind Waffen und Gräber entdeckt worden, die von einer Besiedlung bereits in der Bronze- und Eisenzeit zeugen. Der Stadtname ist auf die Gründung des Emirats Al Mantiah (Felsen, Stärke) 840 n. Chr. durch die Araber zurückzuführen.

Unter den Sarazenen war die Stadt wegen ihres Sklavenhandels und der blutigen Streifzüge, die von hier ins Landesinnere und gen Norden starteten, berühmt und berüchtigt. Heute manifestiert sich der arabische Einfluss in der handelsorientierten Struktur von Amantea. Ganz in diesem Zeichen steht auch der seit 500 Jahren stattfindende Herbstmarkt, bei dem sich über mehrere Tage der untere Teil der Stadt in einen Jahrmarkt verwandelt.

Der mittelalterliche Stadtkern ist eng an den Abhang gebaut und wird von den Ruinen des Kastells überragt. Es empfiehlt sich, den Wagen unterhalb des *centro storico*, auf

Amantea

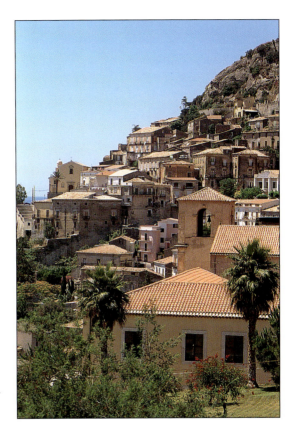

Amantea:
Lebhafte Handelsstadt am Tyrrhenischen Meer

dem **Parkplatz** in der **Via E. Noto** abzustellen und den Aufstieg in den alten von dort Stadtkern zu beginnen. Ein sehr schöner, aber beschwerlicher Aufstieg führt über Kopfsteinpflaster zur Piazza del Duomo mit der Kirche **Madre di San Biagio** (1), die im typisch meridionalen Barockstil erbaut ist. Die Mutterkirche der Stadt aus dem 17. Jh. ist dem im Osten sehr verehrten hl. Biagio gewidmet und erinnert an die byzantinischen Einflüsse. Im Inneren befinden sich farbenprächtige Decken- und interessante Wandgemälde, die Episoden aus dem Leben des Heiligen nachzeichnen. Bei der traditionellen Karfreitagsprozession, die erstmals im Jahre 1776 urkundlich erwähnt wurde und auch heute

Cosenza und Umgebung

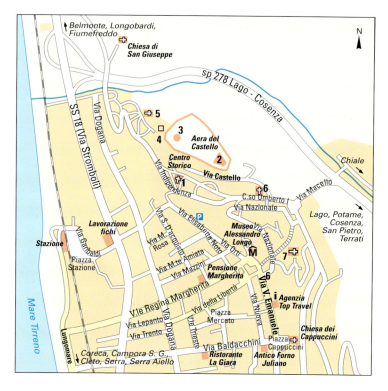

Amantea 1 San Biagio 2 Ruinen des Kastells 3 Sarazenenturm 4 San Francesco d'Assisi 5 Sant'Elia Profeta 6 Chiesa del Carmine 7 San Bernardino da Siena

noch das wichtigste soziale und religiöse Ereignis der Stadt ist, werden die neun im Inneren befindlichen Statuen durch die Stadt getragen.

Das für viele am Hang errichtete Städte typische Gassengewirr des *centro storico* ist auch in Amantea anzutreffen: Winzige, fast zu übersehende kleine Gassen und Durchgänge führen den Berg hinauf. Nicht zufällig fallen überall die Schilder ›proprietà privata‹ (Privatbesitz) auf, da sich in dem Labyrinth von Gassen nur dem aufmerksamen Beobachter erschließt, wo die Wege privat oder öffentlich sind. Ein Kopfsteinpflasterweg führt unter einem Bogen der alten Befestigungsmauer hindurch und eröffnet einen traumhaften Panoramablick auf die saftigen grünen Hügel, das blaue Meer und die unterhalb liegende Stadt.

Eine asphaltierte Straße führt an einer Villa auf der rechten Seite vorbei nach oben. Auf dem Schotterplatz endet der Spaziergang, denn von hier führt lediglich ein mehr oder weniger unpassierbarer, mit Gestrüpp zugewucherter Weg weiter. Festes Schuhwerk und lange Hosen sind ein Muss, um den Weg zu wagen. Hoch oben befinden sich neben den **Ruinen des Kastells** (2) byzantinischer Herkunft (6. Jh. n. Chr.) auch die des **Sarazenenturms** (3). Auf halber Höhe unterhalb des ehemaligen Kastells stehen die Überreste der **Kirche und des Konvents Francesco d'Assisi** (4). Die Kirche war vom 12.–16. Jh. die Mutterkirche des Ortes. Weiter im Norden erhebt sich die **Chiesa Sant'Elia Profeta** (5) aus dem 17. Jh.

Vom Kastell aus bietet sich der Abstieg in südliche Richtung über die Via Castello an. So trifft man auf eine weitere Kirche aus dem 17. Jh., die **Chiesa del Carmine** (6) im Stadtbezirk Piazza. Dem Corso Umberto folgt man nun in südlicher Richtung und gelangt über einen schönen Treppenabstieg auf der rechten Seite zur **Kirche und zum Konvent von San Bernardino da Siena** (7) aus dem 15. Jh. Das Gebäude ist eines der wenigen noch im spätgotischen Stil erhaltenen Bauwerke Süditaliens. An der Außenfassade über dem Eingang waren in neun Mauernischen kreuzförmig angeordnete Platten eingelassen, auf denen sich Zeichnungen mit paganen Motiven befanden – einmalig in Süditalien. Zur Zeit werden sie im Museum von Reggio di Calabria restauriert und kopiert. Diese Kopien sollen dann anstelle der Originale nach Amantea zurückkehren.

Das Gebäude teilt sich auf in eine lichtdurchflutete Kirche, einen Glockenturm, einen wunderschönen Kreuzgang, ein Gebetshaus und weitere zum Konvent gehörende Räume, wie Küche und Unterkünfte für die Priester und Pilger. Das zum Meer weisende Hauptportal mit seinen fünf gotischen Bögen lädt zu einer Entdeckungsreise ins Innere ein. Dort befinden sich eine Marmorstatue der ›Madonna mit Kind‹ von Antonello Gagini (1505), ein Verkündigungsengel von Francesco da Milano und weitere Kunstschätze. Im Gebetshaus, das ursprünglich nur für die *nobili* (Adligen) reserviert war, steht eine wunderschöne von Rinaldo Bonanno erschaffene Krippe.

Während Restaurierungsarbeiten ist ein interessantes Kanalsystem freigelegt worden, das auf die Herstellung von Wein und Öl im Konvent schließen lässt. Außerdem wurden unter dem bestehenden Gemäuer antike Mauern und Räume gefunden, die auf einen früheren Kultort an gleicher Stelle schließen lassen. Davon zeugen auch *il mascherone*, eine aus Stein gehauene Sonne sowie die kreuzförmigen Platten der Außenfassade. Denn die Riten der heidnischen Kultur wur-

Cosenza und Umgebung

Fahrt von Cosenza nach Paola: Blick auf die Tyrrhenische Küste

den zu Beginn der Christianisierung noch praktiziert. Überall stößt man auf Ausgrabungen, bei denen unklar ist, ob es sich um pagane oder christliche Funde handelt.

Im unteren, südwestlichen Teil der Stadt bietet sich dem Besucher das pure Kontrastprogramm zu den alten Gemäuern: eine lebendige, moderne, architektonisch nicht besonders schöne Stadt. Hier spürt man, dass im Gegensatz zu den meisten Küstenstädten der Tourismus eine dem Handel untergeordnete Rolle spielt. Zahlreiche Geschäfte in der Neustadt bieten eine reiche Auswahl an Produkten jeglicher Couleur an und laden zum Bummeln ein.

Auf dem sonntäglichen **Markt** sind neben lokalen Landwirtschaftsprodukten auch Handwerksarbeiten zu finden. Hier wird das Eisen noch traditionell geschlagen, die Kunst der Restauration und des Tischlerhandwerks gepflegt und viel Keramik hergestellt.

Verglichen mit anderen Küstenstrichen hat Amantea außer einem Lungomare für den Badeurlauber nicht viel zu bieten, auch wenn einige *lidi* vorhanden sind. Entspannung am Strand ist aufgrund der nah verlaufenden Bahnlinie und der Superstrada nicht so recht gegeben. In den Sommermonaten finden diverse kulturelle Veranstaltungen von Folklore, Tanz, Theater bis hin zu Jazzkonzerten statt.

IAT, Via Vittorio Emanuele 11, 87032 Amantea, Tel. 0982/417 85.

Villaggio Albergo Belmonte****, Via Pane, 87033 Belmonte, Tel. 0982/40 01 77, Fax 40 03 01, moderat; modern ausgestattete Ferienanlage am Meer mit Garten, Terrasse, Schwimmbad, Spielplatz, Minigolf, Tennis, lokale wie internationale Küche. *Pensione Margherita*, Via Margherita 179, 87032 Amantea, Tel. 0982/413 37, 42 40 58, rmusi@yahoo.com, moderat; Familienpension mit Hausmannskost im Sommer, im Winter nur Zimmervermietung.

Amantea

✖ *Ristorante e Pizzeria La Giara,* Via Baldacchini 159, Amantea, Tel. 0982/42 62 61, ganzjährig abends geöffnet, im Aug. auch Mittagstisch, moderat; große Auswahl an Pizza, lokale Küche, helles freundliches Lokal im rustikalen Stil mit Gartenrestaurant, Kreditkarten. *Antico Forno Juliano,* Piazza Cappuccini, Amantea, Mo–Sa 7–13.30, 17.30–22 Uhr, günstig; hier gibt es süßes und pikantes Backwerk zum Mitnehmen, geeignet für den kleinen Hunger zwischendurch.

Lavorazione fichi, F.lli Marano, direkt an der Strada Statale, Ecke Via Garibaldi, Amantea; hier werden Feigenspezialitäten wie Likör, Konfekt und Marmeladen angeboten.

Top Travel, Via Vittorio Emanuele, 87032 Amantea, Tel./Fax 0982/42 62 95; Hotelbuchungen, Ausflüge, Autovermittlung und Begleitung zum Flughafen Lamezia und zur Bahnstation Paola.

Karneval, Umzug mit Wagen, Musik und Masken; *Karfreitag* mit traditionellen Prozessionen; 13.6., *Fest für den Schutzpatron San Antonio da Padova;* August Schachturnier *partita a scacchi* mit lebenden Figuren in der Nähe des Lungomare, vorab feierlicher Kostümumzug begleitet von Tamburinmusik; 31. Okt.–2. Nov., alljährlich stattfindender 3-tägiger *Jahrmarkt* mit künstlerischem und musikalischem Rahmenprogramm.

 Bahnhof: Amantea, mehrmals tgl. Züge nach Paola und Lamezia

Terme. **Busverbindungen:** *Costabile Bus,* vom Bhf Amantea nach Paola, Cosenza, Lamezia, Catanzaro, Mo–Sa 1 x tgl. hin und zurück, Tel. 0984/46 22 81, Fax 46 22 80, www.costabilebus.it. **Autobahnausfahrt:** Falerna, dann Küstenstraße 18.

Paola

Ein paar Kilometer nördlich von Amantea liegt die Geburtsstadt von San Francesco, dem Schutzheiligen Kalabriens. Sie zählt zu den wichtigsten Wallfahrtsstätten Süditaliens. In der 15 000 Einwohner zählenden Stadt spürt der Reisende immer noch den Geist ihres berühmtesten Sohns und eine tief religiöse Atmosphäre. Zu dem Fest des Schutzpatrons am 4. Mai kommen Tausende von Gläubigen, um ihren Heiligen zu ehren. Seine Berühmtheit erlangte San Francesco di Paola durch viele Wunder. Ein beliebtes Motiv des Heiligen berichtet von seiner Reise nach Sizilien, als er der Legende nach, die Meerenge von Messina überquerte, indem er seinen Mantel über dem Wasser ausbreitete. Diesem Wunder ist es zu verdanken, dass Papst Pius XII. ihn zum Schutzpatron der Fischer proklamierte.

Aber bereits als junger Mann zog sich der junge Franz, abgestoßen von der Pracht und dem Pomp in Rom, das er während seiner Pilgerfahrt kennen lernte, in die Einsamkeit zurück. Hier, in der Schlucht des Isca-Bachs, errichtete er 1435 zu Ehren von Franz von Assisi eine Kapelle. Die **Wallfahrtskirche San Francesco di Paola** (nördlich des oberen Stadtteils, Okt.–März 6–13, 14–18, April–Sept. 6–13, 14–20 Uhr) ist auch heute noch ein sehr spiritueller Ort, eingebettet in eine wunderschöne Landschaft.

Die ursprünglich im gotischen Stil und mit Kreuzgewölben versehene Basilika wurde mehrfach erweitert und im 18. Jh. eine Stuckdekoration zugefügt. Im Hauptschiff ist neben den ursprünglichen Stilelementen noch ein Fresko des Heiligen zu sehen. Im Chor des Hauptschiffes befindet sich die *Kapelle des Heiligen,* in der dessen Reliquien aufbewahrt werden. Die Basilika beherbergt diverse sehenswerte Gemälde, u. a. eine Tafel von Dirk Hendricksz, die den hl. Franz von Assisi abbildet, sowie Bilder von Giuseppe Pascaletti und Battistello Caracciolo. Im anschließenden **Kloster** sind eine *Bibliothek* und eine *Kunstsammlung* untergebracht. Allerdings werden in alter Tradition nur Männer in diesen Bereich vorgelassen (Voranmeldung unter Tel. 0982/58 25 18).

Auch für das weibliche Geschlecht zu besichtigen sind hingegen die **Stätten der Wunder.** Von der Vorhalle der Basilika gelangt der Besucher rechts zu den Orten, an denen der Heilige Wunder bewirkt haben soll: Am Wunderofen ließ Francesco sein Lieblingslamm Martinello wieder lebendig erscheinen, nachdem zuvor nach dessen Verzehr seine Knochen in den Ofen geworfen worden waren. Der *macigno pendulo* wiederum ist ein riesiger hängender Felsen, dessen Abbruch

Paola

Die neue Wallfahrtskirche San Francesco da Paola

der Heilige verhindert hatte. In der Nähe befindet sich auch die Wüstengrotte, in die sich Francesco mehrere Jahre zurückgezogen hat, um Buße zu tun und zu beten.

Neben der Wallfahrtsstätte sind in Paola noch zahlreiche andere Kirchen, das Geburtshaus des Heiligen an der Piazza XXIV. Maggio, die Ruinen des aragonesischen Kastells und der Sarazenenturm Torre del Soffio (16. Jh.) erwähnenswert. Ein besonderes Juwel ist die an der Straße 18 (Contrada Guadimare) Richtung Fuscaldo gelegene Kirche, die aufgrund ihrer Lage **Chiesa Sotterra** (unter der Erde) genannt wird. Ende des 19. Jh. entdeckt und im 20. Jh. von dem Archäologen Paolo Orsi untersucht, stellten sich Fresken in der Apsis als byzantinische Malereien aus dem 9. Jh. heraus.

Azienda promozione Turistica, Via Roma 5, 87027 Paola, Tel. 0982/5583.

2. April, *Liturgische Feier* im Gedenken an den Todestag des hl. Francesco; 2–4. Mai, *Patrozinium* und *Pilgerfest.*

Bahn: Verkehrsknotenpunkt in Kalabrien, mehrmals tgl. Züge Richtung Rom, nach Lamezia, Reggio di Calabria, Cosenza. **Bus:** *IAS,* 1–2 x tgl. nach Camigliatello, Cosenza, Guardia Piemontese, Rossano, San Giovanni in Fiore, Sibari, Tel. 0983/56 56 35, Fax 56 54 11, ias@iasautolinee.it. **Autobahnausfahrt:** Cosenza Nord, über die Straße 107 dann an die Küste.

Sila und Alto Ionio Cosentino

Die Jahreszeiten und kulinarische Genüsse in der Sila

Die Bergstädtchen Camigliatello und San Giovanni in Fiore

Durch die Wälder und zu den Seen der Sila

Rossano, das ›Ravenna des Südens‹

Albanische Dörfer

Sybaris, das Leben ist ein Genuss

Sila Grande: Landschaft am Cecita-See

Die Sila

Die wunderschöne Gebirgslandschaft inmitten der Stiefelspitze und die kleinen pittoresken Orte haben einen ganz besonderen Reiz. Während der Frühling die Wiesen mit einem Blütenteppich überzieht, bringt der Sommer viele Beeren und duftende Kräuter hervor. Der Herbst taucht die Landschaft in ein grün-braun-goldenes Farbspiel. Im Winter legt sich eine Schneedecke auf das Gebirge, Ski- und Rodelfahrer sausen die Pisten hinab. Und das alles in kurzer Entfernung vom Ionischen und Tyrrhenischen Meer.

Geschichte und Geographie der Sila

»*In den Wäldern findest du etwas, was du in keinem Buch finden wirst, die Bäume und die Felsen lehren dich das, was du nie von den Lehrern hören wirst.*«
San Bernardo

Auch in der Sila waren die Griechen die ersten, die diese wunderbare Landschaft entdeckten. Sie nannten das Gebiet *Hyle,* was soviel wie Wildnis bedeutet und die Ursprünglichkeit der Landschaft erahnen lässt. Die Römer benutzten das Holz der *Sylva Bruttia,* um die großen römischen Schiffe zu bauen. Nach den Langobarden, Normannen, Staufern und Anjou eroberten die Spanier das Gebiet und verboten jeglichen Holzschlag. Während der Französischen Revolution wurde die Sila Staatseigentum und jedermann konnte für landwirtschaftliche, aber auch industrielle Zwecke Terrain erhalten. Mitte des 20. Jh. wurden die Ländereien in kleine Parzellen geteilt und Bauernfamilien zur Bewirtschaftung zugewiesen.

Die Sila wird zwar geteilt in die Sila Greca, Grande und Piccola, aber der Urlauber wird den Übergang kaum bemerken. So liegt der Lago Ampollino mit seinen nördlichen Ufern in der Sila Grande, mit seinem südlichen Ufern hingegen in der Sila Piccola. Die **Sila Piccola** erstreckt sich im Westen bis zum Lago Passante, südlich bis kurz vor Catanzaro, erreicht im Osten das Ionische Meer und im Norden bildet der

Sila

Wie in Zuckerwatte gepackt: Camigliatello versinkt im Schnee der Sila Grande

Lago Ampollino die Grenze. Mitten im Herzen der Sila Piccola liegt ein Teil des Nationalparks, der Gariglione. In der Kleinen Sila liegen die Feriendörfer Racise, Mancuso, Palumbo und die Künstlerstadt Taverna.

Die **Sila Grande** wird südlich vom Lago Ampollino, westlich vom Monte Scuro, nördlich von der Sila Greca und östlich vom Ionischen Meer begrenzt. Die Große Sila ist das am geringsten besiedelte Gebiet der Hochebene. Zum Nationalpark zählt die Ausdehnung am östlichen Ufer des Lago Cecita, begrenzt von den Bergen Altare, Sordillo und Spina sowie dem Fluss Neto. Dominierende Baumart ist die *Pino Laricio* oder *silano*, zum Teil bis zu 43 m hoch. Längs der fließenden Gewässer wachsen u. a. schwarze Erlen, Pappeln und Weiden und im Flusstal des Neto auch verschiedene Arten von Eichen.

Die **Sila Greca** umfasst den nördlichen Teil der Hochebene und wird von den Orten San Demetrio Corone im Norden, Paludi und Rossano im Osten, der Sila Grande im Süden sowie Acri im Westen gesäumt. Hauptattraktion der griechischen Sila sind die albanischen Dörfer und die Stadt Rossano.

> *Parco Nazionale della Calabria,* V.le della Repubblica 26, 87100 Cosenza, Tel. 0984/265 44; *Zona Sila Piccola,* Via V. Cortese 5, 88100 Catanzaro, Tel. 0961/217 31; *Altrosud,* Via Corrado Alvaro 20, 87052 Camigliatello, Tel. 0984/57 81 54, Fax 57 87 66, altrosud@fitad.it (Organisation, die sich um kulturelle Angebote in der Sila kümmert);

Sila

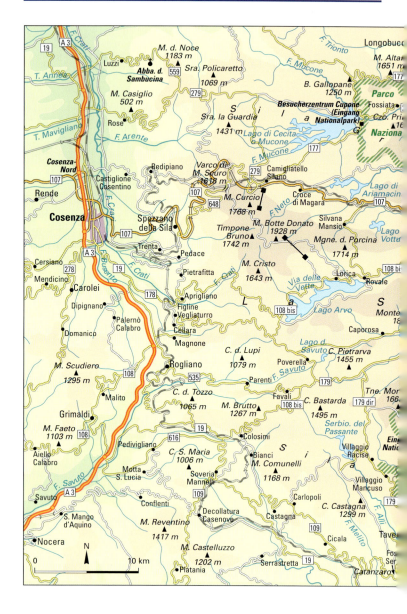

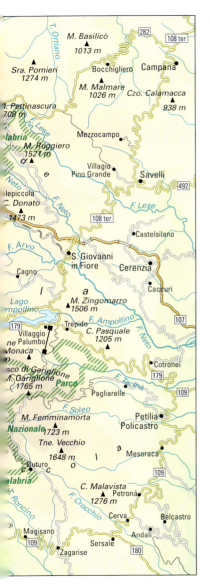

Sila Grande und Piccola

Consorzio Silatur, Piazza Ampollino, 88073 Cotronei, Tel. 0962/49 30 17, Fax 49 30 59 (Zusammenschluss von Hotels der Sila).

Die Sila Grande

Von Camigliatello nach San Giovanni in Fiore

Das kleine nette Städtchen **Camigliatello** mit den rund 1000 Einwohnern hat sich in den letzten Jahrzehnten zu einem schmucken Feriendorf verwandelt. Der 1278 m hoch gelegene Ort bietet sich aufgrund seiner günstigen Lage (nur 30 km von Cosenza entfernt) als Ausgangspunkt für Entdeckungsreisen in die Sila an. Die Hauptstraße der Stadt, die Via Roma, ist gesäumt von Bars, Hotels und Geschäften, in denen kalabresische Spezialitäten feilgeboten werden. Hier befindet sich auch die Touristeninformation Pro Loco. Im oberen Teil bietet ein netter, pinienbestandener *Park* mit einem Brunnen Erfrischung.

An der *Piazza Misasi* geht es rechts ab in einen kleinen Pinienwald zur *Chiesa SS. Roberto e Biaggio* mit einem hohen Glockenturm. Hier ist 1999 Padre Pio, einem vielverehrten Heiligen Italiens, ein

Denkmal gesetzt worden. Im Inneren der schlichten Holzkirche sind ein Spitzdach mit Stützbögen, grauen Säulen und ein Holzaltar zu bewundern. Beachtenswert ist auch das hölzerne Kruzifix, das einst auf dem Monte Scuro stand (heute ausgetauscht gegen ein stählernes), anschließend restauriert wurde und nun geschützt in der Kirche aufbewahrt wird. Ein wunderschönes Mosaik von Padre Ugolino da Belluno bildet Maria und die Engel ab.

Unterhalb der Kirche verläuft die *Via Repubblica* parallel zur *Via Roma*. Der Spaziergang führt vorbei an reizenden, baumumrahmten Holzhäusern. Als Wintersportzentrum mit dem **Monte Curcio** (1768 m) und dem **Monte Scuro** (1633 m) verfügt Camigliatello über 20 km Langlaufpiste und zwei Abfahrtspisten von 2200 und 2050 m Länge.

In einem 5 ha großen Reservat **Croce di Magara,** nur wenige Kilometer östlich von Camigliatello, kann man die verschiedenen Wachstumsstadien der Larici-Pinien betrachten. Einige von ihnen sollen bis zu 380 Jahre alt sein. Neben den berühmten Pinien sind hier auch enorme Ahornbäume anzuschauen. Ganz in der Nähe stehen auch die **Giganten von Fallistro**, ca. 50 bis zu 40 m hohe Pinien Larici (im Sommer Mo und Di 9–16.30, Mi–So 8–19 Uhr, Informationen beim *Corpo Forestale,* Cosenza, Tel. 0984/767 60).

Der **Lago Cecita,** auch Lago Mucone genannt, befindet sich unweit nordöstlich des Städtchens Camigliatello in 1230 m Höhe. Mit einer Oberfläche von 13 km^2 ist er der größte der künstlich angelegten Seen der Sila und wurde in den 50er Jahren des 20. Jh. zur Stromerzeugung angelegt. An das östliche Ufer des Lago Cecita grenzt der **Nationalpark der Sila Grande.**

In den Gebäuden des *Corpo Forestale* befindet sich eine informative Ausstellung rund um den auch hier heimischen Wolf. Neben einem Wolfspelz und ausgestopften Exemplaren dieser wunderschönen Tiere sind anschauliche Schautafeln über ihre Ernährung, ihr Vorkommen in Italien, ihr Sozialverhalten, die Ähnlichkeiten zwischen Wolf und Hund sowie Informationen über wild lebende Hunde vorhanden.

Oberhalb des Büro- und Arbeitstrakts geht es über Wanderwege ins Innere des Nationalparks. Die Wege sind gesäumt von Schautafeln, die über Fauna und Flora der Sila aufklären. Nah des Besucherzentrums gibt es auch einen geologischen Lehrpfad.

Über die Straße (282 Richtung Longobucco) gelangt man mitten in den **Wald Fossiata** in 1400 m Höhe. Er ist einer der größten Süditaliens und gilt zugleich als der schönste Wald der Sila Grande. Die überwiegend vorkommenden Bäume sind die Pinien Larici. Hoch oben, zwischen 1000–1400 m allein vertreten, mischt sich die Pinie in niedrigeren Gefilden mit Eichen und Kastanien, in höheren Lagen mit der Buche. An dem Abzweig Richtung San Giovanni in Fiore geht es rechts über eine kurvenreiche, schöne

Kulinarische Genüsse der Sila

Das herausragende Produkt der Sila ist ganz ohne Frage der Pilz *(fungo)*. Kalabrien steht bei der Pilzproduktion unter den italienischen Regionen mit an vorderster Stelle. In ganz Italien sind die silanesischen Pilze, u. a. der *porcino* (Steinpilz) und der *rositi* wegen ihres einzigartigen Geschmacks beliebt. Vielseitig werden sie zu bereitet: geröstet *(arrostiti)*, eingelegt *(sott'olio)*, als Suppe *(zuppa)* oder kombiniert mit Pasta, Reis *(risotto)*, Bohnen *(fagioli)* und Kartoffeln *(patate)*. Es werden die roten für die *gnocchi* und die gelben für die frittierten Kartoffeln unterschieden. Besonders verbreitet sind in der Gebirgsküche der Sila als *primo piatto* auch Nudeln mit Hülsenfrüchten, beispielsweise *pasta a ceci* (Kichererbsen). Neben diesen köstlichen Gemüsetellern sind auch Fleisch- und Fischgerichte Bestandteil der silanesischen Speisekarte, allen voran Forellen *(trote)* und Wild *(selvaggina)*. Ergänzt wird die lokale Küche durch eine breite Vielfalt an Käsesorten, wie *provola, buzzini, caciocavallo, mozzarella, ricotta* sowie durch Kastanien *(castagne)* und Süßes *(dolci)*.

Eine typische Süßspeise der Sila ist der Mürbeteigkringel mit einer Füllung aus Trockenfrüchten *(pitta 'nchiusa* oder *'mpigliata)*. Die silanesischen Weine aus dem Val di Neto, der *Savuto*, der *Zuccariello*, *Donnici* und *Strogalia* sorgen für den jeweils passenden Tropfen.

Sila

Panoramastraße. Sie führt hinunter durch das Neto-Flusstal und endet auf der Schnellstraße 107 Camigliatello-San Giovanni in Fiore.

Die 20 000 Einwohner zählende Stadt **San Giovanni in Fiore** ist vor allem als Landwirtschaftszentrum und wegen ihres Webhandwerks berühmt. Der Name und auch die Entstehung gehen auf den Abt, Gioacchino da Fiore, zurück. Er gründete hier 1189 das Kloster Florense und führte einen neuen, strengen von den Zisterziensern abgeleiteten Orden ein. Dieser Joachimiterorden wurde 1196 von Papst Coelestin III. anerkannt und verbreitete sich in ganz Kalabrien. Um die Abtei herum entstand später das Städtchen. Der Leichnam des 1202 verstorbenen Abtes wurde in die *Abteikirche* von San Giovanni in Fiore überführt und in einer einfachen Krypta beigesetzt. Die heutige Kirche ist seit ihrem Entstehen im 12. Jh. mehrfach verändert worden.

Bei den traditionellen Festen der Stadt kann man mit etwas Glück noch einige Frauen in der traditionellen Tracht und dazu passenden mit Schleifen versehener Haartracht bewundern.

Besucherzentrum Cupone, an der Straße 177 Richtung Longobucco am rechten Ufer des Cecita-Sees gelegen; nur bis Ende Sept. geöffnet, dann übernimmt der *Corpo Forestale. Pro Loco,* Via Roma 5, 87052 Camigliatello, Tel./Fax 0984/57 80 91.

Magara Hotel (GEO Hotels), 87052 Croce di Magara–Spezzano Piccolo, Tel. 0984/57 87 12, Fax 57 81 15, Luxus; modernes, sehr gut ausgestattetes Hotel mit Schwimmbad, Sauna, Fitnessraum, Restaurant, wahlweise als Residence oder Hotel. *Hotel Ristorante Cozza ***,* Via Roma 85, 87052 Camigliatello Silano; Tel. 0984/57 80 34, Fax 57 80 88, moderat; 40 Zimmer mit Bad, TV, Telefon, kalabresische Küche.

Ristorante La Tavernetta, Contrada da Campo San Lorenzo, Camigliatello, Tel. 0984/57 90 26, Fax 57 93 55, ganzjährig geöffnet, Mi geschl., teuer; stilvolles Landlokal, gehobene Küche, Spezialität: Pilzgerichte. *Ristorante Antica Sila,* Via Forgitelle 201 (Richtung Lago Cecita), Tel. 0984/ 57 85 99, ganzjährig geöffnet, moderat; lokale Küche, Pilzgerichte. *Ristorante Pizzeria Bar La Valle dell'Inferno,* Via Forgitelle 147/149 (Richtung Lago Cecita), Tel. 0984/57 86 26, ganzjährig geöffnet, günstig; traditionelle silanesische Küche.

Antica Salumiera Campanaro, Piazza Missasi 5, Camigliatello, Tel. 0984/ 57 80 15; Spezialitäten, Pilze, Salami, Wein.

Cooperativa Natura Insieme, Via C. Alvaro, Camigliatello, Tel./Fax 0984/ 57 87 66; die Kooperative bietet Ausflüge an (u. a. Trekking, Ausritte, Mountain-Bike, Langlaufski). *Tessitura Mimmo Caruso,* Via Gramsci 195, San Giovanni in Fiore, Tel. 0984/99 27 24; Teppichproduktion, insbesondere die berühmten Flickenteppiche – *a pizzulune.*

San Giovanni in Fiore: *Karfreitag,* traditionelle Prozession; Ende Aug., *Marktfest.* **Camigliatello:** 15. Aug., *Fest der Madonna Assunta* in der Kirche SS. Roberto und Biagio; Oktober, *Sagra del fungo* (Fest des Pilzes), neben Spezia-

San Giovanni in Fiore/Lago Arvo

Am Lago Arvo

litäten rund um den Pilz finden kulturelle Veranstaltungen statt.

Bahnstationen der *Calabro-Lucano:* Camigliatello, Croce di Magara und San Giovanni in Fiore, 2 x tgl. **Busverbindungen:** *IAS,* von Camigliatello und San Giovanni in Fiore 1 x tgl. nach Catanzaro, Cosenza, Lorica, Paola, Rossano, Villa San Giovanni, Messina, Taormina, 3 x wöchentlich nach Bologna und Mailand, Tel. 0983/56 56 35, Fax 56 54 11, ias@iasautolinee.it. **Flughafen** Crotone (s. S. 131); **Autobahnausfahrt** Cosenza Nord, Straße 107 (bis nach Crotone).

Die Laghi Arvo und Ampollino

Von der Schnellstraße 107 biegt die Straße 108bis vor San Giovanni in Fiore ab und führt zum ca. 12 km entfernten, in 1278 m Höhe gelegenen **Lago Arvo.** Umgeben von Wiesen, die zum Teil als Weiden für Kühe genutzt werden, dahinter dichter Nadelwald mit einigen Laubbäumen, bietet der See ein anheimelndes Panorama. Der Arvo-See mutet lieblicher und natürlicher an als der Lago Cecita, obwohl auch er in den 30er Jahren des 20. Jh. künstlich angelegt wurde. Vom See aus kann man den hoch aufragenden **Monte Botte Donato** (1928 m) erblicken. Zu diesem höchsten Punkt der Sila gelangt man mit der Seilbahn (Station Lorica, dort Beschilderung Richtung Funivia).

Hoch oben auf dem Monte Botte Donato genießt man einen Weit- und Fernblick wie nur von ganz wenigen Orten in Kalabrien: im Norden die Sila Grande, im Südosten die Sila Piccola, links und rechts die beiden Meere und bei ganz klarer Sicht ist im Süden sogar Sizilien zu

Wandern

Wanderfreunde kommen in der Sila voll auf ihre Kosten. Die größtenteils unberührte Natur bietet ein besonderes Erlebnis: Eintauchen in die Stille des Waldes, ihn mit allen Sinnen in sich aufsaugen, die Pflanzen- und Tierwelt beobachten oder auch einfach die pure Lust am Wandern, Radfahren und Reiten genießen - all das ist in der Sila möglich.

Voraussetzungen für ihre Erkundung auf eigene Faust sind gute Karten, eine solide Wanderausrüstung, Wasservorrat, ein Kompass und eine organisierte Reiseroute. Denn auch wenn viele Dörfer hier vom Tourismus leben, heißt das noch längst nicht, dass sie immer geöffnet sind. Bedingt durch den Sommer- und Wintertourismus gibt es Flautezeiten, in denen auch in bekannten Feriendörfern gegen 20 Uhr keine Unterkunft mehr zu finden ist.

Es ist empfehlenswert, den ausgeschilderten Wanderwegen zu folgen. Durch die Sila führt auch der *Sentiero Italiano,* zu erkennen an der kleinen rot-weiß-roten Flagge (SI). Für kurze Spaziergänge bieten sich die ausgeschilderten Wege, zum Teil auch didaktische Lehrpfade im Nationalpark an (Villaggio Mancuso und Cupone/Lago Cecita).

Wandertour von Mancuso nach Buturo

Die durch das Bachgebiet Roncino führende Route ist eine Teilstecke des Italienischen Wanderwegs. Für die 15 km lange Strecke mit einem Höhenunterschied von 300 m werden ca. 4 Std. 30 Min. veranschlagt. Los geht's von dem Besucherzentrum im Villaggio Mancuso, Località Monaco.

Man steigt zunächst hinab zum Fluss Simeri, quert die Brücke und wandert dann zwischen Buchen und Pinien *(Pino Laricio)* hindurch bis zur *Conca* (Mulde) von Roncino. Der Holzsteg führt über den Wildbach Roncino und nach ca. 3 Std. erreicht man Buturo. Die Kooperative Greentour bietet hier Unterkunft und Verpflegung (Tel. 0961/93 10 03).

Info: Cooperativa Greentour, Via Cavour 17, 88054 Sersale, Tel. 0961/93 43 61; Karte Sila Piccola (1:25 000) mit Wanderwegen. Tourist Service ALIS, Piccola Soc. Cooperativa a r.l., Strada Panoramica, Villaggio Racise, 88055 Taverna, Tel. 0961/ 92 22 53.

erkennen. Von hier oben sind es nur knapp 9 km Luftlinie zu dem 160 m tiefer gelegenen Monte Curcio, oberhalb von Camigliatello. Die beiden Gipfel sind, ebenso wie der **Monte Sorbello** (1856 m), von der Panoramastraße *Via delle Vette* aus zu bewundern.

Nach soviel Aussicht und stiller Betrachtung geht es rasant per Ski hinunter ins Tal zum Lago Arvo. Die Bobbahn Lorica bietet am Wochenende Bobabfahrten an. Im unten liegenden Skizentrum kann man Bobs ausleihen und sich in Bar oder Rosticceria stärken und erfrischen.

Ein weiteres Sommer- und Wintersportgebiet erstreckt sich um den **Lago Ampollino.** Auch dieser ist künstlich und zur Stromerzeugung angelegt. Im **Villaggio Palumbo** findet der Wintersportfreund alles, was das Herz begehrt: Eislaufhalle, Rodelbahn, Skilift und 14 km Skipiste. Aber auch im Sommer gibt es keine Langeweile: Schwimmbad, Wasserpark, Surfen, Wasserski, Reiten, Boccia, Volleyball, Tennis. Bars, Restaurants, Diskotheken und natürlich die Gebirgslandschaft mit ihren zahlreichen Ausflugsmöglichkeiten runden das Programm ab.

Eine sehr schöne Rundfahrt bietet sich über die zwischen dem Lago Arvo und Lago Ampollino herführende, gering befahrene Straße über Cagno an. Durch Pinien- und Laubwald fahrend, kann man die Stille und Beschaulichkeit des Waldes mit immer wieder schönen Aus- und Einblicken genießen. Noch beschaulicher und naturverbundener sind natürlich Wanderungen oder Erkundungstouren per Rad.

Residenza Lorica, Viale della Libertà 57, 87050 Lorica, Tel. 0984/531 11 00, Fax 531 10 14, ganzjährig geöffnet, teuer; Grand Hotel mit komfortabel ausgestatteten Apartments, wahlweise Hotel oder Residence, Sauna, Solarium, Mini-Club, Disco, Animation, Restaurant (auch für externe Gäste geöffnet). *Albergo Ristorante La Trota,* 87050 Lorica-Pedace, Tel. 0984/53 71 66, moderat; einfaches Hotel ohne Komfort. *Hotel Lo Scoiattolo,* Villaggio Palumbo, 88836 Cotronei, Tel./Fax 0962/49 31 41, 49 31 44, www.gattei.it/scoiattolo, moderat; direkt unterhalb des Skilifts gelegen. *Hotel dei Congressi,* Loc. Palumbo Sila, 88073 Cotronei, Tel. 0962/49 30 28, Fax 49 31 93, moderat; Kongresshotel mit Bar und Restaurant.

Splendid Servizio di Agenzia turistiche, San Giovanni in Fiore, Ausflüge in den Nationalpark, Tel. 0984/99 29 45.

Lorica: 15. August, *Fest der Madonna dell'Assunta;* August, *Fest der Kartoffel.* **Villaggio Palumbo:** Ende Oktober, *Sagra d'Autunno* (Herbstfest).

Die Sila Piccola

Vom Lago Ampollino nach Taverna

Unterhalb des Lago Ampollino führt die Straße 179dir abwechselnd durch Tannen- und Laubwälder zu den Feriendörfern Racise und Mancuso. In **Racise** befindet sich direkt an der Straße, in einem Pinienhain mit kleinen heruntergekommenen Holzhäusern, der Pro Loco und die Vereinigung ALIS. Dieser Tourist Service organisiert Führungen und Ausflüge (auch zu Pferd) in die Sila, Tauch- und Wanderexpeditionen und verleiht Fahrräder (s. S. 109). Gegenüber befindet sich eine kleine Ruhestelle mit einem erfrischenden Brunnen und dahinter gelegener Picknickmöglichkeit.

Während das Villaggio Racise weniger bekannt ist und noch ein bisschen verschlafen wirkt, geht es im **Villaggio Mancuso** wesentlich lebhafter zu. Das Dorf, überwiegend bestehend aus kleinen Holzhäuschen, ist 1928 im Auftrag von Eugenio Mancuso, einem ›Pionier des Tourismus‹ erbaut worden. Im Lauf der Zeit sind viele der kleinen Häuser verkauft worden; nur das Schwarzwaldhaus (*Hotel delle Fate*, der Feen) und zwei flankierende Gebäude blieben übrig. Ein erstklassiges, sehr charakteristisches Hotel hat hier heute seinen Sitz. Ein Rundgang durch das kleine Dorf führt vorbei an einem Turmgebäude, einer niedlichen kleinen Kapelle und weiteren meridional-untypischen Gebäuden.

Über die Talstraße gelangt man zum **Parco Nazionale,** der vom *Corpo Forestale* (Waldaufsicht) betreut und gehegt wird. Über verschiedene Lehrpfade dringt man ins Innere des Waldes vor. Informative Schautafeln weisen auf die unterschiedliche Flora und Fauna und deren Verbreitung hin. Im Wildgehege werden Rehe und Hirsche gehalten. Leider entspricht die Haltung von Eulen, die in den viel zu winzigen Volieren eingesperrt sind, gar nicht der Naturschutzidee des Nationalparks. Hinunter in den Wald führt ein sehr schöner Rundgang überwiegend durch Pinienwälder. Auch hier kann sich der Naturliebhaber auf didaktischen Schautafeln über die Tiere, Blumen, Bäume, Pilze und Kräuter des Waldes informieren, auf denen auch Gedanken von Dichtern und Philosophen niedergeschrieben sind. Anhand einer Feuerstelle demonstriert man, wie Kohle produziert wird.

Der Name **Bosco di Gariglione** geht auf die hier in gigantischen Ausmaßen wachsende Zerreiche (ital. *gariglio*) zurück. Der am Berghang des 1756 m hohen Berg Gariglione gelegene Wald ist einer der schönsten und ältesten Wälder Kalabriens. Norman Douglas beschrieb ihn Anfang des 20. Jh. als einen Urwald, einen jungfräulichen Dschungel. Der Autor des ›Old Calabria‹ brachte sein Entsetzen zum Ausdruck, als nach dem Verkauf des Waldes an eine deutsche Firma massenhaft Bäume gefällt wurden. Leider hat die Abholzung eine lange Tradition in der Sila.

Wenn auch sicherlich sehr spät, aber immerhin, heute ist der Gariglione das Herz des Nationalparks der Sila Piccola. Von dem einstigen Raubbau erzählen noch die waldfreien Stellen und das 20 km lange

Eisenbahnnetz, über das die Bäume abtransportiert wurden. Heute, nachdem sich das biologische Gleichgewicht wieder hergestellt hat, kann man sich wieder an der für die Sila Piccola typischen Flora und Fauna erfreuen. Die Lichtungen zeigen im Frühling einen wunderbaren Blütenteppich. Im Herbst dominiert das leuchtende Farbenspiel der gefärbten Laubbäume im Kontrast zum tiefen Grün der Nadelhölzer.

Von besonders hohem Interesse ist die zu beobachtende Symbiose von Buchen und Weißtannen. Auf dem eigenen fruchtbaren Humus stehend, überdacht und somit beschützt von der hoch aufragenden Buche, wird die Tanne im Laufe der Zeit die dominante Spezies. Die besonders in der Sila Piccola anzutreffenden Straßenschilder, die vor Kühen warnen, sind unbedingt ernst zu nehmen. Denn bei einer Fahrt durch die Wälder kann es durchaus sein, dass plötzlich eine Kuh im Wege steht. Die Tiere leben frei in der Sila und werden von den Besitzern durch die Glocke, die sie um den Hals tragen, geortet.

Taverna, die kleine Stadt in der Sila Piccola ist bekannt geworden und geprägt durch ihren berühmtesten Sohn, Mattia Preti. Überall im Ort wird man an den bedeutenden Barockmaler, der hier 1613 geboren wurde, erinnert. Nicht nur, dass viele seiner Werke in den Kirchen zu besichtigen sind. Viele Geschäftsleute haben entdeckt, dass sich die Berühmtheit des Taverners auch für sie auszahlen kann. Dabei spielt es keine Rolle, dass Mattia Preti seine Heimatstadt bereits als junger Mann verlassen hat und nur noch einmal kurz in Taverna Station machte.

Der Spaziergang durch die Stadt beginnt für die meisten Besucher auf der *zentralen Piazza* mit der *Kirche* und dem *Konvent San Domenico*. Die Klostergründung geht auf das Jahr 1464 zurück. Nach dem verheerenden Erdbeben 1662 wurde die Kirche im barocken Stil Ende des 17. Jh. wieder aufgebaut. Über dem aufwendig gearbeiteten Portal thront die Figur des hl. Domenico. Im Inneren der Basilika befinden sich diverse Kunstschätze: eine Kassettendecke, der Holzaltar aus dem 18. Jh., ein Kruzifix aus dem 15. Jh., Stuckarbeiten und vor allem die Bilder des *Cavaliere Calabrese,* wie Mattia Preti genannt wurde. Dies sind neben anderen die Gemälde ›Der Blitze schleudernde Christus‹, ›Martyrium des hl. Sebastian‹, ›Predigt von Johannes dem Täufer‹ und ›Madonna der Reinheit‹ sowie das Gemälde ›San Francesco di Paola überquert die Meerenge von Messina‹.

Die Betrachtung der ›Gemäldegalerie‹ von Mattia Preti kann im *Museo Civico,* direkt nebenan im ehemaligen Dominikanerkloster fortgesetzt werden (Di–So 9.30–12.30, 16–19 Uhr, Tel./Fax 0961/92 48 24). Das Gemälde der Hll. Peter und Paul ist ebenso ausgestellt wie eine Kohlezeichnung. Auch von dem älteren Bruder, Gregorio Preti, ebenfalls ein berühmter Maler, sind einige Werke zu sehen. Daneben finden

Chiesa di
Santa Barbara in
Taverna: Gemälde
von Mattia Preti

zeitgenössische Maler und Meridionalisten aus dem 18./19. Jh. ihren Platz. Unklar ist noch immer der Ursprung des Bildes ›Sisara und Jaele‹, das einige Kritiker eher Gregorio zuordnen; andere sehen es als Gemeinschaftswerk von Mattia Preti und einem seiner Schüler.

Direkt gegenüber von San Domenico befindet sich die schlichte *Kirche San Nicola,* die nach mehreren Erneuerungen im 20. Jh. mit einer neoklassizistischen Fassade versehen wurde. Von der zentralen Piazza geht's weiter über die Steintreppe in die *Via Ierinese* (hier befindet sich die Comunità Catanzerese). Über die Viale Gugliemo Marconi erklimmt man die hoch über Taverna thronende *Mutterkirche Santa Barbara.* Die 1427 errichtete und mehrfach erneuerte Kirche

Taverna

beeindruckt im Inneren durch zahlreiche prunkvolle Ölgemälde. Über dem Altar befindet sich das imposante ›Il Patroccinio di Santa Barbara‹ aus dem Jahr 1688 von Mattia Preti. Weitere Gemälde aus dem 16. und 17. Jh. stammen von den Künstlern Fabrizio Santafede und Giacinto Brandi sowie noch einige andere Arbeiten des *Cavaliere Calabrese.*

Einige beachtliche Holzfiguren, beispielsweise die der Immacolata aus dem 18. Jh. von D. D. Laurentis (1,65 m hoch) sind ebenso zu bewundern wie einige Grabmäler, u. a. das von Ignazio Poerio Pitere. Es ist 1868 von einem unbekannten Künstler in mehrfarbigem Marmor und grünem Stein aus Gimigliano gearbeitet.

Nicht unerwähnt bleiben soll die *Kirche Santa Maria Maggiore* aus dem 15. Jh., die erste der im ›neuen‹ Taverna errichteten Kirchen. Sie beherbergt Gemälde von Giovanni Balducci und Bernardo Azzolino (beide aus 16./17. Jh.) sowie vom Rendeser Cristoforo Santanna (18. Jh.).

Die Entstehung und genaue Geschichte der Stadt sind nicht ganz geklärt. Es scheint unter den Römern bereits als *Trischene* bekannt gewesen zu sein. *Taverna Vecchia,* das zwischen San Giovanni und Sellia lag, wurde im 14. Jh. zerstört. Von der einst um das 10. Jh. errichteten Siedlung sind noch die Ruinen des alten Wachturms und der Befestigungsanlage zu sehen. Danach siedelten die Bewohner von Taverna auf dem heutigen, neu erschlossenen Stadtgebiet.

Pro Loco und Tourist Service ALIS, Piccola Soc. Cooperativa ar.l., Strada Panoramica, Villaggio Racise, 88055 Taverna, Tel. 0961/92 22 53. *Comunità Montana della Presila Catanzarese,* Via G. Marconi, 88055 Taverna, Tel. 0961/92 12 62, Fax 92 48 01.

Grande Albergo Parco delle Fate, Villaggio Mancuso, 88055 Taverna, Tel. 0961/92 20 57, Fax 70 12 72, teuer; elegantes Ambiente, sehr charakteristisch, Zimmer und Suiten, Ausflüge. *Hotel Ristorante Ragno D'Oro,* Villaggio Racise, 88055 Taverna, Tel. 0961/92 20 97, ganzjährig geöffnet, moderat; mit Bad, Zentralheizung, Telefon, gepflegt, Familienbetrieb, Veranstaltungsräume.

Campeggio Racise, Villaggio Racise, 88055 Taverna, Tel. 0961/92 20 09, günstig; zwischen Mancuso und Racise in einem Pinienwald gelegen, Apartments, Wohnwagen/Zeltmöglichkeiten.

Bar Ristorante Sila, Villaggio Mancuso, Tel./Fax 0961/92 20 32, moderat; lokale Küche in freundlicher Atmosphäre, direkt an der Hauptstraße gelegen. *Mattia Pub,* Via Jerinise 16, Taverna, Tel. 0961/92 36 33, ab 16 Uhr, Mo geschl., günstig; von jungen Leuten geführte Pizzeria, oberhalb in der Stadt gelegen, Terrasse.

Cooperativa Terra Nostra, Villaggio Cutura, 88055 Taverna (vor dem nördlichen Ortseingang Mancuso), Tel. 0961/92 22 44; Käseprodukte *(ricotta fresca, buzzini)* aus eigener Herstellung, bereits mehrfach prämiert.

Die Sila Greca und das Alto Ionio Cosentino

Der Nordosten Kalabriens steht ganz im Zeichen der griechischen Besiedlung und ihrem kulturellen Erbe. Archäologisch reizvoll sind die zahlreichen Ausgrabungsstätten, historisch interessant die Stauferburgen Friedrichs II. und ein kulturelles Highlight die albanischen Dörfer. Die größte Provinz Kalabriens, das Cosentino, hat dem nördlichen Küstenabschnitt am Ionischen Meer seinen Namen gegeben.

Die Sila Greca

Die **Sila Greca** umfasst den nördlichen Teil der Sila-Hochebene und wird von den Orten San Demetrio Corone und Acri im Westen, Corigliano und Rossano im Norden, Paludi und Cropalati im Osten sowie der Sila Grande im Süden begrenzt. Neben dem griechischen Vermächtnis ist auch das faszinierende Wechselspiel zwischen dem azurn Meer, den waldbedeckten Hängen und den dichten Wäldern mit jahrhundertealten Kastanien, Pinien und Eichen kennzeichnend für diesen Teil der Sila.

Die Stille der Wälder wird hin und wieder von den Rufen eines Kuckucks, Bussards, Falken oder Habichts unterbrochen. Im Dickicht versteckt leben Füchse, Wölfe, Wild- und Stachelschweine, Otter, Wiesel, Siebenschläfer und viele andere Tiere. Mitten in der Sila Greca, zwischen Meer und Bergen, liegen kleine mittelalterliche Orte, die zu kunsthistorischen Rundgängen, aber auch nur zum Bummeln und Einkaufen einladen.

Die kulinarischen Genüsse reichen von dem nach arabischer Art zubereiteten Pasta-Gericht *ferrieti ccu miele* (mit Honig, Spezialität aus Longobucco), den *piatti di mezzo* (auf der Basis von Gemüse der Saison) bis zu den *pisci salati,* Sardinen unter Salz und rotem Pfeffer, vor allem in der Küstengegend anzutreffen. Zu den zahlreichen Süßspeisen oder auch pur werden Liköre aus Getreide und Waldbeeren oder ein besonders starker, in Longobucco produzierter Grappa namens *acqua di Macrocioli* gereicht.

Comunità Montana Sila Greca, Assessorato al turismo, Via B. Buozzi 11, 87068 Rossano Scalo, Tel. 0963/51 60 77, Fax 51 43 42; weitere Infostellen s. S. 97f.

Rossano

Am Nordabhang der Sila Greca liegt **Rossano,** ein lebhaftes Landwirtschafts- und Handelszentrum am Ionischen Meer. Einst trug die Stadt als eines der bedeutendsten Plätze der byzantinischen Kultur den Namen ›Ravenna des Südens‹. Die ersten Ansiedler waren die Enotrier im 9./8. Jh. v. Chr., es folgte die Ära der *Magna Grecia* und die Eroberung durch die Römer. Aber erst unter den Byzantinern kam die Stadt zur höchsten Blüte (540–1059 n. Chr.).

Die Ankunft der Normannen in Rossano läutete den Untergang des byzantinischen Zentrums in Kalabrien ein. Der vollständige Niedergang geschah aber erst mit dem Beginn der Feudalherrschaft unter den Anjou (1266–1442). Von 1417 bis Anfang des 19. Jh. regierten die Fürstenfamilien Ruffo, Marzano, Sforza, Aldobrandini und Borghese die Stadt, bis die Franzosen Anfang des 19. Jh. die Feudalherrschaft abschafften. Doch die Stadt konnte kaum die neue Freiheit genießen, da brachen bereits neue Katastrophen herein: die Erdbeben von 1824 und 1836. Insbesondere nach dem zweiten Beben wurde die Bevölkerung infolge der ausbrechenden Pest stark dezimiert.

Den alten Stadtkern erreicht man von der Küstenstraße 106 über die Straße 177 Richtung Rossano (nicht zum unterhalb gelegenen Rossano Scalo). Der Besucher sollte sich darauf einstellen, dass von dem einstigen Glanz im Stadtbild nicht mehr viel übrig geblieben ist, wenigstens nicht auf den ersten Blick. Viele Häuser sind heruntergekommen, stark restaurierungsbedürftig, einige bereits seit längerer Zeit verlassen und abbruchreif.

Der **Dom** (1) ist sicherlich der Hauptanziehungspunkt in Rossano. Die Anfänge dieses heiligen Ortes gehen auf das 6./7. Jh. zurück. In Folge mehrfach erweitert und umgebaut, erhielt die Kathedrale ihre jetzige Form unter Erzbischof Sanseverino im 17. Jh. In dem dreischiffigen Innenraum ist die Kassettendecke ebenso sehenswert wie das Fresko der ›Madonna Achiropita‹ (8./9. Jh.) an einem der Pfeiler des Hauptschiffes (geschützt in einer Marmornische aus dem 18. Jh.). Es ist ein Beispiel für die byzantinische Kunst, wahrscheinlich um das 8. Jh. herum entstanden. Die Madonna Achiropita wird von den Gläubigen sehr verehrt. Das griechische Wort *acheiropoietos* bedeutet ›nicht mit Händen gemacht‹ und verweist auf von göttlicher Hand geschaffene Werke.

Neben dem Dom befindet sich im Bischofspalais das **Diözesanmuseum** (2, Mo–Sa 10–12, 16.30–18.30, So 9.30–12 Uhr, Tel. 0983/52 05 42), in dem der wertvollste Schatz Rossanos, der ›Codex Purpu-

Sila Greca

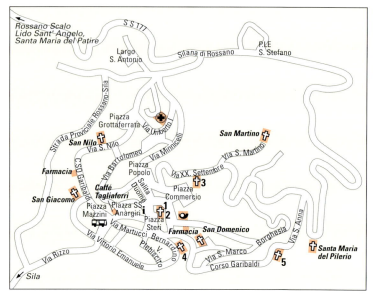

Rossano 1 Dom 2 Diözesanmuseum 3 Chiesa Panaghya 4 Chiesa San Bernardino 5 Chiesa San Marco

reus‹, zu bewundern ist. Das griechische Evangeliarum ist höchstwahrscheinlich im 6. Jh. in Palästina kopiert und ein Jahrhundert später nach Kalabrien gebracht worden. Der Name bezieht sich auf die 188 feinen purpurroten Pergamentfolien, die mit zahlreichen Miniaturen versehen sind. Neben diesem wertvollen Schatz sind auch diverse Gemälde, ein griechischer Bronzespiegel aus dem 5. Jh., sakrale Paramente und Silbergerät ausgestellt.

Unterhalb der Kathedrale befindet sich das **Kirchlein Panaghya** (3) aus dem 12. Jh. Die nach Osten gerichtete Apsis und auch das Mauerwerk sind typisch für die byzantinische Bauweise. Das Fresko im Inneren stellt den hl. Johannes Chrysostums dar, der in der Hand eine Schriftrolle der griechischen Liturgia hält.

Interessant ist auch die **Kirche von San Bernardino** (4, 1428–60) mit ihrem spitzbogigen Portal. Sie beherbergt im barocken Innenraum diverse Kunstwerke, u. a. ein Kruzifix aus dem 16. Jh. Die **Kirche von San Marco** (5), als Nationaldenkmal

Italiens deklariert, ist wahrscheinlich um das 10. Jh. errichtet worden. Mehrfach erneuert und erweitert, ist der Innenraum der Kirche durch vier große Pilaster geteilt. Mit ihren fünf kleinen Kuppeln und drei Apsiden erinnert sie an die berühmte Cattolica von Stilo (s. S. 194). Von den einstigen Fresken an den Wänden ist nur noch das der ›Maria mit dem Jesuskind‹ in Spuren vorhanden.

Aber die Stadt ist nicht nur für ihre Kunst- und Naturschätze berühmt, sondern hat auch ein hohes kulinarisches Renommee. Das Öl und die Klementinen von Rossano sind berühmt für ihre Süße und der nach traditionellem Rezept angesetzte Likör ist von höchster Qualität. Nicht zu vergessen die *liquirizia*, das köstliche Lakritz aus Rossano. Eine besondere Spezialität sind die *melanzane a funghetti con pomodoro* (Gericht mit Auberginen, Pilzen und Tomaten).

Einige der wichtigsten Persönlichkeiten des frühen Mittelalters waren der hl. Nilus und Bartolomeo da Simeri. San Nilo, Begründer mehrerer Klöster in ganz Italien, ist sicherlich der berühmteste Sohn der Stadt (910–1004). Sein Schüler Bartolomeo (980–1055) gründete das **Kloster Santa Maria del Partire** (auch Pathir, Pathirion), das als das Zentrum der byzantinischen Kultur galt. Das Kloster ist außerhalb der Stadt gelegen, aber schon aufgrund der schönen Lage einen Ausflug wert.

Die nach Osten ausgerichtete Kirche ist ein beeindruckendes Beispiel byzantinisch-normannischer Baukunst. Durch ein gotisches Portal betritt man das sehr harmonisch wirkende Kircheninnere. Der teilweise aus Marmor gearbeitete Fußboden weist noch die antiken Medaillons mit Tierbildern auf. In diesem Kloster wurde auch die Kunst der Buchmalerei ausgeübt.

Ganz in der Nähe des Klosters Santa Maria del Partire sind die ›Giganten der griechischen Sila‹ zu sehen. Auf der Anhöhe **Cozzo del Pesco** (1183 m), oberhalb des Cino-Tals liegt das Naturreservat. In diesem biologisch sehr wertvollen Areal (8 ha) befinden sich rund 80 majestätische Bäume: Kastanien, Ahorn und Eichen mit einem Durchschnittsalter von 700 Jahren.

🛈 *Pro Loco,* Piazza SS. Anargini 22, 87068 Rossano, Tel./Fax 0983/52 11 37.

🛏 *Hotel Scigliano***,* Viale Margherita 257, 87068 Rossano Scalo, Tel. 0983/51 18 46/7, Fax 51 18 48, hscigliano@hotelscigliano.it, www.hotelscigliano.it, moderat; modernes, behindertenfreundliches Hotel, Aufzug, Solarium, Bar, Restaurant (lokale Küche), Zimmer mit Telefon, TV, Klimaanlage. *Azienda Agrituristica Il Giardino di Iti,* Inh. Bebé Cherubini, Contrada Amica, 87068 Rossano, Tel. 0983/645 08, 06/30 88 85 89, info@giardinoiti.it, moderat; Boccia, Tennis, Bowling, Fußball, Kurse rund um den Stoff, Weben und Kochen. Zimmervermietung.

🍴 *Azienda Agrituristica Il Giardino di Iti,* Rossano, Adresse s. Unterkunft, moderat; in der Azienda wird typische lokale Küche angeboten: *maccarru-*

ni a' ferrettu, lagane e ciceri. Verkauf von auf der Azienda produzierten Produkten (Wein, Öl, Honig, Marmeladen, Eingelegtes. *Caffé, Pasticceria, Gelateria Tagliaferri,* Piazza Sant'Anargiri 6, Rossano, 8–13, 16–21 Uhr, Fr geschl., moderat; Kuchen, Eis und Gebäck in einem traditionellen Café mitten in der Stadt.

Acquapark Odissea, Loc. Zolfara, Rossano, Tel. 0983/56 93 23, tgl. Mitte Juni–Mitte Sept., Anreise mit der Bahn (Bahnhof Toscano-Odissea), mit dem Auto SS 106, Abfahrt Loc. Zolfara, 10–15 € je nach Zeitraum, reduziert 5–7,50 €.

Bahnstation: Rossano Scalo. Stadtbus vom Bahnhof Rossano Scalo alle 30 Min. zur Altstadt von Rossano. **Buslinie:** *SIMET,* nach Neapel, Rom und in diverse deutsche Städte, V.le L. De Rosis 49–51, Tel. 0983/51 27 93/4, Fax 51 60 79, www.simetspa.it. **Autobahnausfahrt:** Sibari, Straße 534 bis Sybaris, dann Küstenstraße 106. Anreise über Catanzaro und die Küstenstraße 106.

Abstecher nach Castiglione di Paludi

Karte s. S. 121

Nur wenige Kilometer südlich von Rossano, umgeben von Olivenbäumen, ist eine der am besten erhaltenen Befestigungsanlagen Süditaliens zu besichtigen: **Castiglione di Paludi** besteht aus einer mächtigen Mauer aus rechteckigen Sandsteinblöcken (6. Jh. v. Chr.) und den Ruinen einiger Wachttürme. Im Inneren dieser befestigten bruttischen Siedlung sind Überbleibsel diverser Gebäude zu sehen. Dabei lassen sich bei einigen zwei Bauphasen unterscheiden: In der älteren nutzte man Sandsteinblöcke als Baumaterial, in der neueren Flusskieseln.

Der in den Hügel gehauene, gestufte Platz (4. Jh. v. Chr.) konnte bis zu 200 Personen aufnehmen und diente vermutlich als öffentlicher Versammlungsort und als Theater. Zeugnisse einer noch früheren Besiedlung sind die ca. 50 Gräber aus der Eisenzeit (10.–8. Jh. v. Chr.), deren kostbare Grabbeigaben wie Fibeln, dekorierte Täfelchen, Armbänder u.a. im Nationalmuseum in Reggio di Calabria ausgestellt sind.

Albanische Dörfer – Arbëreshë

Im Norden Kalabriens leben heute noch Albaner in kleinen Dörfern und praktizieren dort ihre Kultur und Sprache. Die ersten Albaner waren Soldaten, die in der zweiten Hälfte des 15. Jh. nach Süditalien kamen, um die Truppen von Alfons V. von Aragon zu unterstützen. Als die Albaner selbst wenige Jahre zuvor die Aragonesen um Hilfe im Kampf gegen die Türken gebeten hatten, wurden sie abgewiesen. Man verweigerte Georg Kastriotis Skanderbeg, dem albanischen Krieger und Nationalhelden, die spanische Hilfe. Die endgültige Eroberung Albaniens durch die Türken, denen die Albaner dank ihres Anführers und ihrer Kampfstärke jahr-

Albanische Dörfer

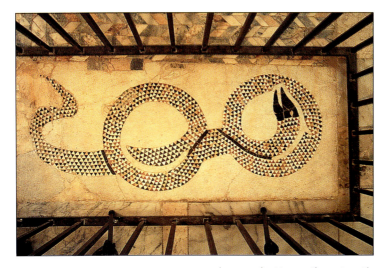

Balkone mit Mosaiken

zehntelang getrutzt hatten, musste Skanderbeg selbst allerdings nicht mehr erleben. Nur ein Jahr nach seinem Tod (1467) unterwarfen die Türken den kleinen Balkanstaat. Von da an begann die Emigrationswelle aus Albanien, die mit einigen Unterbrechungen bis heute anhält.

In Folge der Heirat von Irene Kastriotis mit dem Fürst von Bisignano kamen ebenfalls viele albanische Landsleute nach Kalabrien (um 1470). Von den Aragonesen und der Römischen Kirche geduldet, lebten die Albaner in kleinen Kolonien. Erst im 18. Jh. wurde ihnen in San Benedetto Ullano ein Bischofssitz nach griechischem Ritus gewährt, der 1794 nach San Demetrio Corone verlegt wurde. Heute gibt es jeweils in Lungro und Piana degli Albanesi eine Diözese.

Weil die Albaner zuerst keinen eigenen Bischof hatten, ist die Hälfte der albanischen Gemeinden vom byzantinischen zum lateinischen Ritus übergegangen (u. a. Spezzano Albanese). Auch die Sprache der Albaner hat sich im Laufe der Zeit mit dem Italienischen und dem regionalen Dialekt vermischt. Somit kann man von einer einzigartigen albanischen Sprachinsel in Kalabrien sprechen. In dem Wörterbuch von E. Giordano 1963 wird angenommen, dass nur noch 45 % der arbëreshën Wörter mit denen der albanischen Sprache identisch sind. Da die Sprache nur im Kollegium von San Demetrio Corone gelehrt wird, geschieht die Überlieferung überwiegend mündlich.

Im Folgenden werden zwei der zahlreichen albanischen Dörfer näher vorgestellt.

Auch wenn die kleine Stadt heute längst kein Bischofssitz mehr ist, so ist **San Demetrio Corone** dennoch eines der bedeutendsten Zentren der albanischen Minderheit, allein schon wegen des Albanisch-Italienischen-Kollegiums (neben der Chiesa Sant'Adriano). Der 5000 Einwohner zählende Ort wurde 1448 von den Albanern auf einem fruchtbaren Hügel (Besitztum von Irene Kastriotis Skanderbeg) oberhalb des Crati-Tals errichtet.

Das wohl wichtigste Bauwerk ist die *Kirche Sant'Adriano* aus dem 11./12. Jh. Das Äußere der Kirche ist heute durch die verschiedenen An- und Umbauten stark verändert. Die dreischiffige Basilika ist nach Osten gerichtet und durch Säulen und Bögen gegliedert. Unbedingt beachten sollte man die Fresken an den Bogeninnenseiten und den Fußboden, dessen Mosaike verschiedene Tiere abbilden. Dabei handelt es sich möglicherweise um so genannte *Gorgonen* (griech. *gorgos* = fruchtbar, wild). Nach einem griechischen Mythos bezeichnen sie weibliche Ungeheuer, die bereits in Homers ›Odyssee‹ erwähnt werden.

Ein weiteres albanisches Zentrum ist das ca. 12 km nördlich gelegene **Spezzano Albanese.** Gegründet im 16. Jh., ist es mit 7000 Einwohnern das am dichtesten besiedelte Zentrum der albanischen Minderheit. Kirchlicher Mittelpunkt ist die Wallfahrtsstätte *Santa Maria delle Grazie* im östlichen Teil der Stadt. Hier sollen der Überlieferung nach die ersten Albaner gesiedelt haben. Die Entstehung der Kirche ist legendenumwoben. Einst sollen zwei Jungen bei ihren Streifzügen durch den Wald die Statue der Jungfrau gesehen haben. Sie hielt an der einen Hand einen Jungen und in der anderen ein Buch. Dasitzend, mit einem göttlichen Lächeln, verkündete sie, dass man ihr einen Tempel errichte. So wurde eine kleine Kapelle erbaut (15. Jh.) und 5 Jahrhunderte später die heutige Wallfahrtskirche. Seitdem pilgern jedes Jahr am Dienstag nach Ostern unzählige Gläubige zu der Wallfahrtsstätte.

Ein weiterer Anziehungspunkt, wenn auch ganz anderer Art, sind die brom- und jodsalzhaltigen *Thermen* wenige Kilometer nördlich. Am Ufer des Esaro, zwischen Pinien, Eukalyptus- und Olivenbäumen, befindet sich die Kuranlage und bietet rundum Entspannung (s. S. 21f.).

Sibari – das antike *Sybaris*

Wüsste man nicht um die fast 3000-jährige Geschichte und die von ihr zeugenden Ausgrabungsstätten, würde man **Sibari,** diesen eher unauffälligen Ort, sicher schnell durchqueren. Denn außer einem Yachthafen, einem Bahnhof, wenigen Häusern und einem für kalabresische Verhältnisse keineswegs spektakulären Strand gibt es im heutigen Sibari nicht viel zu sehen.

Albanische Folklore – Ilambadhor und Vallja

Albanesische Trachten

In den albanischen Gemeinden findet man noch die traditionelle Tracht *Ilambadhor*. Die Röcke und das Oberteil sind mit goldfarbenen Ornamenten verziert, dazu wird eine weiße Rüschenbluse getragen. Diese Tracht wurde von den Frauen während der religiösen Feste oder zu besonderen Anlässen getragen, wenn beispielsweise die *Vallja* getanzt wird. Bei diesem Tanz fassen sich die Tänzerinnen an den Händen oder an den Enden ihrer Taschentücher und bilden eine lange Kette. Am Ende befinden sich zwei junge Männer, von denen einer die Fahne schwenkt. In dieser Komposition bildet die Gruppe mal einen Kreis, mal eine Spirale und schmettert dabei immer patriotische oder improvisierte Verse.

Der ursprüngliche Tanz symbolisiert den Widerstand Skanderbegs gegen die Türken. Heute ist er oft abgewandelt und so kann es ahnungslosen Touristen passieren, dass sie plötzlich von den Tänzerinnen in die Mitte und symbolisch ›gefangen genommen‹ werden. In Cività und Frascineto wird die *Vallja* am Dienstag nach Ostern getanzt.

Doch auch die wenigen noch verbliebenen Zeugnisse der einst reichsten Kolonie der Achaier in Italien sind einen Besuch wert. Zwischen den Flüssen *Crathis* (Crati) und *Sybaris* (Coscile) siedelten die Griechen im 8. Jh. v. Chr. und hießen jeden neuen Bürger willkommen. So wuchs die Stadt schnell zu einer Metropole heran und war mit rund 100 000 Einwohnern auf 510 ha die größte griechische Ansiedlung in Süditalien. Allein die Stadtmauer hatten eine Länge von 10 km.

Die Macht von *Sybaris* erreichte im Jahre 530 v. Chr. mit der Zerstörung *Siris* (das heutige Nova Siri) ihren Höhepunkt. Der Herrschaftsbereich erstreckte sich laut Strabo auf 25 Städte in Süditalien. Die Stadt war aber nicht nur berühmt wegen ihrer wirtschaftlichen Blüte und ihren zahlreichen Eroberungen, sondern vor allem wegen ihres Luxus: schattenspendende Baldachine entlang den Straßen, Dampfbäder und zahlreiche Feste und Gaumenfreuden haben den noch heute gängigen Begriff des ›Sybariten‹ (Genussmensch) geprägt.

Gemessen an den damaligen Verhältnissen kaum zu glauben, aber wahr: Die Frauen von *Sybaris* sollen sich selbst ihren Mann ausgewählt haben und konnten ohne Zustimmung ihres Vormunds heiraten. Sie konnten auch in wilder Ehe mit einem Mann zusammenleben, ohne an Ansehen einzubüßen.

Wen wundert es, dass dieses wohlige und freizügige Leben den Neid der Nachbarn erregte? Der Philosoph Pythagoras aus *Kroton* erklärte die Sybariten für schuldig, weil »sie das Leben genossen, ohne sich viele Gedanken zu machen«. Die konkurrierende griechische Kolonie *Kroton* nutzte 510 v. Chr. eine politische Unruhe in *Sybaris,* um deren Vorherrschaft zu brechen. Unter Führung des Krotonen Milon, einem berühmten griechischen Athleten und Weggefährten des Pythagoras, und unter Beteiligung von 500 Aristrokraten aus *Sybaris* wurde die Stadt besiegt und die Überlebenden in die Flucht geschlagen. Laut Herodot wurde der Flusslauf des Crati umgelegt, um die Stadt zu überschwemmen.

Erst nach ca. 70 Jahren und einigen Fehlversuchen gelang Mitte des 5. Jh. v. Chr. eine Neugründung der Stadt unter dem Namen *Thourioi*. Die starke Bedrohung durch die Lukaner und Bruttier veranlasste *Sybaris,* Rom um Hilfe zu bitten. Als Bündnisgenossen kämpfte man Seite an Seite gegen Hannibal und schließlich ernannten die Römer sie 194 v. Chr. zur römischen Kolonie namens *Copia.* Erst im 4. Jh. n. Chr. erlebte die Stadt ihren endgültigen Untergang. Diesmal ist es die zunehmende Versumpfung und die um sich greifende Malaria, vor der die Einwohner fliehen.

Vor knapp einem Jahrhundert begann man nahe der Flussmündung des Crati mit den Ausgrabungsarbeiten und identifizierte das antike Sybaris. Im **Parco del Cavallo** ist die große *Platia* in Nord-Süd-Richtung

Sibari

samt Kanalisation freigelegt worden. Diese antike Straße aus dem 5. Jh. v. Chr. kreuzt eine schmalere in Ost-West-Richtung verlaufende, die allerdings von der neuen Superstrada 106 durchbrochen wird. Diesseits der modernen Straße finden sich Reste des freigelegten *römischen Theaters* und einer *Thermalanlage* (1. Jh. n. Chr.). Mehrere Gebäuderuinen an der Ost-West-Straße gruppieren sich rund um einen Hof mit Fußbodenmosaiken.

Jenseits der Superstrada setzt sich die Platia fort und wird von einer weiteren in Nord-Süd-Richtung verlaufenden Platia gekreuzt. Die Straßen- und Gebäudeanordnung entspricht dem städtebaulichen Plan von Hippodamos aus Milet, nach dessen Vorschlägen die Stadt *Thourioi* im 5. Jh. v. Chr. errichtet worden sein soll. Weiter im Osten an der Plateia befinden sich die Ausgrabungen (u. a. Grabstätten), die von einer Totenstadt zeugen.

Nördlich des Parco del Cavallo sind einige Reste des antiken Handwerksquartiers von *Sybaris* freigelegt. Im Grabungsgebiet **Parco dei Torri** (auch ›Stombi‹ genannt) verweisen Öfen auf die einstige *Keramikproduktion*. Die im Ausgrabungsgelände freigelegten Funde sind im **Museo Archeologico Nazionale del Sibaritide** zu besichtigen. Das im Nordosten der Grabungen nahe der Laghi gelegene Museum (Via Casoni, Mo–So 9– 18.30 Uhr, Tel. 0981/793 91, 799 32) zeigt diverse Kostbarkeiten aus unterschiedlichen Epochen: einen italomykenischen Becher (13./12. Jh. v. Chr.), eine Bronzefibel (8. Jh. v. Chr.), Goldfolien aus dem 6. Jh. v. Chr. sowie diverse Fragmente von Abbildungen, Behältern, Münzen, Bronzestatuetten und Keramik u. v. m.

Pro Loco, Via Gravina 7, 87019 Spezzano Alabanese, Tel. 0981/ 95 36 00. *Terme di Spezzano,* 87010 Spezzano Albanese Terme, Tel. 0981/ 95 30 96, Fax 95 32 15, www.arbitalia. net; *Arbitalia,* eine kulturelle Vereinigung zur Pflege der albanischen Kultur und Tradition informiert umfassend zum Thema.

American Hotel, 87010 Spezzano Albanese Terme, Tel. 0981/95 32 15, 0984/39 37 87, moderat; modernes, funktionales Hotel mit Restaurant, ideal für Kuranwendung. *Agriturismo Esaro,* C. da Bagni, 87019 Spezzano Albanese, Tel. 0981/95 49 87, www.aziendaagrituristi caesaro.com, günstig; mitten in der grünen Ebene von Sibari, nah der Thermen liegt der kleine ökologisch wirtschaftende Bauernhof (Olive, Getreide, Gemüse, Obst, Tierhaltung), komfortable, stilvolle Unterkunft, lokale Küche (Menü 17–20 €).

Camping Villaggio Thurium, Casella Postale S. N., 87060 Schiavonea di Corigliano Calabro, Tel./Fax 0983/85 10 92 (Sommer), 0981/95 33 67 (Winter), günstig–moderat; Feriendorf direkt am Ionischen Meer, im schattigen Pinienwald gelegen, Zufahrt über SS 106, feiner Sandstrand, diverse Sport- und Vergnügungsmöglichkeiten, Animation, wahlweise Camping oder Bungalows. *Centro Vacanze Il Salice,* C. da Ricota Grande, 87060 Corigliano Calabro, Tel. 0983/85 11 69, Tel./Fax 0983/85 11 47, www.camping.de/i/salice/, ganzjährig geöffnet, günstig–moderat; Camping, Bungalows, Residence, direkt am Meer, Schwimmbad, div. Sport- und Animationsangebote, deutschsprachiges Personal.

Restaurant im American Hotel, 87010 Spezzano Albanese Terme, Tel. 0981/95 32 15, 0984/39 37 87, moderat; moderne Küche. *Agriturismo Esaro,* s. unter Unterkunft.

San Demetrio Corone: August, alljährliches *Liederfestival della canzone arbëreshë.* **Spezzano Albanese:** Dienstag nach Ostern, *Pilgerziel; Vallja* in Cività und Frascineto.

Museo dell'etnia arbëreshë, Piazza Municipio 9, Cività, Sommer tgl. 17–19.30 Uhr, Winter auf Anfrage unter Tel. 0981/730 43, Eintritt frei; Sammlung von Bildern, Fotografien und Objekten der albanischen Kultur in Italien. *Mostra del costume arbëreshë,* Piazza Dramis, Vaccarizzo Albanese, Tel. 0983/840 01, Öffnung auf Anfrage; Dauerausstellung albanischer Trachten und Dokumente.

Bahnstationen: Spezzano Albanese, Thurio, Sibari; Linie Catanzaro Lido–Crotone–Thurio–Sibari–Toranto, tagsüber alle 2 Std., Linie Cosenza–Spezzano Albanese–Sibari tagsüber alle 2 Std. **Bus:** *SAJ,* Sibari-Spezzano Terme-Cosenza/Castrovillari, info@saj.it, Infos und Tickets: *Thuriana Viaggi,* Spezzano Albanese; Tel. 0981/95 49 17; *Cartolibreria Pugliese,* Via Taranto, Sibari, Tel. 0981/741 41. **Autobahnausfahrt:** Spezzano Terme (nach Spezzano Albanese), Tarsia oder Torone (nach San Demetrio Corone), Sibari und über die E 534 zur Küste. **Autoverleih:** *Autonoleggio G. Macri,* V. Croci 32, 87069 San Demetrio Corone, Tel. 0984/91 08 75.

Alto Ionio Cosentino

Die Strecke oberhalb der Ebene von Sibari führt dicht an der Küste entlang, stets begleitet von der Bahnlinie. Längs dem Meer, das von teils grobsandigen, teils steinigen Stränden gesäumt wird, stehen vereinzelt die legendären Sarazenenwachtürme. Heute sind es nicht mehr die Sarazenen, die das Land erobern, sondern immer mehr Besucher aus Italien und dem Ausland, die hier in den Sommermonaten Strand, Natur und Kultur genießen.

Cerchiara di Calabria

Im Südosten des Monte Pollino-Massivs, in 650 m Höhe, ist das kleine Städtchen **Cerchiara di Calabria** treppenartig an den Hang gebaut. Archäologische Funde der Gegend lassen vermuten, dass der Ort bereits im Paläolithikum besiedelt war. Die heutige Stadt soll aber im Mittelalter unter dem Namen *Circlarium* entstanden sein, als die Bevölkerung auf der Flucht vor den sarazenischen Invasoren und der Malaria aus der fruchtbaren Ebene in die Berge zog. Um den genauen Ursprung der Stadt ranken sich ebenso viele Geschichten wie um den Namen. Für einige Historiker leitet sich der Stadtname von der Eiche *(quer-*

Sila Greca und Alto Ionio Cosentino

Cerchiara di Calabria

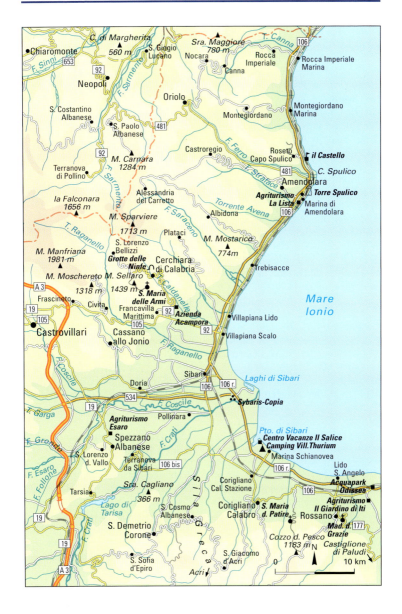

ciara – cerchiara) ab, die in der Gegend sehr verbreitet ist.

Byzantinische Überbleibsel in der Stadt sind die **Chiesa di San Giacomo** und die **Pfarrkirche San Pietro Apostolo.** Letztere, eine dreischiffige Kirche aus dem 15. Jh., zeigt an der Westfassade die Symbole der Stadt: eine Eiche, den hl. Bonifazius und die Madonna delle Armi. Aus der Mitte des 17. Jh. stammt die **Kirche Sant'Antonio** mit einem beachtenswerten Barockaltar und Holzarbeiten. Ebenfalls einen Besuch wert, allein wegen des hier aufbewahrten Kirchenschatzes der Santa Maria delle Armi, ist das ehemalige, an die Kirche angrenzende **Monastero di Loreto.** Den schönsten Blick auf die Schlucht von Cerchiara, genießt man von hoch oben, dort wo noch die Reste des **Kastells** stehen.

Doch das bekannteste Ausflugsziel ist zweifellos die **Wallfahrtsstätte Santa Maria delle Armi,** einige Kilometer südlich der Stadt. Der in 1015 m an den Hängen des **Monte Sellaro** erbaute Komplex schmiegt sich an die Felswand. Die Kirche wurde im 15. Jh. um eine basilianische Grotte herum errichtet und später zum Konvent erweitert. In den zahlreichen Gebäuden waren Vorräte an Holz, Lebensmittel und auch Ställe untergebracht, um den Mönchen während der Wintermonate die Selbstversorgung zu sichern.

An die Gunst der Familie Pignatelli, die für die Restaurierung der Kirche im 17. Jh. sorgte, erinnert deren Familienkapelle Im Innern. Unter künstlerischen Gesichtspunkten sind die Fresken im Kirchengewölbe und die Tafel ›Heimsuchung‹ von Orfeo Barbalimpida (1591) hervorzuheben. Das in einen dunklen Stein eingravierte Bild in der Marienkapelle gedenkt der Madonna delle Armi. Einer Legende nach entstand das Bild, als zwei Bauern bei den Bauarbeiten eines aus dem Boden herausragenden Felsbrocken entzwei schlugen.

Die Gegend um Cerchiara ist reich an durch Karsterscheinung entstandenen Grotten (s. S. 14), die den ersten Bewohnern Unterschlupf boten. In einer dieser Grotten sind byzantinische Ikonen gefunden worden. Im Flusstal des Caldanelle befinden sich in der **Grotte Antro delle Ninfe** schwefelhaltige Quellen, die u. a. als Thermalschwimmbad genutzt werden (s. S. 21f.). Bereits in der Antike badeten in der Grotte u. a. die Sybariten, um ihre Schönheit und Gesundheit zu pflegen.

Von Trebisacce bis Rocca Imperiale

Trebisacce ist unbestritten das Landwirtschafts- und Handelszentrum des Alto Ionio Cosentino. Die mittlerweile 10 000 Einwohner zählende Stadt hat sich im 18. Jh. von ihrem höher gelegenen Ortskern zum Meer hin ausgedehnt. Die genauen Ursprünge der Stadt sind ungeklärt. Funde in der Nähe des *Tor-*

rente Saraceno zeugen von einer Besiedlung bereits während des 16.–8. Jh. v. Chr. Der Ortsname, höchstwahrscheinlich entstanden aus dem byzantinischen *Trapezakion*, beschreibt die terrassenförmige Ansiedlung des Ursprungsortes. Ein Spaziergang durch die Altstadt führt durch enge Gassen, Torbögen und vorbei an Überresten der Stadtmauer. Im *centro storico* ist insbesondere die Pfarrkirche *Santa Nicola di Mira* byzantinischen Ursprungs (1040 n. Chr.) einen Besuch wert; sie wurde in der Barockzeit erneuert.

Die Strecke gen Norden führt nach **Amendolara,** ebenfalls mit dem alten Ortskern etwas im Landesinneren und dem neueren **Marina di Amendolara.** Hier soll einst die Stadt *Lagaria,* einer der herausragenden Satelliten des ruhmreichen *Sybaris,* gestanden haben. In der Altstadt sind noch die Ruinen des unter der Herrschaft des Hohenstaufers Friedrich II. errichteten *Kastells* zu sehen. Byzantinische Spuren in Fresken und Architektur finden sich in den *Kirchen der Annunziata* und *Santa Maria.* Sehenswert ist auch die Kirche des Dominikanerordens aus dem 15. Jh. mit einem kunstvollen Altar.

In Marina di Amendolara führt der Lungomare direkt zu den kläglichen Resten der *Torre Spulico.* Auf der Höhe der Ruinen befindet sich auch der *Banco di Amendolara,* eine Felsformation im Meer. Es soll sich um die antike von Homer beschriebene *Insel Ogigia* handeln, auf der die Göttin Kalypso Odysseus sieben Jahre gefangen hielt und ihm die Heimkehr versagte. Der griechische Dichter beschreibt die vom veilchenfarbenen Meer umgebene Insel als bedeckt mit grünen üppigen Wiesen und Wäldern sowie duftenden Zypressen und Veilchen. Auf Geheiss des Gottes Zeus ließ Kalypso den Geliebten schließlich ziehen, der alsbald heimkehrte.

Roseto Capo Spulico ist vor allem bekannt wegen des *Schlosses.* In traumhafter Lage, nur wenige Schritte vom Strand und Meer, hat Friedrich II. im 13. Jh. diese Festung auf einem Felsvorsprung errichten lassen (Mo–Fr 15.30–20.30, Sa/So 10–13 Uhr). Doch die Geschichte der Stadt ist viel älter. Bereits im 6. Jh. v. Chr. war sie eine Unterkolonie von *Sybaris* und hatte als Grenzstadt zur Siritide, dem Herrschaftsgebiet der konkurrierenden Siris, eine wichtige Bedeutung.

Die Einwohner sollen damals die in der Gegend wachsenden Rosen gegen Öl und Wein mit den Sybariten getauscht haben. Die in Saus und Braus lebenden Sybariten, so erzählt man sich, sollen die edlen Blumen nicht nur zur Dekoration, sondern auch als duftende Matratzenfüllung verwandt haben. Unter der römischen Herrschaft erhielt die Ansiedlung den Namen *Civitas Rosarum* (Stadt der Rosen).

In dem kleinen 2000 Einwohner zählenden Ort ist das *Museo della Civiltà Contandina* einen Besuch wert, in dem Fotos, Arbeits- und Haushaltsgegenstände einen Eindruck von dem einstigen bäuerli-

Überall angeboten: getrocknete Feigen

chen Leben vermitteln (tgl. 8.30–12, 17–22 Uhr). Der *Brunnen von San Nilo*, benannt nach dem basilianischen Mönch aus Rossano, gehört zu den Attraktionen des Ortes. Aus ihm sprudelt sommers wie winters das laut Nilo den Geist heilende Wasser.

Kurz vor der Grenze zur Region Basilicata liegt die Ortschaft **Rocca Imperiale,** dominiert von dem im 13. Jh. wiederum von Friedrich II. in Auftrag gegebenen *Kastell*. Unter den Aragonesen ist die Befestigung erweitert worden, war dann allerdings lange Zeit dem Verfall überlassen. Zur Zeit wird es restauriert und soll sowohl für kulturelle als auch für private Zwecke genutzt werden.

Sehenswert ist auch die im 12. Jh. erbaute *Mutterkirche Santa Maria Assunta* (im 17. Jh. erneuert) und der *Kirchenkomplex Sant'Antonio* mit der im byzantinischen Stil gestalteten Kirchenkuppel.

Abstecher nach Oriolo

Von der Ortschaft Rocca Imperiale gelangt man, vorbei an den Ortschaften Canna und Nocara, nach **Oriolo** im Landesinnern. Der kleine Ort liegt mitten im Pollino-Gebirge auf einem Felsvorsprung in einer wunderschönen Panoramalage. Der Ursprung der Siedlung ist nicht genau geklärt. Gewiss ist allerdings, dass sie einst zum Feudalbesitz der Fürstenfamilie Sanseverino gehörte. Das mächtige, mittelalterliche, viereckige *Kastell* mit seinen zylindri-

Rocca Imperiale/Oriolo

schen und viereckigen Türmen ist normannischen Ursprungs und wurde zu einem der Nationaldenkmäler Italiens erklärt. Im Inneren sind heute eine metereologische Station und ein seismologisches Observatorium untergebracht.

Die der Festung gegenüberliegende *Mutterkirche* von Oriolo ist dem Schutzpatron San Giorgio Matire geweiht. Die aus dem 15. Jh. stammende Kirche birgt Reliquien von verschiedenen Heiligen.

Comunità Montana dell'Alto Ionio, Via G. Galilei 21, 87075 Trebisacce, Tel. 0981/50 02 94/5, Fax 50 02 34, cmaj.jomionet.it/. *Comune di Trebisacce,* Assessorato al turismo, Piazza della Repubblica, 87075 Trebisacce, trebisacce@jonionet.it. *Pro Loco Giardino Alto Ionico,* Via Vittoria 180, 87070 Montegiardino, Tel. 0981/93 54 63.

Agriturismo La Lista, Inh. Francesco Tucci, SS 106, 87070 Amendolara Marina, Sommer: Tel./Fax 0981/ 91 54 45, Winter: Dott. Francesco Tucci, V.le Bruno Buozzi 109/A, 00197 Roma, Tel./Fax 06/321 56 72, www.lalista.it, teuer; exklusive Unterkunft in der Villa oder den kleinen Steinhäusern auf dem großen Grundstück, 500 m zum Meer, Restaurant, kulturelle Veranstaltungen, Tauchkurse, div. Sport- und Spielangebote, Ausflüge mit Pferd und Fahrrad. *Azienda Agrituristica Acampora,* Inh. Salvatore Acampora, C.da Milizia, 87070 Piana di Cerchiara, Tel. 0981/ 99 13 20, günstig; an den Hängen des Pollino in schöner Panoramalage, 10 km zum Meer, in einem restaurierten Bauernhaus kann der Gast rustikale familiäre Atmosphäre genießen, KB-Anbau, Zimmervermietung, Zelten oder Campingbusse, Verpflegung auf Wunsch. Hotel *Cala Castello,* Viale Olimpia 1, 87070 Roseto Capo Spulico, Tel. 0981/91 36 34, 91 36 35, Fax 91 36 60, moderat; im mediterranen Stil erbautes, komfortabel gestaltetes Hotel, Privatstrand in 100 m Entfernung, Sport- und Vergnügungsmöglichkeiten, Kongresssaal.

Bar Kölliken, Amendolara Marina, Via Lagaria 78, günstig; hier gibt es Eis, Gebäck und *panini. Ristorante Il Canneto,* Viale Riviera delle Palme, Trebisacce Marina, Tel. 0981/50 04 09, Mi geschl., moderat; traditionelle Küche (Schwerpunkt Meeresküche) mit wunderbarem Ausblick auf das Ionische Meer.

Oriolo: jeden letzten So im Monat und 7./8. Nov. großer *Markt;* 23. April, *Patrozinium San Giorgio Martire;* 25./26. Juli, *Jahrmarkt.* **Amendolara:** 4. April, *Patrozinium San Vincenzo;* Sa am Ende April, Sa am Ende August und 2. Sonntag im Sept., *Jahrmarkt.* **Cerchiara:** 25. April, *Fest der Madonna delle Armi* mit Prozession. **Rocca Imperiale:** 28./29. Mai, *Jahrmarkt;* 15. August, *Patrozinium der Assunta.* **Trebisacce:** jeden letzten So im Monat, großer *Markt;* 16. August, *Fest des San Rocco* mit *Meeresprozession* und großem *Markt.*

Bahnstationen: Linie Catanzaro Lido–Crotone–Rossano–Sibari–Trebisacce–Amendolara–Oriolo–Roseto Capo Spulico–Rocca Imperiale–Taranto, tagsüber alle 2 Std. **Busverbindungen:** *Autolinee SAJ,* Roseto Capo Spulico–Amendolara–Trebisacce–Sibari–Spezzano Terme–Cosenza, Viale della Libertà 62, 87069 Trebisacce, Tel. 0981/ 50 03 31/3, Fax 50 03 32, info@saj.it. **Autobahnausfahrt:** Sibari und über die E 534 zur Küste, anschließend die Superstrada 106.

Marchesato und Provinz Catanzaro

Crotone, Stadt des Pythagoras

Capo Rizzuto, wunderbare Unterwasserwelt und ein altes Wasserschloss

Handwerk in Cropani und Tiriolo, Wein in Cirò

Catanzaro, die Hauptstadt Kalabriens

Archäologisches in Roccelletta und Badespaß in Staletti und Soverato

Le Castella auf der Isola di Capo Rizzuto

Der Marchesato

Das Markgrafenland gehörte im 15./16. Jh. zum Großgrundbesitz einiger weniger großen Familien der Region und erhielt so seinen Namen. Die antiken Spuren der griechischen Stadt *Kroton,* die lebhafte Provinzhauptstadt Crotone, das berühmte Wasserschloss Le Castella, eine aufregende Küste mit einladenden Stränden und ein Naturschutzreservat – alles lädt zur Erkundung ein. Weiter nördlich kann man im Anbaugebiet des Cirò den bekanntesten kalabresischen Wein verkosten.

Crotone

Mit ihren ca. 60 000 Einwohnern ist Crotone eine der größten Städte Kalabriens. Hier, am östlichsten Punkt des Ionischen Meers, pulsiert wie in allen anderen Küstenstädten das Leben. Die Jahrtausende alte Stadt bietet sich mit ihrem Hafen, ihren Einkaufsmeilen, dem Lungomare und den wenigen im Zentrum noch erhaltenen Kulturstätten für einen Bummel an.

Auf der Suche nach Wasser und Ackerboden waren die Griechen im 8. Jh. nach Süditalien aufgebrochen, um bessere Lebensbedingungen zu suchen. Schon bald entwickelten sich in Kalabrien blühende griechische Städte, von denen *Kroton* eine der größten und bedeutendsten war. Allerdings begann die Geschichte der Stadt eher tragisch: Versehentlich erschlug Herakles Kroton, den Sohn des Lakinius. Zur Sühne errichtete Herakles ein monumentales Grab und taufte die Stadt auf den Namen *Kroton* (710 v. Chr.). Er weissagte der Stadt eine ruhmreiche Zukunft, was sich tatsächlich erfüllte.

Zuvor allerdings, musste die Stadt eine herbe Niederlage hinnehmen: 550 v. Chr. wurde sie in der Schlacht an der Sagra (nördlich von Locri) von den weitaus schwächeren Lokresern geschlagen (s. S. 215f.). Mit dem Sieg über *Sybaris* 510 v. Chr. wurde *Kroton* schließlich zum wichtigsten Zentrum in Großgriechenland. Als die Römer der griechischen Vorherrschaft ein Ende bereiteten, wurde die Stadt im 2. Jh. v. Chr. römische Kolonie.

Bereits in der Antike verfügte sie mit ihrer 18 km langen Stadtmauer über einen wichtigen Hafen. Von der antiken Stadt sind heute nur noch wenige Reste zu besichtigen, da sie durch zahlreiche Kriege und Naturkatastrophen in Mitleidenschaft gezogen wurde. Die letzten Reste der **Akropolis** wurden 1541 bei der Erbauung des Kastells durch Don Pedro von Toledo zerstört. Das imposante **Kastell** (1), ein Beispiel neapolitanischer Befestigungskunst, verfügt über noch intakte Außenmauern und Rundtürme. Neben dem Gemäuer bietet eine Ausstellung mit Fundstücken aus basilianischen Klöstern und vom *centro storico* sowie einer Fotoausstellung Einblick in die Geschichte (Museo Civico, Tel. 0962/92 15 35, Sommer: Di–Sa 9–13, 16–20, So 9–13, 16–10, Winter: Di–Sa 9–13, 15–19, So 9.30–12.30 Uhr, Eintritt frei).

Unweit des Kastells befindet sich der ebenfalls im 16. Jh. errichtete **Dom** (2). Die Kathedrale ist der Himmelfahrt Mariens geweiht, die Fassade im 19. Jh. im klassizistischen Stil erneuert worden. Im Inneren ist die Ikone der ›Madonna della Capocolonna‹, eine mit Silberblech verkleidete Tafel, in der reich verzierten *Cappella Privilegiata* zu sehen. Nach einer Legende wurde das Bild vom Evangelisten Lukas gemalt. Einst befand sich das Heiligenbild in der Wallfahrtskirche von Capo Lacinio. Aufgrund der zahlreichen Überfälle von Sarazenen hatten die Gläubigen das Kunstwerk sicherheitshalber in den Dom gebracht. Einmal jährlich kehrt die Madonna (am zweiten Sonntag im Mai) zu ihrer einstigen Heimstätte zurück.

Verlässt man den Dom Richtung Westen gelangt man zu dem zentralen Treffpunkt der Stadt, der **Piazza Pitagora.** Der berühmteste Bürger von *Kroton,* der Mathematiker und Philosoph Pythagoras, wanderte gegen 532 v. Chr. im Alter von 40 Jahren aus seiner Heimat Samos nach Kalabrien ein. Nach seiner Lehre ist die materielle Welt durch das Prinzip der Zahlen bestimmt, die das materielle und gesellschaftliche Leben harmonisch ordnen. In einem Kreis von ausgewählten Anhängern lehrte er in *Kroton* neben seinen mathematischen Theorien auch Sittenstrenge, Enthaltsamkeit und Bescheidenheit, wobei er keinen Widerspruch gegen sich duldete. Pythagoras teilte die Menschheit in zwei Kategorien: in Wissende – zu denen auch die Mathematiker gehörten – und Unwissende, die von den Wissenden im Unklaren über die Machtverhältnisse gelassen werden müssen. Um seine ethischen Ideale durchzusetzen, schreckte der griechische Philosoph auch vor Gewalt nicht zurück.

So überzeugte er die Krotoner, das lasterhafte *Sybaris,* dessen Bewohner »ihr Leben lebten, ohne viel nachzudenken«, zu zerstören. Doch nach anfänglicher Begeisterung für den intellektuellen Philosoph, wuchs der Widerstand gegen ihn. Die Demokraten verbündeten sich gegen den unerträglichen Aristokraten und zündeten die Villa des Athleten Milon, in der sich die Pythagoräer trafen, an. Bei später ausbrechenden Unruhen wurden Pythagoras und die meisten seiner Anhänger getötet.

Marchesato

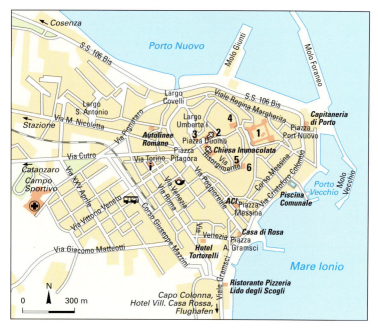

Crotone 1 Castello   2 Duomo   3 Palazzo Albani   4 Palazzo Barracco
5 Palazzo Morelli   6 Museo Archeologico   7 Chiesa Immacolata

---

Auf der Piazza Pitagora ist nichts mehr zu spüren von der einstigen Strenge, die Pythagoras' asketische Lebensweise beschrieb. Von hier gehen zahlreiche Einkaufsstraßen, wie die **Via Vittorio Veneto, Via Poggioreale** und andere ab, die wunderbar zum Shoppen und Stöbern einladen. Im *centro storico* von Crotone sind neben zahlreichen Kirchen auch viele Paläste, wie **Palazzo Albani** (3), **Palazzo Barracco** (4) und **Palazzo Morelli** (5) aus dem 18./19. Jh. sehenswert. Das **Nationale Archäologische Museum** (6) zeigt neben prähistorischen Funden hochinteressante Gegenstände aus dem Tempel der Hera Lacinia: Vasen, Terrakottastatuetten, Weihgaben und Reste des Marmorschmucks sowie Münzsammlungen (Via Risorgimento 120, Di–So 9–13, 15.30–19 Uhr, Tel. 0962/230 82).

Die einschiffige **Kirche Immacolata** (Unbefleckte Empfängnis, 7) weist barocke Stuckarbeiten und einige schöne Gemälde im Inneren auf. Ganz in ihrer uralten Tradition als Hafenstadt hat Crotone auch heute einen belebten Fischer-, Freizeit- und Industriehafen, der wichtigste auf der ionischen Seite.

Ein traditionelles Gericht dieser Hafenstadt ist selbstverständlich ein Fischgericht, die *mustica* (unter Salz eingelegter Fisch). Unbedingt empfehlenswert sind auch die *cavatelli* (Pasta) mit einer aus *ricotta* zubereiteten Sauce.

APT, Via Torino 148, 88900 Crotone, Tel. 0962/231 85, Fax 267 00.

Hotel Villaggio Casa Rossa, Via per Capo Colonna, 88900 Crotone, Tel. 0962/93 42 01, moderat–teuer; im Grünen gelegene gepflegte Anlage, durch eine Unterführung mit dem Strand verbunden, Tennis, Schwimmbad, Fitnessraum, Windsurf, Tauchen, Tanzen u. v. m. *Hotel Tortorelli,* Viale Gramsci, 88900 Crotone, Tel. 0962/272 02, Fax 272 02, moderat; Stadthotel, nah zum Zentrum und zum Meer.

Casa di Rosa, Via Cristoforo Colombo 117, Crotone, Tel. 0962/21 96 46, So geschl., moderat; stilvolles Lokal mit traditioneller Küche, Spezialitäten: Fischpfanne mit Bohnen, gute Weinauswahl. *Ristorante Pizzeria Lido degli Scogli,* Via per Capo Colonna, Crotone, Tel. 0962/286 25, 257 62 (Reservierung empfehlenswert), moderat; schönes Lokal direkt am Meer, Terrasse, Disco, Pub.

2. So im Mai, *Prozession* nach Capo Colonna; August, das *Fest der Magna Graecia.*

Bahn: stündliche Verbindungen Richtung Sibari, Taranto, Catanzaro Lido. **Bus:** *Autolinee Romano,* mehrmals tgl. zum Flughafen, Isola di Capo Rizzuto, Strongoli, Cirò, Catanzaro, Tel. 0962/217 09. **Flughafen:** Crotone, 10 km südlich, Isola di Capo Rizzuto, Ctr. S. Anna, Tel. 0962/79 11 50. **Auto:** Küstenstraße 106, von Cosenza 107. **Autoverleih:** *AVIS Autonoleggio,* Ctr. S. Anna, 88841 Isola di Capo Rizzuto, Tel. 0962/799610.

Von Crotone Richtung Süden über Capo Colonna nach Le Castella

Karte s. S. 140
Die wichtigsten und beeindruckendsten Zeugnisse der Vergangenheit befinden sich auf dem 11 km südlich gelegenen **Capo Colonna.** Hier wurde im 6./5. Jh. v. Chr. der **Tempel der Göttin Hera Lacinia** errichtet.

Von dem imposanten Tempel mit seinen zahlreichen Säulen steht heute noch einsam und verlassen eine dorische Säule direkt über dem Meer. Forschungen ergaben, dass dieser Tempel der erste des Hera-Lacinia-Kultes war. Darauf verweisen zahlreiche hier ausgegrabene Fundstücke, wie eine sitzende Sphinx, ein Bronzepferdchen (7. Jh. v. Chr.) sowie diverse Keramiken und Tonfiguren. Diese Fundstücke lassen sich im Museo archeologico von Crotone (s. S. 130) besichtigen.

Neben der Tempelsäule sind noch die **Mauern des Temenos,** die einstigen Umfassungsmauern des heiligen Tempelbezirks, zu sehen. Livius berichtet um das Jahr von Christi Geburt herum von einem heiligen Wald, der hier auf dem Capo Colonna das Heiligtum umgab. Wissenschaftliche Untersuchungen belegen diese Beschreibung: Einst war der Tempel von Steineichen, Eschen und Tannen ebenso umgeben wie vom Granatapfel- und Birnbaum, Weinreben und Lilien. In diesem Wald soll der Legende nach Milon, der spätere Olympiasieger, von Wölfen aufgezogen worden sein. Nördlich des einstigen Heiligtums befindet sich die **Chiesa della Madonna di Capo Colonna.** Zahlreiche Gläubige begleiten die nächtliche Prozession, wenn im Mai eine Reproduktion der Ikone vom Dom hierher zu ihrer einstigen Heimstätte getragen wird. Am Tag darauf wird das Bild mit dem Schiff zurückgebracht.

Neben der kleinen Kirche befindet sich das freigelegte Mauerwerk der Thermen aus römischer Zeit. Der viereckiger Sarazenenturm ist die **Torre Mariello di Nao** aus dem 16. Jh. In den Monaten Juli und August ist die kleine im Inneren untergebrachte archäologische Ausstellung zu besichtigen.

15 km südlich von Capo Colonna entfernt erstreckt sich die Halbinsel **Isola di Capo Rizzuto.** Der Küste vorgelagert ist das Naturschutzgebiet **Riserva Naturale Marina Capo Rizzuto**, das sich mit über 13 500 ha von Capo Donato bis Barco Vercillo ausdehnt. An dem 40 km langen Küstenabschnitt wechseln sich Fels- und Sandbuchten ab. Ein kontrastreiches Panorama, kristallines Meer und mediterranes Klima machen die Zone zu einer der begehrtesten Küsten in Kalabrien.

Noch ein ganz anderes Naturspektakel bietet sich dem Taucher: In der Tiefe des Meeres (bis zu 100 m) breitet sich eine vielfältige Fauna und Flora aus. Neben dieser bemerkenswerten meeresbiologischen Schönheit kann man auf den so genannten *secche* (Untiefen) noch archäologische Zeugnisse entdecken. Der aufmerksame Beobachter wird noch einige Überbleibsel von Marmorsäulen, Schiffen aus römischer und griechischer Zeit sowie Amphoren finden. Das Naturschutzgebiet teilt sich in ein allgemeines Reservat und ein spezielles Schutzgebiet rund um **Capo Cimiti** und unterhalb von Capo Colonna. Hier ist jegliche wassersportliche Aktivität (außer Baden) verboten.

Zahlreiche Küstenwachtürme, wie die Torre Cannone, nördlich von Le Castella sowie der Turm am Capo Rizzuto, bieten wunderbare Aussichten auf die Steilküste. Das klarblaue Meer und ein endloser Horizont begleiten den Spaziergang bzw. die Rundfahrt über das Kap.

Doch der krönende Abschluss der Fahrt entlang der Küste des Markgrafenlands ist zweifellos das **Wasserschloss Le Castella** (wird zur Zeit restauriert und daher nur von außen zu bewundern). Das Schloss

Isola di Capo Rizzuto/Le Castella

Wunderbare Unterwasserwelt in der Riserva Naturale Marina Capo Rizzuto

wurde höchstwahrscheinlich um 1500 von den Aragonesen errichtet und in den folgenden Jahrhunderten erweitert. Darüber hinaus findet sich an der Ostseite der Wasserfestung eine ca. 40 m lange Mauer aus Kalksteinblöcken, die in ihrer Bauart an die Mauer von Velia (5. Jh. v. Chr.) erinnert. Das Wasserschloss ist eine der wenigen, wenn nicht die einzige Befestigungsanlage in Süditalien, die nicht in exponierter Lage hoch oben thront, sondern direkt am Meer errichtet ist. Diese ungewöhnliche Lage und das flache, klare Gewässer bieten eine ganz besondere Badefreude: einmal rund um das Castello zu schwimmen.

Schräg gegenüber dem berühmten Gemäuer steht das **Ugurk Ali** gewidmete **Denkmal.** Der junge Mann Giovan Dionigi Galeno wurde bei einem Überfall der Araber 1536 gefangen genommen und versklavt. Seiner Intelligenz und seinem Mut ist es zu verdanken, dass er sich von der Sklaverei befreite: Er trat zum Islam über und änderte seinen Namen in Ugurk Ali. So wurde er Admiral der Reichsflotte von Konstantinopel.

Informazione turistica, c/o Palazzo Comunale, Via Suggesaro, 88900 Isola di Capo Rizzuto, Tel. 0962/79 79 26.

Hotel Club Le Castella****, Loc. Le Castella, 88900 Isola di Capo Rizzuto, Tel. 0962/79 50 54, Luxus; luxuriöses Feriendorf, Restaurant, Schwimmbäder, Animation, Tennis, Windsurf, Disco, Mini-Club, Fitness-Center. *Hotel Villa Aurora,* Loc. Le Castella, Via Volandrino, 88841 Isola di Capo Rizzuto, Tel./Fax 0962/79 51 37, April–Okt., moderat; kleines Hotel mit Garten, auf Anfrage Unterkunft jederzeit möglich, Restaurant, Bootsvermietung, Tauchen.

Villaggio Camping Costa Splendente, Loc. Le Castella, Ctr. Peta, 88841 Isola Capo Rizzuto, Tel. 0962/79 51 31, Fax 70 50 70, Bungalows moderat, Camping günstig; in einem weitläufigen Gelände im Grünen, nah am Strand, Supermarkt, Bar.

Ristorante Villa Aurora, Loc. Le Castella, Via Volandrino, Tel. 0962/79 51 37, April–Okt. tgl. geöffnet, moderat; Restaurant mit lokaler Küche, Spezialität: Fisch. *Ristorante Micomare,* Via Vittoria 7 (unterhalb der Piazza und der Wasserburg gelegen), Le Castella, Tel. 0962/79 50 82, April–Okt. tgl. geöffnet, günstig; helles Lokal mit Blick auf's Meer.

Le Castella: 1. So im Mai, *Fest der Madonna Greca.*

Bahnstation: Isola Capo Rizzuto, Schnellzüge halten in Crotone, s. S. 131. **Flughafen:** Crotone s. S.131. **Auto:** Küstenstraße 106.

Cropani

Karte s. S. 140

Das nur wenige Kilometer vom Ionischen Meer entfernte **Cropani** ist vor allem durch seinen wunderschönen, der Assunta gewidmeten **Dom** bekannt. Die im 15. Jh. erbaute Kirche schmückt eine durch zwölf Querstreben unterteilte Fensterrose. Die Fassade ist aus Granit-Tuffsteinquadern gebaut. Daneben erhebt sich ein 43 m hoher Glockenturm. An der nördlichen Außenseite befindet sich ein Marmorportal aus dem 16. Jh. Gegenüber dieses Seiteneingangs kann man von einem kleinen Platz mit Brunnen die Aussicht auf die unterhalb gelegene Stadt und das Ionische Meer genießen.

Während die Außenfassade der Kathedrale vor allem durch romanische Stilelemente geprägt ist, wird das Innere durch den Barockstil beherrscht. Der einschiffige Innenraum beherbergt eine Vielzahl an wertvollen Kunstwerken, u. a. die Holztafel von Dormito Virginis (15. Jh.) und die im gaginesischen Stil gearbeitete Marmorstatue der ›Madonna delle Grazie‹ von Benedetto Moiano. Das die Assunta (Himmelfahrt) abbildende Gemälde an der Holzdecke hat Cristoforo Santanna erschaffen. Eine Reliquie von ganz besonderem Wert wird in der Kapelle Santa Rita aufbewahrt. Als im Jahre 831 einige Venezianer den Leichnam des in Ägypten verstorbenen hl. Markus nach Venedig überführen wollten, gerieten sie im Golf von Squillace in ein Unwetter. Die Einwohner von Cropani retteten die Besatzung samt Leichnam. Aus Dankbarkeit hinterließen ihnen die Venezianer die Kniescheibe des Heiligen.

Der Spaziergang durch die kleine, scheinbar verschlafene Stadt gibt zwischen den Häuserzeilen immer wieder den Blick auf die grünen Ber-

Cropani

Antonio Fiacca hält in Cropani die Tradition des Schmiedehandwerks wach

ge der Umgebung und das blaue, in der Ferne schillernde Meer frei. Die Ruhe des Ortes vermittelt dem durch die Gassen schlendernden Besucher den Eindruck, als sei die Zeit stehengeblieben. Auch wenn die Technik längst Einzug gehalten hat, so wird in Cropani doch einiges getan, um das Vermächtnis der Vergangenheit lebendig zu halten: In der **Kooperative Ricami d'Arte** neben der Kirche San Giovanni halten die Mädchen und Frauen die alte Tradition des Webens und Stickens lebendig und fertigen u. a. Tischdecken, Bettlaken und Handtücher (neben der Kirche, Tel. 0961/ 96 53 52).

Etwas gröber geht es bei einem anderen traditionellen Handwerk zu. In Cropani werden noch Betten, Kerzenhalter und Lampen aus Eisen geschlagen. In dieser Tradition stehen auch die zahlreichen aus Eisen gefertigten Balkone an prachtvollen **Adelspalästen,** auf die man bei dem Rundgang durch die ca. 3500 Seelen-Gemeinde trifft.

Ebenfalls sehenswert ist die im romanischen Stil erbaute **Kirche Santa Lucia** aus dem 13. Jh. Das Wappen bildet neben den drei die Stadt Cropani symbolisierenden Blumen auch den Löwen von Venedig ab. Die **Chiesa San Caterina d'Alessandria** aus dem 16. Jh. birgt einen schönen Holzaltar aus dem 18. Jh. Nicht unerwähnt bleiben darf das **Konvent der Kapuziner,** in dem der berühmteste Sohn der Stadt, der Mönch, Historiker und Autor Giovanni Fiore (1622–83) lebte und arbeitete.

ℹ️ *Pro Loco,* c/o Municipio, Via Duomo, 88051 Cropani, Tel. 0961/96 53 06, 96 50 05.

🛏️ *Azienda Agrituristica Santa Lucia,* Contrada Santa Lucia, 88051 Cropani, Tel. 0961/96 57 54, moderat; Produktion von Öl, Obst und Gemüse, traditionelle lokale Küche, Ausflüge, Apartmentvermietung. *Residence F 40,* SS 106, Loc. Basilicata, 88050 Cropani Marina, Tel. 0961/96 15 65, moderat; Ferienkomplex mit Bar, Ristorante, Pizzeria, Tennisplatz, Schwimmbad, Garten und Privatstrand. Apartmentvermietung.

🚌 **Bahnstation:** Cropani, mehrmals tgl. Richtung Catanzaro Lido, Crotone, Cirò, Rossano und Sibari. **Flughafen:** s. S. 131. Mit dem **Auto** Anreise über Catanzaro und die Küstenstraße 106.

Cirò

Karte s. S. 140
Vor der Kulisse einer grünen Hügellandschaft, die vom Neto und von anderen Flussläufen durchbrochen wird, führt der Ausflug nördlich von Crotone in die einstige Hauptstadt der Lukaner und in das Weinanbaugebiet **Cirò**. Weitläufige, weiße Sandstrände säumen die Küste, die zum Sonnenbaden oder zum erfrischenden Bad im Ionischen Meer einladen.

Rund 40 km nördlich von Crotone befindet sich das Gebiet von Cirò, vor allem bekannt durch den gleichnamigen bekanntesten Wein aus Kalabrien. Der Ort blickt auf eine lange Vergangenheit zurück und wird als das griechische *Krimisa* identifiziert, das später Zirò und schließlich Cirò getauft wurde. Forscher haben Siedlungsformen von der Eisenzeit bis in die römische Zeit nachweisen können: so z. B. eine Nekropolis in **Cozzo del Salterello/Cirò Superiore** (8. Jh. v. Chr.) oder Bronze- und Keramikfunde (7./6. Jh. v. Chr.), die von der Anwesenheit der Griechen zeugen.

Die **Ruinen des Apollon-Tempels** befinden sich abseits des antiken *Krimisa*, nördlich von Cirò Marina, unterhalb der Punta Alice. Die Ausgrabungsstätte, Anfang des 20. Jh. von dem berühmten Archäologen Paolo Orsi freigelegt, weist neben der spätarchaischen Bauphase (Ende des 6. Jh. v. Chr.) eine zweite Bauphase aus dem 3. Jh. v. Chr. auf. In letzterer wurde ein steinerner *Perystasis* mit 8 x 19 Säulen angebaut. Aus dieser Zeit stammen auch die dorischen Kapitele und Säulenfragmente, die im Museum von Crotone zu besichtigen sind (s. S.130). Im Nationalmuseum von Reggio (s. S.204ff.) sind die marmornen Füße und der Kopf eines Akrolithen (Gewandstatue) sowie eine Bronzestatuette des Apollon untergebracht. All diese Fundstücke stammen aus dem **Templo di Apollo Aleo.**

Im äußersten Norden dieser Landzunge befindet sich der belieb-

Cirò

Weinernte im Cirò-Gebiet

te Aussichtspunkt **Punta Alice** mit der kleinen **Kapelle Madonna di Mare.** Direkt daneben liegt der **Sarazenenmarkt** aus dem 16. Jh., der nach seiner Restaurierung im Sommer für Veranstaltungen genutzt wird. Unterhalb steht der Sarazenenturm **Torre Nuova,** von dem man einen weitläufigen Blick über die Küste genießt. Wenige Kilometer südlich liegt das Handelszentrum Cirò Marina mit 14 000 Einwohnern. Oberhalb der lebhaften, leider etwas verbauten Stadt liegt die Wallfahrtsstätte der **Madonna d'Itria,** im 20. Jh. auf den Resten der alten Kirche (16. Jh., später durch Erdbeben zerstört) errichtet.

An die sanften Hänge zwischen Cirò Marina und Cirò Superiore schmiegen sich Weinanpflanzungen und Olivenbäume. Hier wird der Weiß- und Rotwein *Cirò* angebaut und verarbeitet. Ganz in der Jahrtausende alten Tradition ist auf dem Etikett des Weins *D.O.C. Cirò* der Kopf des Apollon abgebildet. Der Weinanbau ist in diesem bis nach Melissa und Strongoli reichenden Anbaugebiet ein wichtiger Wirtschaftsfaktor der Provinz. 16 Weinproduzenten bauen hier auf 3000 ha Fläche Trauben für ihren ›Trank der Götter‹ an, darunter auch die beliebten Tafelweine *Lipuda, Val di Neto* und *Calabria*.

Die kleine, 5000 Einwohner zählende Stadt **Cirò** in 350 m Höhe bewahrt ein schönes *centro storico* mit engen Gassen, Winkeln und alten Palazzi. Das hoch oben in der Stadt gelegene *Kastell* ist 1496 von Andrea Carafa, Graf von Santa Severina, erbaut worden. Auf der zentralen Piazza steht die *Kirche Santa Maria da Plateis* aus dem 9. Jh. Sie wurde durch Überfälle und Erdbeben mehrfach zerstört und dank des Königs Ferdinand II. 1843 wieder errichtet. Ebenfalls sehenswert ist der *Konvent von San Francesco di Paola* aus dem Jahre 1578. Die *Kirche San Giuseppe*, die ursprünglich auf das 13. Jh. zurückgeht, liegt in Giudecca, dem ehemaligen Viertel der Hebräer.

Pro Loco, Piazza Diaz 1, 88811 Cirò Marina, Tel. 0963/312 05.

Camping Villaggio Residence Punta Alice, 88811 Cirò Marina, Tel./Fax 0962/311 60, www.cirol.it/puntalice, günstig; direkt am Meer gelegen, vom Supermarkt bis zur Diskothek alles vorhanden, Animation, Miniclub, Camping oder Apartments.

 Weinkellerei Cantina Cooperativa Caparra & Siciliani, Abzweiger SS 106, Tel. 0962/37 14 35. *Weinkellerei Librandi,* SS 106, Contrada Gennaio, Tel.: 0962/315 18; einer der bekanntesten Hersteller des Cirò, Spezialität: Cirò Riserva.

Cirò Marina: Anfang Juni, *Fest des San Cataldo* mit 3-tägigem Markt. **Cirò:** 1. So im Sept., *Fest der Hll. Francesco und San Nicodemo* mit 3-tägigem Markt.

Von der Torre Melissa ins Landesinnere des Marchesato

Nur wenige Kilometer südlich von Cirò Marina, direkt an der Küstenstraße 106, liegt der Küstenwachturm **Torre Melissa.** Der in seiner Form und Masse außergewöhnliche Sarazenenturm ist im 16. Jh. im Auftrag der Familie Campitelli als Schutz gegen die Invasionen der Türken errichtet worden. Das mit Zinnen versehene Gebäude wurde kürzlich restauriert und wird heute als Büro genutzt.

Strongoli und Santa Severina

Das zwischen den Flüssen Neto und Lipuda auf einer Anhöhe gelegene **Strongoli** ist vom archäologischen Gesichtspunkt auf jeden Fall einen Ausflug wert. Nach Strabo war die um 400 v. Chr. gegründete Stadt einst ›Hauptstadt‹ der Lukaner und diente als Angriffsstützpunkt gegen die Griechen. 208 v. Chr. wird sie von Hannibal eingenommen, aber nur wenige Jahre später von den Römern zurückerobert. Für ihre Treue erhält das damalige *Fidelis Petilia* den Status eines römischen *municipium,* das ihr u. a. das Recht auf eigene Münzprägung verschafft.

Die **Ausgrabungen** und **Funde** verweisen jedoch bereits auf eine Besiedlung in der Eisenzeit. Nahe dem alten Friedhof und im Osten des Ortes finden sich Überbleibsel

Sarazenentürme

Kalabrien mit seiner 780 km langen Küste wurde im Laufe der Geschichte immer wieder von zahlreichen Überfällen heimgesucht. Hinter dem mystischen Begriff ›Sarazenen‹ verbirgt sich der Fremde, der von der Meeresseite Schrecken und Gewalt über das Land brachte. Da diese Eroberer überwiegend Araber und Türken waren, wird die Bezeichnung häufig synonym verwendet. Die Angriffe der Sarazenen häuften sich Ende des ersten Jahrtausends und führten neben anderen Gründen dazu, dass sich immer mehr Bewohner ins Landesinnere zurückzogen. Unter Karl V., Kaiser des Heiligen Römischen Reichs Deutscher Nation, entstand schließlich ein erfolgreiches Wach- und Frühwarnsystem.

Entlang der Küste Kalabriens wurden zahlreiche Wachtürme in unterschiedlicher Bauweise errichtet. Runde Türme sind beispielsweise noch heute in Melissa, Briatico, Ioppolo, eckige Türme nahe Capo Colonna, Capo Scalea und in Praia a Mare zu sehen. Mit Hilfe dieses Kontrollsystems konnte die Bedrohung durch die Sarazenen frühzeitig erkannt und die Warnung durch Rauchsignale schnell verbreitet werden. So wurde die Nachricht in einer Art Kettenreaktion von Turm zu Turm innerhalb weniger Stunden verbreitet. Die Bevölkerung konnte rechtzeitig gewarnt werden und hatte Zeit zu reagieren. Durch diese neugewonnene Sicherheit begann langsam eine Wiederbesiedelung der Küstenstriche, die sich Mitte des 18. Jh. deutlich bemerkbar machte. Da sich die Küstenwachtürme in sehr exponierter Lage befinden, bieten sie heute teils wunderbare Panoramablicke.

römischer Strukturen. Bei den Ausgrabungen sind das römische *municipium,* das Theater, zwei Foren, ein kleiner Tempel des Jupiter Optimus Maximus und eine Thermenanlage zum Vorschein gekommen. Der berühmteste Fund, eine Goldfolie mit orphischem Text, ist im British Museum von London ausgestellt. Für die anderen Fundstücke muss der Interessierte nicht so weit reisen: Im Nationalmuseum von Reggio di Calabria (s. S. 204ff.) sind die Amphoren, in Crotone (s. S. 130) die römischen Inschriften und in Catanzaro die Fragmente der Bronzestatue des Manlius Megonius zu sehen.

Die Fahrt durch das grüne, hügelige Hinterland des Markgrafenlands führt vorbei an Zitrus-, Oliven- und Weinpflanzungen. Auf den Feldern bauen die Bauern Getreide, Mais, Zuckerrohr, aber auch Tomaten, Blumenkohl, Fenchel und Auberginen an. Unterbrochen wird die Reise auf den Nebenstraßen nur hin

Marchesato

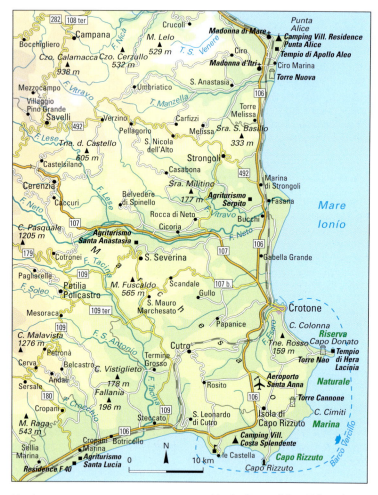

Marchesato

und wieder durch eine querende Schaf- oder Ziegenherde.

Hoch oben auf dem Felsen thront **Santa Severina** mit seinem normannischen Kastell und wirkt wie eine kaum einzunehmende Trutzburg. Das kleine, gut erhaltene Städtchen mit weniger als 3000 Einwohnern

Strongoli/Santa Severina

wird als das antike *Siberene* identifiziert. Noch vor den Griechen siedelte auf diesem Gebiet das italische Volk der Enotrier. Den heutigen Namen erhielt die Geburtsstadt des Papstes Zacharias (8. Jh. n. Chr.) im 9. Jh. unter den Byzantinern.

Die kleine **Kirche Santa Filomena**, die **Kathedrale** nebst **Diözesanmuseum** und das **Kastell** (Kastell und Museum: Di–So 9–13, 15–19 Uhr) sind besonders sehenswert.

Empfehlenswert ist auch ein Ausflug zu dem südwestlich von Santa Severina gelegenen **Monte Fuscaldo**. Mit seinen 565 m Höhe ist er der höchste Berg im Marchesato und bietet eine wunderbare Aussicht auf die Umgebung bis hin zum Ionischen Meer. Der Berg mit seiner *macchia mediterranea* und seinen Eichen- und Pinienwäldern ist ein beliebtes Ausflugsziel und gilt als die grüne Lunge des Markgrafenlands.

Pro Loco, Ctr. Tronga, 88816 Strongoli, Tel. 0962/882 34. *Pro Loco,* Piazza Vittorio Emanuele III., 88832 Santa Severina, Tel. 0962/510 62, 515 92.

Azienda Agrituristica Biologica Santa Anastasia, Inh. A. Nicolazzi, Loc. Cocina, 88070 Santa Severina, Tel. 0962/511 61, günstig; mitten im Grünen, umgeben von Olivenbäumen befindet sich die gepflegte Azienda (Produktion von Oliven, Orangen, Gemüse, Hülsenfrüchten, Limoncello, Käse), Tennis, Fußball, Boccia, Reiten und Trekking, Zimmervermietung. *Azienda Agrituristica Serpito,* Inh. Familie Iorio Brasacchio, Contrada Serpito, 88815 Marina di Strongoli, Tel./Fax 0962/883 20, günstig; wenige Kilometer vom Meer entfernt liegt der Hof, der nach den Richtlinien des ökologischen Landbaus Hartweizen, Luzerne, Oliven, Obst und Gemüse anbaut, Schwimmbecken, Keramikwerkstatt, Töpfer- und Italienischunterricht, Ausflüge, Apartmentvermietung.

Azienda Agrituristica Biologica Santa Anastasia, s. o., Menü ca. 17 €; Mittags- oder Abendessen nach Vorbestellung (eigener Bio-Anbau). *Azienda Agrituristica Serpito,* s. o. Menü ca. 17 €; Mittags- oder Abendessen nach Vorbestellung.

Azienda Dattilo, Marina di Strongoli, C.da. Dattilo, Inh. Roberto Ceraudo, Tel. 0962/ 86 56 13; Olivenöl, Sekt und Wein.

Santa Severina: Mo und Di nach dem 2. So im Mai, *Festmarkt;* 29. Oktober, *Fest der Schutzpatronin Santa Anastasia.* **Strongoli:** 11./12. August, *Jahrmarkt.*

Anreise nach Santa Severina über den **Bahnhof** von Crotone; von dort aus Busse mehrmals tgl., Info bei Autolinee Romano, Tel. 0962/217 09. **Bahnstation:** Strongoli, mehrmals tgl. Verbindungen Richtung Catanzaro Lido über Crotone, Richtung Taranto über Sibari und Rossano. **Busverbindungen** mehrmals tgl. von Strongoli nach Crotone und Catanzaro, Info: *Autolinee Romano,* s. S. 131. **Auto:** Von der Küstenstraße 106 nördl. von Crotone auf die S 107 über San Marco Marchesato nach Santa Severina; oder von der Autobahnausfahrt Cosenza auf die Superstrada 107 durch die Sila bis Abzweig SS 109. Nach Strongoli über die Küstenstraße SS 106; Autobahnausfahrt Cosenza, dann Superstrada 107 bis zur Küste.

Rund um Catanzaro

An der schmalsten Stelle der Stiefelspitze, zwischen den beiden Meeren an den südlichen Ausläufern der Sila liegt die Regionalhauptstadt Catanzaro. Auf ihre unverwechselbare chaotische Art ist sie genauso faszinierend, wie die Ausflüge rund um die *capitale:* Auf den Spuren der Vergangenheit wandelt man in der alten Handwerksstadt Tiriolo, und am Golf von Squillace kann man sowohl archäologische Schätze als auch wunderbare Badestrände entdecken.

Catanzaro

Die Hauptstadt Kalabriens liegt geographisch sehr außergewöhnlich auf einem felsigen Vorgebirge, 340 m hoch, umgeben von den Flüssen Fiumarella und Musofalo. Zahlreiche Brücken verbinden die benachbarten Hügel miteinander, darunter der **Ponte Morandi** mit dem größten Brückenbogen Europas. Enge, meist verstopfte Straßen und wenig Parkmöglichkeiten in der Innenstadt machen die Fahrt mit dem Auto zu einem Geduldsspiel. Beeindruckend ist sie allerdings, die Reise durch und zu der auf den Hügeln gelegenen Stadt.

Die meisten Kalabresen stehen ihrer Hauptstadt eher skeptisch gegenüber: Für viele Nicht-Catanzeresen bestimmen das Verkehrschaos und der regionale Verwaltungsapparat das Bild der ungeliebten Stadt, sodass sie ihrer kalabresischen Hauptstadt nicht gerne einen Besuch abstatten. Der Reisende hingegen kommt freiwillig und zu Recht, denn es wird einiges geboten. Schließlich hat auch diese moderne Stadt eine über 1000-jährige Geschichte.

Ihr Ursprung geht höchstwahrscheinlich auf die byzantinische Rückeroberung Kalabriens im 9. Jh. unter Niceforo Foca (Nikephoros Phokas), seinerzeit Kommandant der venezianischen Streitkräfte, zurück. Im Mittelalter entwickelte sich Catanzaro zu einem bekannten und blühenden Zentrum der Seidenproduktion im Süden. Mit der ›Verfassung der Seidenkunst‹ räumte Karl V. der Stadt zahlreiche Privilegien ein. Die in der Umgebung der Stadt produzierte Seide wurde in den hier ansässigen Handwerksstätten verarbeitet. Um das 16. Jh. herum erlebte die Produktion ihren Höhepunkt: Laut einer Zählung verarbeiteten 7000 Arbeiter an 1000 Webstühlen die Seide zu Stoffen. Als die verheerende Pestepidemie 1668 16 000 Einwohnern das Leben kostete, reduzierte sich in Folge auch die Seidenproduktion. Heute erinnern lediglich die Parament in der Chiesa del Rosario und im Dom an diese Tradition.

Auch durch verheerende Erdbeben (1638 und 1783) erlitt das prosperierende Catanzaro immer wieder herbe Rückschläge. Heute ist die Regionalhauptstadt mit ihren rund 100 000 Einwohnern Sitz vieler Behörden und Institutionen.

Um die Innenstadt stressfrei zu erreichen, empfiehlt es sich, das Auto unterhalb der Stadt auf dem **Parkplatz** (Via dei Bizantini) nah der *funicolare* (Drahtseilbahn) stehenzulassen und die Bahn zu benutzen (Mo–Sa 7–21 Uhr alle 10–15 Min., pro Person 0,70 € für die Hin- und Rückfahrt). Oben angekommen, kann man mit dem Ticket auch den Bus benutzen, der die Innenstadt durchquert.

Direkt am Corso Mazzini an der Piazza La Pera befindet sich das **Teatro Masciari** (1), in dem neben Theateraufführungen, Ausstellungen und Konzerten auch Filmvorführungen geboten werden (Cooperativa Nuova Ipotesi, Tel. 0961/72 83 90). Der Palazzo im Liberty-Stil beherbergt schöne Säle und eine stilvolle Bar. Der einstige Haupteingang befindet sich an der Rückseite des Gebäudes (Via Jannoni) und wird über eine schöne, gewundene Steintreppe erreicht. Direkt gegenüber, in der ehemaligen Residenz der Bourbonen-Königin Margherita, ist der Sitz der Gemeinde, **Municipio** (2), untergebracht. In dem Torbogendurchgang erinnert eine Gedenktafel an Giuseppe Mazzini und den Baron Scalfaro aus Catanzaro, einen Vorfahren des italienischen Ex-Präsidenten Scalfaro.

Vorbei an einem schönen Palazzo im Jugendstil (Via Jannoni 89) gelangt man über die Piazza Trieste in den Park **Villa Trieste** (3). Im wahrsten Sinne des Wortes eine Oase inmitten der Stadt, denn der eben noch zu hörende Straßenlärm wird fast vollständig verschluckt. Hier, unter großen schattigen Bäumen, finden Besucher und Einheimische Entspannung und Erholung. Kein Wunder, dass der Park ein beliebter Ausflugs- und Ruhepunkt der Stadt ist. Neben dem wunderschönen Panoramablick bietet die Anlage mit ihren diversen Marmorbüsten einen Spaziergang mit kulturellen Einblicken. Einige Büsten setzen verschiedenen Söhnen der Stadt ein Denkmal, u. a. dem berühmten Maler Andrea Cefaly (19. Jh.) und dem Volkshelden Grimaldi.

Das zentrale Monument im Park (erschaffen von Francesco und Vincenzo Jerace) gedenkt einiger wichtiger Philosophen, darunter Giordano Bruno, Francesco Fiorentino, Bernardino Telesio, Tommaso Campanella und Pasquale Galluppi. Wer

Rund um Catanzaro

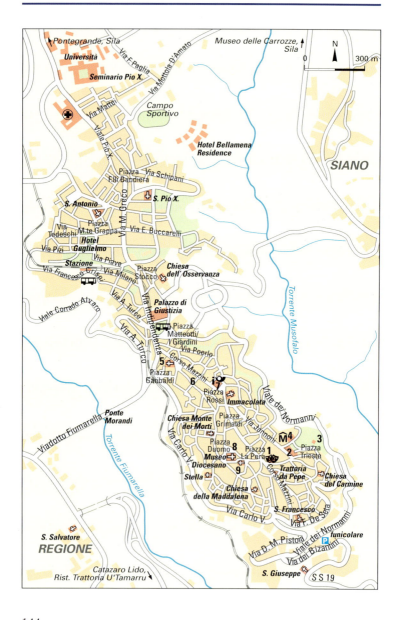

sein Wissen über die Kultur und Geschichte der Stadt und der Region vertiefen möchte, findet in der im Park gelegenen **Bibliothek Filippo de Nobili** (4) landessprachliche Literatur (Mo–Fr 9–13, Mo und Mi 15–17.30 Uhr, Tel. 0961/88 15 70/71). In der Eingangshalle hängt auch eine Abbildung des Stadtwappens. Die drei Hügel zeigen die Anhöhen, auf denen die Stadt errichtet worden ist. Die Schrift *sanguinis fusione* erzählt von der blutigen Schlacht zwischen den Anjou und den Spaniern. Im gleichen Gebäude ist auch das **Provinzmuseum** (4, Museo provinciale) untergebracht, das bedeutende Kunstwerke und archäologische Funde aufbewahrt (wird zur Zeit renoviert).

Folgt man dem Corso Mazzini jetzt nach Norden, stößt man auf der Piazza Garibaldi auf den monumentalen Gebäudekomplex **San Giovanni** (5), der eine lebhafte und spannende Geschichte hinter sich hat. An dieser Stelle stand einst die von den Normannen im 11. Jh. errichtete Burg. Jahrhunderte später, als sie durch viele Kämpfe bereits sehr heruntergekommen war, begann man, das Baumaterial des Kastells für den Bau des Konvents dell'Osservanza, der Kirche Madonna delle Grazie und der Kirche San Giovanni zu verwenden. Im Zuge einer Absenkung des Hügels um 15 m wurde 1868 das noch verbliebene Kastell weitgehend zerstört. Daraufhin errichtete man eine neue Stadtmauer und eine Eingangstreppe zur Kirche San Giuseppe. Doch an einem Januarabend 1970 stürzten mit einem Riesenkrach Teile der Stadtmauer herab. Infolge dieses Unglücks, bei dem vier Menschen starben, wurden die Reste der Festung abgetragen. Zu sehen ist noch der quadratische Turm, der unter Robert il Guiscard erbaut wurde.

Heute entwickelt sich die Institution San Giovanni, nachdem der Gebäudekomplex in all den Jahrhunderten mal als Krankenhaus, mal als Gefängnis genutzt wurde, zum kulturellen Zentrum der Stadt, das Ausstellungen von bedeutenden Künstlern zeigt (Informationen unter Tel. 0961/79 43 49). In Planung ist auch die Unterbringung des Gemeindearchivs, der Bibliothek und eines Museums.

Die **Piazza Matteotti,** unterhalb des Tribunals, ist die zentrale Piazza in Catanzaro. Inmitten des Verkehrs ragt ein treppenartiges, segelförmiges Monument herauf. Aus Zement, Marmor und Stahl gefertigt, kann man die Konstruktion über eine Treppe erklimmen und das Treiben auf der Piazza von oben betrachten. Dieser Platz, auch *I Giardini* (die

---

Catanzaro   1 Teatro Masciari   2 Municipio   3 Villa Trieste   4 Bibliothek Filippo de Nobili und Museo provinciale   5 San Giovanni   6 Sant'Omobono   7 Palazzo Fazzari   8 Dom   9 San Domenico

Gärten) genannt, ist der beliebteste Treffpunkt für Alt und Jung in Catanzaro.

Unter den zahlreichen Kirchen von Catanzaro ist besonders die kleine **Kirche Sant'Omobono** (6) im Vicolo Telegrafo aus dem 12. Jh. erwähnenswert. Sie ist die älteste, noch erhaltene Kirche der Stadt und weist an den Außenmauern Spuren von byzantinischen Blendarkaden auf.

Im **Palazzo Fazzari** (7) am Corso Mazzini (Nr. 121), Sitz des Circolo Unione und der Galeria Mattia Preti finden wechselnde Ausstellungen statt. Über den Corso Mazzini gelangt man auf die **Piazza della Libertà** mit einem kleinen pittoresken Brunnen. Von hier führt eine enge Gasse mit schönen Laternen und einer anmutigen Atmosphäre zum *duomo*. Der **Dom** (8) von Catanzaro wurde Anfang des 19. Jh. an der Stelle eines aus dem 12. Jh. stammenden und durch das Erdbeben 1783 stark beschädigten Kirchenbaus errichtet. Aber auch die neue Kathedrale sollte nicht lange stehen. Die Gedenktafel im Eingangsbereich erinnert an die Zerstörung durch Fliegerbomben im Zweiten Weltkrieg, die 132 Opfer forderte.

In der in den 60er Jahren des 20. Jh. wieder errichteten Kirche befindet sich u. a. eine Büste des hl. Vitalianus, des Schutzpatrons der Stadt, und eine aus dem 16. Jh. stammende Marmorgruppe der Muttergottes mit dem Jesuskind (Messe Mo–Fr 18.30, Sa und So 19 Uhr) Bedeutende Kunstwerken, u. a. von dem berühmten Barockmaler Mattia Preti und von Biagio di Vico sind im Diözesanmuseum im Erzbischöflichen Palais zu bewundern (wechselnde Öffnungszeiten, Infos unter Tel. 0961/72 13 39).

Auf der Rückseite des Doms führt eine sehr pittoreske Gasse mit alten, teils restaurierten Häusern und Eisengitterbalkonen entlang. Unweit des Domplatzes steht die **Rosenkreuzkirche** (Chiesa del Rosario) aus dem 15. Jh., auch **San Domenico** (9) genannt. Sie beherbergt im Inneren neben wertvollen Marmorstatuen eine Tafel ›Madonna della Rosario e dei Misteri‹ von Dirk Hendricksz (1615).

Catanzaro zählt mit 111,34 km^2 zu einer der größten Gemeinden Kalabriens. Da die Bebauung sich durch die geographische Lage stets schwierig gestaltete, hat sich die Stadt im Laufe der Zeit immer mehr im Tal zum Ionischen Meer hin ausgebreitet. Heute erstrecken sich die Ansiedlungen von der Oberstadt bis Catanzaro Marina.

Einst war die alte **Eisenbahn Littorina** ein vielgenutztes Verkehrsmittel, um von den Hügeln Catanzaros ans Meer zu gelangen. Auch wenn die Bahn heute nur noch selten genutzt wird, so verbindet sie doch immer noch diverse kleine Orte im Inneren Kalabriens. In Catanzaro stoppt die Bahn an der Haltestelle ›Catanzaro Sala‹ (neben der *funicolare*), unterhalb des Tribunals (Piazza Matteotti) und an der Piazza Monte Grappa.

Museumsausflug nach Siano

Im **Museo delle Carrozze,** das einzige dieser Art in Süditalien, sind im Örtchen Siano über 20 Kutschen (einige aus dem 19. Jh.) ausgestellt. Neben den englischen Modellen ist die Kutsche mit dem beweglichen Wagenverdeck von Cesare Sala besonders interessant. Unzweifelhaft am berühmtesten ist allerdings die Kalesche aus dem 19. Jh., in der schon Scarlett O'Hara und Red Butler im Film ›Vom Winde verweht‹ saßen. Das im mittelalterlichen Stil errichtete Gebäude beherbergt auch Möbel und Objekte, die von der bäuerlichen Lebensart zeugen (Podere delle Carrozze, tgl. 9–13 Uhr, Infos unter Tel. 0961/449 54-6/4 bei Luigi De Paula).

APT, Via Francesco Spasari 3, Galleria Mancuso, 88100 Catanzaro, Tel. 0961/74 39 37, Fax 72 79 73.

Hotel Guglielmo****, Via A. Tedeschi 1, 88100 Catanzaro, Tel. 0961/74 19 22, Fax 72 21 81, teuer; luxuriöses Hotel mit allem Komfort, Fahrstuhl, Restaurant, Buslinie 2. *Residence Hotel Bellamena,* Via Fratelli Plutino 14, 88100 Catanzaro, Tel. 0961/70 11 91, Fax 74 46 24, moderat; modernes Hotel, behindertenfreundlich, Buslinie 4.

Ristorante La Brace, Via Melito Porto Salvo 102, Catanzaro Lido, Tel. 0961/313 40, Mo geschl., teuer; eine große Terrasse in wunderbarer Panoramalage mit Blick auf den Golf von Squillace, Fischspezialitäten, darunter *risotto mare e monti, grigliate di pescespada* (gegrillter Schwertfisch). *Trattoria da Pepè,* Vico I, Piazza Roma 6, So geschl., moderat; einfaches, traditionelles Lokal im *centro storico,* Spezialitäten: *zuppe* (verschiedene Suppen), *morseddu* (pikantes Fleischgericht). *Trattoria U'Tamarru,* V.le Lucrezia della Valle 37/43, Catanzaro, Tel. 0961/75 19 71, Mo geschl., moderat; typische lokale Küche.

Karfreitag, *'A Naca,* traditionelle Trachtenprozession, Corso Mazzini; Sommer: *Mirabilia,* eine fantastische Reise in die Vergangenheit, in historischen Kostümen gekleidete Führer begleiten die Touristen durch das *centro storico; Palio della Seta,* Reiterwettkampf der acht Quartiere, Kostümumzug durch die Stadt.

Bahnstation: Catanzaro, tagsüber stdl. Züge nach Lamezia Terme und Catanzaro Lido, mehrmals tgl. nach Cosenza; von der **Bahnstation Catanzaro Lido** mehrmals tgl. Züge nach Crotone, Sibari, Taranto, Squillace, Soverato, Locri, Reggio di Calabria; **Stationen des Calabro-Lucano:** Catanzaro Lido und Catanzaro città. **Busse:** *SAJ,* von Catanzaro mehrmals tgl. nach Cosenza, Sibari, Trebisacce, Amendolara, Tel. 0981/50 03 31 /3; *IAS,* 1–2 x tgl. nach Camigliatello, Cosenza, Paola, Rossano, San Giovanni in Fiore, Tel. 0983/56 56 35, Fax 56 54 11, ias@iasautolinee.it; *Saja,* von Catanzaro Lido 2 x tgl. nach Bova Marina, Brancaleone, Locri, Roccella Ionica, Caulonia, Monasterace, Soverato, Capanello und Rom, Tel. 0965/81 23 35/6, Fax 89 36 22. **Flughafen:** Lamezia, s. S. 224. **Autobahnausfahrt:** Lamezia Terme/Aeroporto/Catanzaro, SS 280 R. Catanzaro (ca. 30 km), hinter dem Tunnel geht es rechts zum Zentrum, links nach Catanzaro Sala. Um zur **funicolare** zu gelangen, fährt man Richtung Catanzaro Sala, nach ca. 500 m links abbiegen und bis zum Ende folgen. Dann rechts und nach weiteren 200 m geht es links zu den Parkplätzen an der *funicolare* und auf der Viale Bruttium (bewachter und unbewachter Parkplatz). **Autoverleih:** *AVIS Autonoleggio,* V. Aeroporto, 88040 Lamezia Terme, Tel. 0968/515 08; *CAR Rental Express,* Via Martin Luther King, 88046 Lamezia Terme, Tel. 0968/41 14 08; *Europcar Italia,* Via Aeroporto 1, 88046 Lamezia Terme, Tel. 0968/515 41.

Tiriolo – Stadt zwischen den Meeren

Karte s. S. 150

Den Beinamen *Città dei due mari* trägt Tiriolo wegen der zentralen Lage an der schmalsten Stelle der Landzunge. In 680 m Höhe genießt man einen Blick auf das Thyrrhenische Meer mit samt der Äolischen (Liparischen) Inseln sowie auf das Ionische Meer. Die kleine Stadt, an den südlichen Ausläufern der Sila Piccola, bietet mit ihren eng an den Berg geschmiegten Häusern einen idyllischen Anblick.

Die ursprüngliche Besiedlung fand auf dem östlich gelegenen Monte Tiriolo statt. Hoch oben auf dem Berg sieht man noch heute die alten Befestigungsmauern und die Ruinen einer alten byzantinischen Kirche aus dem 11./12. Jh. Der ca. 30-minütige Aufstieg (Straße Richtung Gimigliano, ca. 300 m hinter der Kreuzung, beim Brunnen das Auto abstellen) zum Gipfel (838 m) ist die Mühe wert. Der Berg ist reich an Grotten und mit dichter wilder Vegetation bewachsen. Zwischen antiken Gemäuern und wilder Natur blickt man auf die rechts unterhalb gelegene Stadt und die Umgebung.

Die in den zahlreichen Grotten des Monte Tiriolo gefundenen geschliffenen Beile und Meißel verweisen auf menschliche Besiedlung bereits in der Steinzeit. Als gesichert gilt mittlerweile, dass hier im 4. Jh. v. Chr. eine Siedlung der Bruttier existierte. Erst Ende des 11. Jh. verlegte sich die Ansiedlung auf das heutige Stadtgebiet von Tiriolo. Im 12. Jh. errichteten die Normannen das Kastell, dann folgte eine Zeit wechselnder Eroberungen und verschiedener Feudalherren.

Dennoch, oder vielleicht gerade deshalb, hat sich eine unverwechselbare tiriolische Identität ausgebildet. In der kleinen Stadt sind auch heute noch viele Traditionen lebendig. Neben der bekannten Webkunst und Herstellung der *vancali* werden alte kalabresische Musikinstrumente wie die *zampogna* (Dudelsack), *lire calabresi* (kalabresische Leier) und *pifferi* (Blockflöten) hergestellt. In der Handwerksstadt werden Masken gegen den *malocchio* (böses Auge, böser Blick) ebenso gefertigt wie Möbel, Keramik- und Terracottaarbeiten – selbstverständlich alles *fatto a mano* (handgemalt). Außerdem hält die Gruppe Agora mit ihrer Musik seit zehn Jahren die traditionelle Volksmusik lebendig.

Für einen Rundgang empfiehlt es sich, das Auto nahe der zentralen

vancali – oder die Kunst des Webens

Der aus Seide oder Wolle gearbeitete Schal *vancali* war einst ein typisches Kleidungsstück der Frauen aus Tiriolo. Er wurde über den Schultern getragen und war Bestandteil der Tracht *pacchiana* (im Rathaus ist die Tracht ausgestellt). Im Winter wurde vorwiegend der wollene *vancali* getragen, in den übrigen Monaten der seidene Schal. Während die nicht verheirateten Frauen einen Schal in hellen Farben trugen, war der *vancali* der Ehefrauen schwarz. Die *signorine* trugen zu ihrem Kleid auch einen weißen Schleier. Am Tag der Hochzeit wurde der helle *vancali* gegen einen schwarzen ausgetauscht.

Während die Kunst des Webens den Mädchen früher in jedem kalabresischen Haushalt gelehrt wurde und der Webstuhl zum Hausstand gehörte, wird dieses Kunsthandwerk heute nur noch von ganz wenigen Frauen praktiziert. So verliert der Brauch des *vancali* immer mehr an Bedeutung. Der aufmerksame Beobachter findet vielleicht noch einige ältere Frauen, die den *vancali* als selbstverständlichen Bestandteil ihrer Kleidung tragen. Mirella Leone hat die Kunst des Webens mit all den Feinheiten von ihrer Mutter und einer erfahrenen Weberin erlernt. Sie gibt ihr Wissen in ihrer Werk- und Produktionsstätte an einige junge Frauen weiter. Um einen *vancali* anzufertigen, benötigen die Weberinnen ca. 13 Std. (Adresse s. S. 151).

Rund um Catanzaro

Rund um Catanzaro

Piazza Italia abzustellen und die Stadt zu Fuß zu erkunden. Links der Piazza, in der Via Cigala, befindet sich die kleine **Kirche Madonna Coel** aus dem 15. Jh. Am Ende dieser Straße liegt hinter dem Schulgebäude auf dem Hügel ein Picknickplatz. An diesem schattigen und ruhig gelegenen Ort kann man ein wunderbares Panorama genießen.

Das **Antiquarium** (archäologisches Museum) der Stadt befindet sich im Rathaus in der Viale Pitagora (Besichtigung auf Anfrage, Tel. 0961/99 10 04). Hier sind wertvolle Funde zu sehen, die teils zufällig bei Bauarbeiten, teils bei Ausgrabungen gefunden wurden. So diente beispielsweise der ausgestellte Helm aus griechischer Zeit einem Bauern jahrelang als Blumenvase, da er nicht ahnte, welchen Schatz er besaß.

Zu bewundern ist auch eine Kopie des Bronzetäfelchens mit dem wichtigen Text des *Senatus Consultum de Bacchanalibus* aus dem Jahre 186 v. Chr. Hiermit verbot der Römische Senat die Riten zur Verehrung des bacchantischen Kults. Der Erlass gilt als Grundlage für die weitere Entwicklung von Recht und Religion. Münzen aus Crotone, Locri, Syrakus sind Zeugen der Durchgangs- und regen Handelstätigkeit in Tiriolo. Hinter dem Gebäude liegt eine Ausgrabung, die Reste einer bruttischen Ansiedlung zeigt.

Unschwer zu erkennen ist die eigentliche **Altstadt** von Tiriolo, die von der nur noch aus Restmauern bestehenden Burg überragt wird. Durch einige Stadttore, die zur Sicherung beigetragen haben, gelangt man über Kopfsteinplaster durch verwinkelte Gassen nach oben. Die nach dem alten Brauch gegen den *malocchio* an Hauswänden angebrachten Masken kann der Besucher auf der **Piazza Italia** (Palazzo Alemanni), in der **Via Castello** (Palazzo Schettini) und in der **Via Trieste** bewundern.

Auffällig ist der immer wiederkehrende Straßenname Via de Filippis (1, 2 etc.). Vincenzo De Filippis, Mathematiker und Philosoph, ist wohl der berühmteste Sohn der Stadt. Während der kurzzeitigen Repubblica Partenopea von Neapel 1799 (Frankreich besiegt u. a. Neapel im Zweiten Koalitionskrieg) war er Präsident der Finanzen und anschließend Innenminister. Diese politische Laufbahn musste er noch im selben Jahr mit dem Tod bezahlen, als er mit sieben anderen Anhängern Napoleons gehängt wurde. Am **Geburtshaus** des Philosophen (Via de Filippis 1) ist ihm eine Gedenktafel mit den Worten »...gelebt für die Wissenschaft, gestorben für die Freiheit« gewidmet.

Auf der Piazza IV. Novembre steht das von dem Künstler Maurizio Carnevali errichtete **Denkmal**, das Odysseus gedenkt. Die mythische Figur Homers soll hier, vom Ionischen Meer kommend, gerastet haben, bevor der Held ans Thyrrhenische Meer weiterzog. Daher auch der weitere Beiname der Stadt *terra dei feaci*: Die Gegend wird mit dem in der ›Odyssee‹ beschriebenen Land der Phäaken identifiziert. Das Schicksal des Odysseus gilt auch als Sinnbild für das Leben vieler Kalabresen: Wie er, so brachen auch viele Kalabresen in die Fremde auf. Im Gegensatz zu Odysseus aber kehren viele Emigranten nicht mehr in ihre Heimat zurück.

In der kleinen Stadt wird immer noch die lange Tradition des Volkstheaters lebendig gehalten. So singen, tanzen und spielen die Tiriolèr beispielsweise am Karfreitag *(A Pigghiata)* und Karneval *(Farsa di Carnevale)* auf den verschiedenen kleinen Plätzen der Stadt.

Pro Loco, Piazza Italia, 88056 Tiriolo, Tel. 0961/99 10 04.

Agriturismo Fattoria di Porto, Inh. Francesco Rigitano, Contrada Madonna di Porto, 88045 Gimigliano, Tel./Fax 0961/99 59 60, moderat; teils restauriertes Bauernhaus direkt neben der Wallfahrtskirche.

Ristorante Due Mari, Via Cavour, Tiriolo, Tel. 0961/99 10 64, im Winter Mo geschl., moderat; hoch oben in der Altstadt, schöner Ausblick, typisch kalabresische Küche. *Agriturismo Fattoria di Porto,* Adresse s. o.

 La maschera, oberhalb der Piazza Italia gelegen, Tiriolo, im Winter Mo geschl.; Geschenkartikel aus Terracotta, Olivenholz, *vancali. Laboratorio Legno d'arte,* Vico Cigala 2, Tiriolo, Tel. 0961/99 14 94, Mo–Sa 9–13, 15–19.30 Uhr, So geschl.; in der Werkstatt wird in alter Tradition gewebt, traditionelle kalabresische Musikinstrumente und Skulpturen hergestellt.

Ausflüge an den Golf von Squillace

Parco Archeologico Roccelletta di Borgia

Von Catanzaro geht die Fahrt zunächst über die SS 19b zur Küste. Dann biegt man rechts auf die SS 106 ab und fährt den Golfo di Squillace Richtung Süden entlang. Der archäologische Park liegt knapp 100 m hinter dem Abzweig nach Borgia. Benannt ist der Park nach den Kirchenruinen, die direkt am Eingang zu sehen sind.

Die mächtigen Mauern lassen die Ausmaße der **Basilika Santa Maria della Roccella** erahnen, die von den Normannen Ende des 11., Anfang des 12. Jh. auf den Ruinen der römischen Stadt *Scolacium* errichtet wurde. Verschiedene Bauweisen und Materialien im oberen Teil der Mauer verweisen auf unterschiedliche Bauphasen. Das ursprünglich im romanischen Stil erbaute Gotteshaus wird von vielen byzantinischen Elementen geprägt. Durch fünf große Seitenfenster fällt Tageslicht in das einst 73 x 25 m große Hauptschiff. Von dem einst seitlich über das Hauptschiff herausragenden Querschiff gelangte man in die dreigeteilte Apsis. Unter dem Altarraum befand sich die Krypta, die ebenso wie das Querschiff ein Kreuzgewölbe überspannte.

Hinter der Kirchenruine führt ein gepflasterter Weg (links) zu weiteren Ausgrabungen. Gegenüber der Häuserfront (Aufbau des Antiquariums) geht es links zu dem teils freigelegten **Forum**. Auf dem ehemaligen römischen Platz sind ein kleiner Tempel, ein Brunnen und das Tribunal zu erkennen. Zur Bergseite hin befindet sich der *decumanus* (die Längsachse des Wegenetzes im römischen Straßenbau), der einst die römische Stadt teilte. Eine Inschrift in Bronze ist dem Stifter gewidmet. Die im **Antiquarium** aufbewahrte Statue der Ceres, Göttin der Erde und des Überflusses, fanden die Archäologen an dieser Straße.

Folgt man dem Weg zwischen den Olivenbäumen, so gelangt man zu den **Ruinen des Theaters,** das in seinen Ausmaßen (für ca. 3500 Zuschauer ausgerichtet) noch gut zu erkennen ist. Oberhalb des Hügels sind bei Ausgrabungen die Reste eines weiteren Theaters, des bisher in Kalabrien einzig bekannten Amphitheaters, aus dem 2. Jh. n. Chr. entdeckt worden.

Der gesamte archäologische Park befindet sich in einer permanenten Ausbauphase, da an dieser Stelle noch weitere Schätze aus vergangener Zeit vermutet werden. Denn lange vor der römischen Siedlung *Scolacium* befand sich an dieser Stelle das griechische *Skylletion.* Noch ist nicht endgültig geklärt, ob es sich um eine athenische Gründung oder um eine Kolonie des griechischen Kroton handelte. Letzeres ist jedoch wahrscheinlicher, da das mit *Lokroi* konkurrierende *Kroton* mit Hilfe von *Skylletion* den Isthmus von Catanzaro und den Golf von Squillace kontrollieren konnte.

Im 2. Jh. v. Chr. wurde es zur römischen Kolonie und gewann in den folgenden zwei Jahrhunderten zunehmend an Bedeutung. Doch der griechisch-gotische Krieg (535–52 n. Chr.) läutete schließlich den Untergang von *Skylletion* ein, auch wenn ihr berühmtester Sohn, Cassiodor, die Stadt Ende des 6. Jh. immer noch als ›blühend‹ beschrieb. Im 7. Jh. n. Chr. flüchteten die Bewohner in angrenzende Gebiete und ins Landesinnere, um sich von dort besser gegen die Einfälle von der Meerseite schützen zu können. So wird vermutet, dass das heutige Squillace seinen Namen von der ehemaligen griechischen Siedlung erhielt.

Für wenige Jahrzehnte kehrte im 11./12. Jh. erneut Leben ein, als die Normannen die Basilika Santa Maria della Roccella erbauten. Zeugen dieser lebhaften Geschichte sind diverse in dem Ausgrabungsgebiet gefundene Schätze, u. a. Münzen, Keramik und Statuen. All diese Funde sollen in dem noch zu eröffnenden archäologischen Museum ihren Platz finden (Park, tgl. von 9 Uhr bis Sonnenuntergang geöffnet, Tel. 0961/39 13 56, noch freier Eintritt).

Squillace

Die Stadt liegt auf einer grünen Anhöhe im Landesinneren, ca. 8 km von der Küste entfernt. Gesäumt von bunten Blumen, grünen Wiesen und Olivenhainen erklimmt der Reisende langsam den 340 m hoch liegenden Ort. Die Normannenburg mit dem noch relativ gut erhaltenen Befestigungs- und Rundturm thront über der alten Bischofsstadt.

Über die Errichtung des **Doms** gibt es keine genauen Angaben. Die erste Konstruktion soll bereits im ersten Jahrtausend entstanden und schließlich im 12. Jh. von den Sarazenen zerstört worden sein. Im 15. Jh. wieder aufgebaut, wurde die Kathedrale bei dem verheerenden Erdbeben 1783 erneut zerstört. Doch diesmal wurde sie bereits im gleichen Jahrhundert neu errichtet und 1796 geweiht.

Der dreischiffige Dom enthält kunstvolle Deckengemälde und Marmorarbeiten, darunter ein Taufbecken und ein Ziborium, beide aus dem 16. Jh. Hier befindet sich auch das Grabmal des Bischofs Capece-Galeota aus dem Jahr 1514. Neben der Kathedrale, im Palazzo Vescovile (1564) ist das **Diözesanmuseum** untergebracht (tgl. 17–20 Uhr, Infos Tel. 0961/91 21 02). Ausgestellt sind barockes Kirchengerät, wertvolle Messgewänder und einige Marmorstatuen aus dem 17. Jh. Durch die verwinkelten, engen Gassen mit einem stetigen Gefälle schlendernd, trifft man auf teils vernachlässigte, teils restaurierte Häuser sowie immer wieder auf großartige Steinportale und einige Kirchen.

Squillace verfügt über eine jahrhundertalte Keramiktradition, die noch heute praktiziert wird. In einigen Kunstgewerbeläden findet der

Besucher Masken gegen den *malocchio*, Amphoren, Vasen, Krüge u. v. m. Darunter die berühmten *bozze* (Wasserkrüge), die von den Frauen auf dem Kopf getragen wurden.

Dem interessierten Besucher bietet das **Centro folklore e tradizioni popolari** Gelegenheit, sich über die Handwerkskunst zu informieren. Neben einer Bibliothek und Kunstschule werden alte Handwerkzeuge, aber auch Fundstücken aus dem antiken *Skylletion* ausgestellt (Infos Tel. 0961/91 20 82).

Archeoclub, Direttore Giuseppe Mercurio, Largo Castello, 88069 Squillace, Tel. 0961/91 21 41, Fax 91 42 38; neben Touristeninformationen bietet man auch Führungen auf Voranmeldung an.

Villaggio Club Porto Rhoca, Loc. Gebbiola, 88069 Squillace, Tel. 0961/91 08 29, Fax 91 08 31, teuer; Ferienanlage, umgeben von Olivenbäumen, 2 km zum Strand (Pendelbus), diverse Sportmöglichkeiten, Mini-Club, Schwimmbad, Restaurant. *Agriturismo Borgo Piazza*, Inh. Giuseppe Ponterio, Contrada Piazza, 88021 Vallo di Borgia, Tel. 0961/74 54 95, Fax 74 55 67, g.ponterio@flashnet.it, Zimmer- (mind. 3 Tage) und Apartmentvermietung (mind. 1 Woche), moderat; auf einem Hügel, 2,5 km vom archäologischen Park, renoviertes Bauernhaus mit Teich.

Ristorante Tipico Castrum, Via G. Rhodio, Sqillace Antica, Tel. 0961/91 25 88, abends geöffnet, Mo geschl., moderat; lokale Küche, sehr leckere Pizza. Eine besondere Spezialität sind die *Antipasti Castroncini (Pizzettine)*. *Cafè Mediterraneo*, Music Pub, Via Damiano Assanti, Squillace Antica, Tel. 0961/91 26 83, moderat; belegte Brötchen, Eis und Cocktails in gemütlicher, rustikaler Atmosphäre.

 Bottega Artigiana Ideart, Via F. Pepe, Largo Torretta, Squillace, Tel. 0961/91 26 20, Do geschl.; in Familientradition wird hier Terracotta hergestellt und bemalt.

Bahnstation Squillace tagsüber stdl. Züge Richtung Reggio di Calabria und Catanzaro Marina. **Flughafen:** Crotone, s. S. 131. **Auto:** Küstenstraße 106 bis Squillace Lido.

Die Badeparadiese Staletti und Soverato

Das Örtchen **Staletti** am Ionischen Meer ist vor allem durch die einladenden feinen Sandstrände *Lidi Copanello und Caminia* bekannt, an denen sich alljährlich zahlreiche Touristen in der Sonne aalen. Früher waren es hauptsächlich die Reichen aus Catanzaro, die an diesem wunderschönen Fleckchen Erde ihre Ferienvillen bauen ließen. Irgendwo an diesem Küstenstrich soll Homers Odysseus (6.–8. Kapitel ›Odyssee‹) gestrandet sein und Nausica, die schöne Prinzessin der Phäaken, getroffen haben. Hier begann er, den Phäaken seine Geschichte von Troja und seiner Reise zu erzählen.

Im Kontrast zu den feinen Sandstränden sticht das Naturspektakel der *Scogliere di Copanello* zwischen den Lidi Copanello und Carminia hervor. Der schroffe Fels, das

Squillace/Staletti/Soverato

glitzernde blaue Meer und die strahlende Sonne sind ein faszinierender Anblick. Die teils auch abgeflachte Felsküste dehnt sich von Copanello über ca. 2,5 km bis zur Grotte San Gregorio aus. Für den Naturfreund ein kleines Paradies: Hier leben zahlreiche Algen (darunter Rotalgen und die grüne Alge, auch ›chinesisches Schirmchen‹ genannt) und andere teils unter Naturschutz stehende Meerespflanzen.

Unbedingt sehenswert das in Privatinitiative und jahrelanger Arbeit von Libero Gatti aufgebaute *Museo Naturalistico.* Auf 2700 m² erhält der neugierige Besucher einen Einblick in die Fauna und Flora des Scogliere di Copanello. Von der Terrasse über dem Meer genießt man einen einzigartigen Panoramablick auf das Felsriff. Neben einem Korallenriff einem botanischen Garten sind Muscheln aus den Weltmeeren, Algen, Mineralien und eine Fotoausstellung zu sehen (Piazzale Elvira Marincola Cattaneo 4, 88060 Copanello-Staletti, tgl. 16–19, im Juli/Aug. bis 23 Uhr, Tel. 0961/91 15 30, Eintritt 5 €, gatti@abramo.it).

Im äußersten Süden des Golfs von Squillace liegt **Soverato,** auch ›Königin des Ionischen Meeres‹ genannt. Heute ist das Städtchen mit seinen zahlreichen Lokalen und Vergnügungsmöglichkeiten ein Anziehungspunkt für Touristen aus dem In- und Ausland. Der Ort verfügt über eine der aktivsten Fischereiflotten der Region, was sich natürlich auch auf den Speisekarten der Restaurants widerspiegelt.

Der schön angelegte, für Autos gesperrte *Lungomare* ist vor allem im Sommer der allabendliche Treffpunkt und Flaniermeile. Für die Kleinen wird im Vergnügungspark mit Trampolin und Rutschen auch am Abend für Bewegung und Spaß der besonderen Art gesorgt. In dem wunderbar gestalteten Park mit einer kleinen Brücke kann man die Frösche quaken hören, sommers finden im *Freilufttheater* Veranstaltungen statt. Auf und rund um den *Corso Umberto I.* befinden sich schöne Geschäfte und Lokale, die zum Stöbern und Verwöhnen einladen.

Die erste Besiedlung des Ortes weist nach den Funden in Soverato Marina zurück bis in die Eisenzeit. Die hier gefundene Nekropolis besteht aus kleinen Grotten, die in einer für die Sikuli typischen Art und Weise angelegt wurde. Daher vermutet man, dass dieser älteste Fund auf die Sikuli als Stadtgründer verweist. Das Schicksal des Ortes war eng mit dem des griechischen *Skylletion* (s. S. 152f.) verknüpft. Nach dem verheerenden Erdbeben 1783 verließen die Einwohner die zerstörte Stadt und errichteten in dem heutigen Gebiet von **Soverato Superiore** ihre neuen Bauten. In diesem oberen Stadtteil befindet sich auch die *Chiesa Arcipetrale* aus dem 18. Jh. Im Inneren ist neben einer wertvollen Skulptur von Antonello Gagini aus weißem Carraramarmor (1521) ein hölzernes Kruzifix (17. Jh.), die Granitbüste eines Bischofs und eine alte Glocke zu bewundern.

Staletti/Soverato

ⓘ *Azienda di Soggiorno e turismo,* Via Lungomare 1, 88068 Soverato, Tel. 0967/24 65. *APT,* Corso Umberto I., Soverato, Tel. 0967/254 32.

🛏 *Villaggio Guglielmo,* 88060 Copanello di Staletti, Tel. 0961/91 13 21, Fax 91 10 87, villaggio@gugliemo.com, www.gugliemo.com/villag gio, Luxus; exklusive luxuriöse Anlage am Lido Copanello, Schwimmbad, div. Sportmöglichkeiten, Pavillon über dem Meer. *Hotel/Ristorante Baia dell' Est***,* SS 106, Ausfahrt Pietragrande, 88060 Loc. Caminia di Staletti, Tel. 0961/91 13 52, Fax 91 09 07, baiaest@tiscalinet.it, moderat; gepflegte Anlage, oberhalb des Meeres gelegen, wahlweise Hotel oder Residence. *Agriturismo Villa delle Rose,* Inh. Vincenzo Fagà, Loc. Vallecchio 1, 88060 Montauro Lido, Tel. 0967/576648, moderat; zwischen Olivenbäumen nahe der Küste gelegen, in der Nähe Sportanlagen, Strand, Schwimmbad, Disco und Lokale, Apartmentvermietung. *Hotel Gli Ulivi***,* Via A. Moro 1, 88068 Soverato, Tel. 0967/52 11 94, Fax 214 87, moderat; Hotel mit 50 Zimmern, Garten, Restaurant (lokale, nationale u. internationale Küche), 100 m zum Meer.

⚠ *Camping Le Giare,* Loc. Turrati, Soverato, Tel. 0967/252 79, günstig–moderat; Bar, Restaurant, Lebensmittel, Camping.

✗ *Ristorante Il Palazzo,* Corso Umberto 40, Soverato, Tel. 0967/253 36, Mo geschl., teuer; elegantes Lokal in einem alten Palazzo gelegen, Fischspezialitäten. *Ristorante Pizzeria La Scogliera di Pietragrande,* SS 106, Ausfahrt Pietragrande zwischen Caminia und Montepeone Lido am Meer gelegen, Tel. 0338/634 67 28, info@pietragrande.com, www.pietragrande.com, im Sommer 12–16, 19.30–1 Uhr, moderat (Fisch), günstig (Pizza). *Gange,* Soc. Coop., Lungomare Europa, Soverato, Tel. 0967/256 22, moderat; Birreria, Paninoteca, Pizzeria, Disco-Bar, Mini-Club, am Lungomare gelegen, Treffpunkt für junge Leute.

🍸 *Discothek La Scogliera di Pietragrande,* SS 106, Ausfahrt Pietragrande zwischen Caminia und Montepeone Lido am Meer gelegen, Tel. 0338/634 67 28, info@pietragrande.com, www.pietragrande.com; Juni–Sept., Fr und Sa 23–6 Uhr, von Mitte Juli–Ende Aug. tgl., Eintritt 10/12,50 €

🎭 **Soverato:** *Estate Soveratese* – im Sommer finden zahlreiche kulturelle Veranstaltungen statt, darunter *sagre,* Theater- und Musikveranstaltungen; 2. So im August, *Fest der Madonna di Portosalvo,* Meeresprozession; Sept./ Soverato Superiore, *Fest und Markt der Auberginen.*

🚉 **Bahnstationen:** Badolato und Soverato, tagsüber stdl. nach Catanzaro Lido, Squillace, Monasterace-Stilo, Riace, Caulonia, Roccella Ionica, Locri, Brancaleone, Capo Spartivento, Bova Marina und Reggio di Calabria. **Busse:** *Saja,* 2 x tgl. ab Soverato und Copanello nach Catanzaro Lido, Bova Marina, Brancaleone, Locri, Roccella Ionica, Caulonia, Monasterace und Rom, Tel. 0965/81 23 35/6, Fax 8936 22. **Flughafen:** Crotone, s. S. 131, dann mit dem Auto Küstenstraße 106. **Autoverleih:** *Autonoleggio Froiio,* V. V. Veneto 74, 88060 Davoli, Tel./Fax 0967/53 31 21.

Golf von Squillace bei Catanzaro Marina

Costa degli Dei und die Serre

Die Küste der Götter von Briatico bis Capo Vaticano

Tropea, die Perle des Tyrrhenischen Meeres

Ausflug zu den Äolischen Inseln

Bummel durch Vibo Valentia

Serra San Bruno und die berühmte Kartause

Stilo, Città del Sole

Felsklippen am Capo Vaticano

Costa degli Dei

Der Meerbusen, der sich kurz hinter Pizzo ins Tyrrhenische Meer erstreckt, gilt als einer der schönsten Küstenstriche Italiens. Die Fahrt entlang der Küste der Götter ist geprägt durch das Farbenspiel des azurfarbenen Meeres, der vielfarbigen Vegetation und des strahlend blauen Himmels. Wunderschöne Ausblicke auf kleine Buchten, bizarre Felsformationen und Kulturgüter aus längst vergangener Zeit begleiten die Ausflüge. Hier, wo Natur und Kultur in einer harmonischen Beziehung stehen, findet der Reisende sowohl quirlige Orte als auch pure Entspannung.

Wie kaum in einer anderen Gegend von Kalabrien nimmt der Reisende die Schönheit der Natur hier mit allen Sinnen wahr: der Duft des Oleanders, die Farbenpracht der Bouganvilleen, die aromatischen Früchte, die je nach Jahres- und Tageszeit gleißende bis sanft streichelnde Sonne, und das überwiegend lautlos seichte, manchmal aber auch stürmisch rauschende Meer. Die Sonnenuntergänge mit ihrem faszinierenden Farben- und Lichtspiel sind mit Worten kaum zu beschreiben, sie muss man erleben.

Wer sich sportlich betätigen möchte, findet neben dem nach wie vor beliebtesten Freizeitvergnügen, dem Sonnen- und Meerbaden, Angebote wie Strandvolleyball, Mountain-Biking, Bogenschießen, Reiten u. v. m. Nicht zu vergessen das nächtliche Tanzvergnügen, dem man vorwiegend um Tropea herum frönen kann.

Von Briatico nach Parghelia

Nur wenige Kilometer südwestlich des Sport- und Freizeithafens Vibo Valentia Marina liegen die weitläufigen weißen **Sandstrände Scrugli und San Giorgio.** Ganz in der Nähe der sich hinter einem Grünstreifen erstreckenden Strände steht der Küstenwachturm **La Rocchetta** aus dem 16. Jh. Von hier wachte einst die Familie Bisbal über ihr *feudo*.

Briatico

Der kleine, lebhafte Fischer- und Ferienort **Briatico** mit seinen 4000 Einwohnern ist übersichtlich und einladend. Das heutige Briatico wurde nach dem verheerenden Erdbeben 1783 errichtet, bei dem die ursprüngliche Ansiedlung Briatico Vecchia fast völlig zerstört wurde. Auf einem Hügel zur Rechten des Flüsschens Murria sind noch die Ruinen des mittelalterlichen Orts zu besichtigen.

Hinter dem Friedhof führt eine Straße Richtung San Cono. Nach einem knappen Kilometer geht's zu Fuß über einen kleinen Pfad durch Farngewächse und dichte Sträucher weiter. Schließlich wird der mühsame Aufstieg belohnt: anmutige Stille, in der Ferne das Meer, Ruinen und Überreste der alten Steinstraße lassen einen eintauchen in das Leben der Menschen in einer längst vergangenen Zeit. Hier, zwischen den beiden Flüssen Murria und Spadaro gelegen, wurde im Mittelalter ein *Kastell* von Ferdinando Bisbal errichtet. Neben zahlreichen Kirchen und einer der Santa Nicola gewidmeten *Kathedrale* gab es den *Konvent der Dominikanerbrüder* (1480) und ein *Frauenkloster*. Das einst blühende Kloster, in dem vorwiegend Öl, Wein, Obst, Zuckerrohr produziert und wertvolle Stoffe gewebt wurden, verließen die Bewohner nach dem schweren Erdbeben.

In Briatico ist noch heute die vor vielen Jahrhunderten entstandene Tradition und einst wichtigste Erwerbsquelle, der Thunfischfang, lebendig. Seine Spuren sind unübersehbar: Ungefähr 100 m vor dem Ufer von Sant'Irene befindet sich ein Felsen mit den in Stein geschlagenen Becken, die untereinander durch eine Vielzahl von Kanälen verbunden sind. Von den Wachtürmen meldeten Beobachtungsposten den Fischern die herannahende Beute. Wenn die Tiere erst einmal in die miteinander verknüpften ausgelegten Netze gerieten, gab es für sie kein Entrinnen mehr. Sie wurden in die Becken getrieben, getötet, gereinigt, unter Salz gelegt und schließlich in Terracottagefäßen in die umliegenden Ortschaften gebracht.

Nahe dem Hafen, von dem Schiffe zu den Äolischen Inseln auslaufen (s. S. 171), stehen die Reste des von den Aragonesen errichteten **Küstenwachturms Sant'Irene.** Weiter südlich ragt ein weiteres geschichtsträchtiges Relikt aus dem Wasser. In den **Scoglio delle Galere** (Gefängnisfelsen) sind kleine Zellen eingehauen, die nach der Überlieferung einst als Gefängnis für Sträflinge genutzt wurden. Noch heute kursiert die Legende, das dort ein König seine Tochter eingesperrt habe, um sie von einem heiratswilligen unerwünschten Kavalier fern zu halten.

Einige wenige Kilometer weiter südlich des legendären Felsens kann man sich in einem Wasser-Vergnügungspark nach Herzenslust austoben. Der **Aquapark Zambrone** bie-

Costa degli Dei und die Serre ▷

Costa degli Dei

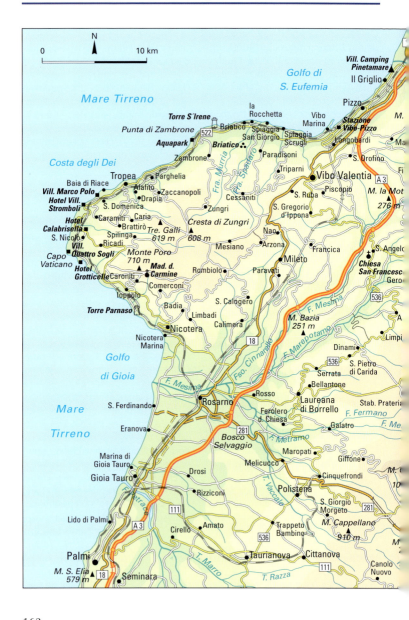

Costa degli Dei

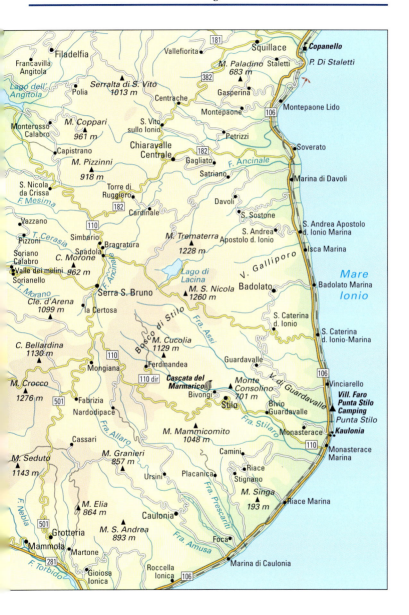

Küstenwachturm La Rocchetta

tet Jung und Alt in den Sommermonaten viel Sport, Spiel und Spaß. Abseits der künstlichen Wasserwelt gibt es auch das pure Wasser- und Strandvergnügen an schönen weißen Sandstränden.

Kurz vor Tropea liegt der ca. 1400 Einwohner zählende Ort **Parghelia.** Wie die Herkunft des Ortsnamens (griech. *paralia* = Strand) bereits vermuten lässt, ist die Küste mit Felsen, Klippen und Sandstränden die Hauptattraktion. Die versteckt gelegenen, teils etwas schwer zugänglichen Strände bieten Entspannung und den Genuss der puren Natur.

Um **La Pizzuta,** die aus dem Meer ragende Felsformation mit dem Fels Palombaro, rankt sich eine Legende. Ein auf der Spitze des Felsens stehender Sklave soll Felsbrocken auf die vorbeifahrenden Schiffe ›lanciert‹ haben, um so unerwünschte Gäste von der Küste fernzuhalten. Weit friedlicher ging es hingegen etwas nördlicher, in dem klaren Wasser vor dem Felsen Taverne, zu. Hier fischten die Einheimischen einst nach Korallen und verarbeiteten sie zu Schmuckstücken.

Im Kontrast zu dem lebhaften Ferienort Tropea geht es in Parghelia wesentlich gemächlicher und ruhiger zu. Die Geschichte des kleinen Ortes war allerdings immer mit den Geschehnissen in Tropea ver-

Parghelia

bunden. Abhängig und regiert von der dominierenden Nachbarin, begehrten die freiheitsliebenden Bewohner 1647 gegen den absoluten Zentralismus und die Privilegien der Adelsfamilien auf. Die Revolte wurde allerdings mit Hilfe der Spanier unter dem Vikar Francesco Carafa niedergeschlagen. Erst 1806 errang Parghelia seine Unabhängigkeit.

Schon allein wegen des kunstvollen Kirchturms sollte sich der Durchreisende die *Kirche Santa Maria del Portosalvo* mit ihrem Barockaltar aus dem 18. Jh. unbedingt ansehen. Die Überreste der durch das verheerende Erdbeben 1783 völlig zerstörten Ansiedlung **Alafito** befinden sich oberhalb der nach Tropea führenden Straße 522. Dorthin führt auf der Höhe der Brücke ein schmaler Weg entlang dem Sturzbach La Grazia ins Landesinnere (ohne Ortskenntnis nur schwer auffindbar).

Pro Loco, Corso Vittorio Emanuele 40, 88035 Parghelia, Tel. 0963/60 06 66. *Pro Loco,* Via Margherita 117, 88031 Briatico, Tel. 0963/39 10 31.

Hotel Ristorante Costa Azzurra, Via Lungomare 1, 88031 Briatico, Tel. 0963/39 10 62, teuer; am Rand des Stadtkerns oberhalb des Meeres gelegen. *Hotel Santa Lucia****,* Loc. S. Nicola, 88035 Parghelia, Tel. 0963/60 07 22, Fax 60 06 53, teuer; exklusiv ausgestattetes, behindertenfreundliches 38-Zimmer-Hotel mit Schwimmbad, oberhalb des Meeres gelegen, Tennis- und Fußballplatz, Shuttle-Service zum Strand. *Residence Albatros,* Inh. Giorgio Troielli, Punta Safò, 89817 Briatico, Tel. 0963/39 15 52, moderat; ein schön angelegtes, gut ausgestattetes, familiär geführtes Feriendorf, direkt am Spiaggia Scrugli gelegen. *Hotel Club Capo Sant'Irene***,* Via Strada Statale Tropeana, 89817 Briatico, Tel. 0963/39 30 82, Fax 39 30 81, im Winter Via B. Barabarini 5, 37123 Verona, Tel. 045/800 13 83, Fax 59 23 08, hsirene@tropea.it, www.tropea.it/santirene, moderat; direkt am Strand in der Bucht S. Irene gelegen, Schwimmbad, Restaurant, Animation, Mini-Club, diverse Sportmöglichkeiten, Zimmer oder Bungalows. *Ferienresidence Sciabache,* Via Marina, 89868 Zambrone, Tel. 0963/39 29 91, Fax 39 29 92, sciabache@tropea.it, moderat; unmittelbar am Strand, nahe dem Aquapark gelegene Anlage mit div. Sportmöglichkeiten, Supermarket, Kiosk und Restaurant.

Pesce d'oro, Via Madonna di Portosalvo, Parghelia, Tel. 0963/60 02 00, Mi geschl., teuer; Fischrestaurant. *Ristorante Costa Azzurra,* Adresse s. o., ganzjährig tgl. geöffnet, moderat; traditionelle kalabresische Küche, Spezialität: hausgemachte Pasta *(filej, tagliatelle).*

Aquapark Zambrone, Juni–Sept. 10–18.00 Uhr, in der Hauptsaison länger, Infos Tel. 0963/39 20 09, www.aquapark.it., Eintritt 12 € (am Wochenende teurer), Ermäßigung für Kinder, Eintritt frei für Kinder bis 105 cm, über 70-jährige und Behinderte.

Bahnstation: Vibo Marina, Briatico, Zambrone, Parghelia, Schnellzüge halten in Vibo Valentia-Pizzo, mehrmals tgl. entlang der Küste Richtung Lamezia, Reggio di Calabria. **Flughafen:** Lamezia, s. S. 224. **Autobahnausfahrt:** Pizzo, Küstenstraße 522. **Autoverleih:** *Autonoleggio Nicola D'Ascoli,* V. R. Margherita, 89817 Briatico, Tel./Fax 0963/39 14 33.

Costa degli Dei

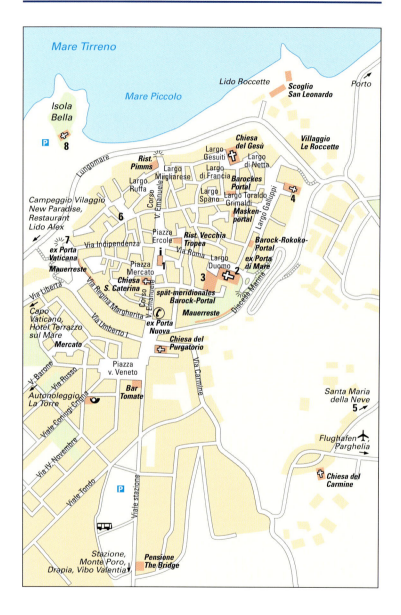

Tropea – die Perle des Tyrrhenischen Meeres

Auf einem Felsen hoch über dem Meer liegt der rund 7000 Einwohner zählende, beliebte Ferienort. Die Ursprünge der Stadt sind ebenso ungeklärt wie die Bedeutung und Herkunft des Namens. Nahe der Kathedrale gefundene Tongefäße aus dem Neolithikum und die nah des heutigen Friedhofs entdeckte Nekropolis mit Gräbern und Krügen (1100–1200 v. Chr.) sind Zeugen der uralten Geschichte von Tropea. Die Fundstücke befinden sich im Nationalmuseum in Reggio di Calabria (s. S. 204ff.).

Tropea sah sich in der Vergangenheit zahlreichen feindlichen Angriffen und wechselnden Herrschern ausgesetzt. Wie Bruno Cimino in dem Buch ›Tropea‹ bemerkt, war das Verhältnis der Tropeaner zu ihren Herrschern durch eine nahezu ›blinde‹ Treue gekennzeichnet. Ob diese Anpassungsfähigkeit Voraussetzung oder Folge für die der Stadt gewährten Privilegien war, ist umstritten. Tatsache ist, dass Tropea laut einer Zählung aus dem Jahr 1743 eine von 50 direkt dem König untergeordneten Städten *(città demaniali)* war. Während die anderen Orte im Zuge der Feudalherrschaft von einem Fürsten regiert worden, ließ sich der König in Tropea lediglich durch einen Statthalter repräsentieren. Zu dieser Zeit wurden die Geschicke der Stadt von zwei Bürgermeistern gelenkt. Als diese weitgehende Selbstverwaltung 1606 durch den Verkauf der Stadt an den Fürsten Ruffo von Scilla bedroht war, protestierte die Bevölkerung, sammelte Geld und kaufte die Stadt für einen höheren Preis zurück.

Die Adelsfamilien spielten im gesellschaftlichen wie politischen Leben der Stadt stets eine besondere Rolle. Aus ihren Reihen wurden die Bürgermeister gestellt, bis sie im 16. Jh. einen Teil ihrer Macht an die Bourgeoisie abgeben mussten. An der **Piazza Ercole** befindet sich noch immer der einstige Sitz der Adligen, **Il Sedile Port'Ercole** (1). Heute ist in dem Gebäude die Touristeninformation untergebracht, und der erste Stock dient als Ausstellungsfläche. Im 15. Jh. gründeten die *nobili* (Adligen) die literarische Akademie, der auch der wohl berühmteste Sohn der Stadt, der Philosoph Pasquale Galluppi, angehörte.

In den schmalen Gassen und auf den kleinen Piazze im *centro storico* zeugen alte Palazzi, Portale mit eingemauerten Familienwappen und Innenhöfe von dem damaligen Reichtum des Adels. Aber nicht nur die Adelspaläste, auch die tropeanischen Häuser mit den Torbögen,

---

Tropea 1 Sedile Port'Ercole   2 Kathedrale   3 Bischofspalast   4 San Francesco d'Assisi   5 Santa Maria della Neve   6 Palazzo Toralado d'Amore   7 Viletta   8 Santa Maria dell'Isola

Innenhöfen und den ehemaligen Pferdestallungen erzählen ihre Geschichte. Durch die Gassen schlendernd, taucht der Besucher ein in die kühle Stille des alten Mauerwerks und kann das Leben vor Jahrhunderten erahnen.

Eines der wichtigsten Bauwerke der Stadt ist die im 11./12. Jh. errichtete normannische **Kathedrale** (2) im Largo Duomo, die nach mehreren Erdbeben immer wieder aufgebaut wurde. Sie beherbergt u. a. das Schwarze Kruzifix, ein Kunstwerk unbekannten Ursprungs aus dem 16. Jh., die Marmorstatue der ›Madonna del Popolo mit dem Christuskind und zwei Engeln‹ von dem Mönch Giovanni Angnolo (1555) aus Montorsoli sowie ein Ziborium aus dem 15. Jh. In der Mitte der Hauptapsis befindet sich das Bild der ›Madonna di Romania‹, entstanden um das Jahr 1330. Die Legende will, dass die Schutzheilige die Stadt 1638 vor dem verheerenden Erdbeben, bei dem die meisten Orte der Küste völlig zerstört wurden, bewahrt hat. Seitdem wird die Madonna mit Prozessionen geehrt.

Weitere sehr bedeutsame Kunstwerke sind die aus dem 15. Jh. stammenden Fresken in der Kapelle des **Bischofspalastes** (3) sowie die Sarkophage und die gotische Familienkapelle in der **Kirche San Francesco d'Assisi** (4). Die am nördlichen Ortsrand gelegene **Kirche Santa Maria della Neve** (Michelizia, 5) mit der wunderschönen Holzdecke aus dem 17. Jh. ist ebenso einen Besuch wert wie die Privatsammlung religiöser Hinterlassenschaften aus dem 15. und 16. Jh. der Familie Toraldo im **Palazzo Toraldo-D'Amore** (6, Piazzetta Ruffa, Tel. 0963/613 88, Besichtigung auf Anfrage).

Über die allabendlich belebte Flaniermeile, den **Corso Vittorio Emanuele,** schlendern Einheimische und Besucher hinunter zur **Viletta** (7), dem Geländer. Hier eröffnet sich in Schwindel erregender Höhe ein wunderschöner Blick auf die **Isola Bella** und das in diesem Abschnitt türkisfarbene Meer. Die ›schöne Insel‹ mit der **Kirche Santa Maria dell'Isola** (8) gilt seit langem als das Wahrzeichen von Tropea. Der einstige Rückzugsort der basilianischen Mönche wurde im Spätmittelalter von den Benediktinern übernommen. Durch zahlreiche Erdbeben zerstört (zuletzt 1908), wurde das Gotteshaus immer wieder in neuer Form errichtet. Hinter der kleinen Kirche oberhalb einer Grotte erstreckt sich ein wilder Garten, ein wunderschöner, schattiger Ort. Bis vor zwei Jahrhunderten lag die Felsinsel noch mitten im Wasser und war nur per Boot erreichbar.

Starke Erosionserscheinungen haben Restaurierungsarbeiten am Felsen erforderlich gemacht. Obwohl die sich seit Jahrzehnten vergrößernde Grotte wunderschön ist, muss sie gleichzeitig auch als warnendes Signal des Zerfalls gewertet werden. Man versucht jetzt, die Halbinsel durch im Halbkreis angeordnete Felsbrocken vor der Meeresbrandung zu schützen. Doch das wird den Zersetzungsprozess nicht dau-

Tropea

Tropea: Von der Bar all'Isola kann man den Sonnenuntergang und den Blick auf die Isola Bella genießen

erhaft aufhalten können. Heute erstrecken sich zu beiden Seiten der Isola Bella Sandstrände mit zahlreichen Lidi, die zum Baden und Faulenzen einladen.

Wer den Ausblick auf die Isola Bella, das Meer, den Sonnenuntergang und bei guter Sicht auch auf die Äolischen Inseln lieber bei einer Erfrischung oder einem Eis genießen möchte, findet in der Bar all'Isola im Largo Viletta ein ruhiges, gemütliches Plätzchen. Wer auch am Abend das Meer nicht missen möchte, kann in einem der Strandrestaurants speisen – wahlweise mit Live-Musik oder zum Rauschen des Meeres.

Die einst aufgrund ihrer exponierten Lage zwischen Sizilien und dem Norden wichtige Handelsstadt lädt mit ihren Geschäften ebenso zu einem Einkaufsbummel ein wie der wöchentlich in der **Via Libertà** stattfindende Markt (beim Friedhof), auf dem von Textilien, Korbwaren, Keramik bis zu Souvenirs alles Erdenkliche angeboten wird.

 Pro Loco, Piazza Ercole, 88038 Tropea, Tel. 0963/614 75.

Residence Hotel Le Roccette Mare ***, Via Mare Piccolo, 89861 Tropea; Tel. 0963/613 58, 622 14, Fax 614 50, teuer; unmittelbar am Strand gelegen. *Hotel Terrazzo sul Mare* **, Via Zona Croce, 89861 Tropea, Tel./Fax 0963/610 20 (Sommer), Tel. 0963/66 62 28 (Winter), saisonbedingt geöffnet, moderat; modernes Hotel, unmittelbar über einem Felsen am Strand gelegen, alle

Zimmer mit Meerblick. *Pensione Bar Trattoria The Bridge,* Via Stazione, 89861 Tropea, Tel. 0963/617 47, günstig; einfach, famliär geführt, Zimmervermietung, auf Wunsch mit Verpflegung.

Campeggio Villagggio New Paradise, Lungomare, 89861 Tropea, Tel. 0963/625 77, günstig; direkt oberhalb des Strandes.

Pimms, am Ende des Corso Vittorio Emanuele, Tel. 0963/66 61 05, ganzjährig tgl. mittags und abends geöffnet, Reservierung erbeten, Luxus; exklusives Restaurant, toller Panoramablick, jahreszeitenabhängige gehobene kalabresische Küche. *Ristorante Vecchia Tropea,* Largo Barone, moderat; an einem kleinen Platz des *centro storico* gelegen, offeriert ganzjährig eine typisch kalabresische Küche in angenehmer, ruhiger Atmosphäre. *Strandrestaurant Lido Alex,* Lungomare, Tropea, Tel. 0963/622 62, tgl. April–Okt., mittags und abends nach Vorbestellung, moderat; kalabresische Hausmannskost unter überdachter Terrasse. *Tomate* – Creperie, Birreria, Paninoteca, Gelateria, Viale Stazione 1, Piazza Vittorio Veneto, April–Okt. 17 Uhr bis in die Nacht, im Aug. bis 9 Uhr morgens, günstig; lebhaftes Lokal, preiswerte Snacks.

Ditta Terra di dentro, Via Roma 23, *centro storico;* kalabresische Spezialiäten. *Pasticceria Tre Stelle,* Via IV. Novembre; selbstgemachtes feines Gebäck und Kuchen.

Volo a motore idro, Segelfliegen am Strand, Tel. Pino 0338/193 58 53, 15 Min. 30 €.

27. März, 9. Sept., *Madonna di Romania;* Ostern, traditionelle *Prozession*; 15. Aug., *Madonna dell'Isola,* Meeresprozession.

Bahnstation: Tropea, mehrmals tgl. Richtung Pizzo, Lamezia, Rosarno, Reggio di Calabria. **Bus:** Autolinee Vibonesi, außerhalb der Saison 1 x tgl. nach Catanzaro, Vibo Valentia, Capo Vaticano, im Sommer mehrmals tgl., Tel. 0963/61 129. **Flughafen:** Lamezia, s. S. 224. **Autobahnausfahrt:** Pizzo, Küstenstraße 522. **Auto-, Vespa- und Fahradverleih:** *Autonoleggio La Torre,* Via F. Barone, 89861 Tropea, Tel./Fax 0963/611 63, 0347/187 43 07.

Abstecher ins Landesinnere

Auf der in Serpentinen nach oben führenden Straße (Richtung Drapia), ca. 1 km oberhalb von Tropea befindet sich in einer Kurve ein Bunker, der aufgrund der Aussicht während des letzten Krieges ein strategisch wichtiger Punkt war. Heute dient dieser Ort friedlichen Zielen: oft sind hier frisch Verliebte oder Einheimische anzutreffen, die ihren Gästen einen ganz besonderen Ausblick bieten möchten.

Oberhalb von **Caria** mit seinem sehenswerten Kastell befindet sich ein dichter Pinienwald, der insbesondere in den heißen Sommermonaten ein ideales Kontrastprogramm zu Sonne, Strand und Meer bietet. Hier taucht der Wanderer ein in die Stille des Waldes, die auf den ersten Blick so untypisch für den Süden zu sein scheint.

Hinter dem Ort **Torre Galli** liegt die *Ausgrabungsstätte,* in der Paolo Orsi Anfang des 20. Jh. die prähellenische Nekropolis entdeckt hat. Die Fundstücke befinden sich heute im

Äolische Inseln

Auch wenn die *Isole Eolie* (im Deutschen auch als Liparische Inseln bekannt) nicht zur Region Kalabrien gehören, so sind sie dennoch ein bestimmender Blickfang. Je nach Wetterlage sind die Vulkaninseln alle oder nur vereinzelt klar und deutlich zu erkennen. Der aktive Vulkan Stromboli ist mit ca. 60 km Entfernung der Costa degli Dei am nächsten und dementsprechend am häufigsten zu sehen. Ein ganz besonderes Schauspiel bietet sich, wenn Anfang September die Sonne in den Krater des Stromboli einzutauchen scheint. Aber auch sonst ist der abendliche Sonnenuntergang über der liparischen Inselgruppe ein schönes Erlebnis.

Ein Tagesflug zu den Äolischen Inseln, die nach dem griechischen Gott der Winde Aiolos genannt wurden, ist auf jeden Fall empfehlenswert. Von Tropea, Briatico, Vibo Valentia Marina und Cetraro werden in der Saison Schiffsfahrten zu den ca. 2 Std. entfernten Äolischen Inseln angeboten. Allein die Überfahrt ist bereits die Reise wert. Passagiere, die schnell seekrank werden, sollten allerdings unbedingt das Wetter beachten bzw. sich bei den Einheimischen nach der Wetterlage erkundigen.

Neben Stromboli mit dem höchst beeindruckenden speienden Vulkan, der auch erklommen werden kann, haben auch die anderen Inseln einiges zu bieten: prähistorische Siedlungen auf den **Inseln Filicudi** und **Panarea,** das **Städtchen Lipari** mit seinem Kastell, einem bedeutenden Archäologischen Museum und Park; die **Thermalquellen** auf **Salina** und **Vulcano,** die Alaungrotte auf letzterer sowie die blaue Grotte auf Filicudi.
Information: *Azienda Autonoma di Soggiorno e Turismo delle Isole Eolie,* Corso Vitt. Emanuele 253, Lipari, Tel. 090/981 14 10
Tagesausflüge:
Tropea: *TROPEAMAR,* Corso V. Emanuele 12, Tel. 0963/66 60 98, oder Via Indipendenza Tel. 0963/60 30 47.
Briatico: *Comerci Navigazione,* Ctr. Sant'Irene, Tel. 0963/39 58 49.
Vibo Valentia Marina: *Foderaro Navigazioni,* Vibo Marina Porto, Tel. 0963/57 33 01.
Cetraro: *Foderaro Viaggi e turismo,* Via Porto 1, Tel. 0982/912 19.

Nationalmuseum von Reggio di Calabria (s. S. 204ff.).

 Hotel Residence Maddalena, C.da Rizzina 12, 88030 Drapia, Tel. 0963/67025, Fax 60 31 59, moderat; auf einem Hügel mit wunderbarem Ausblick auf die Küste, oberhalb von Tropea gelegen. Hier in der Stille verbinden sich die Schönheit der Natur mit der kulturellen Vielfalt der kalabresischen Gastlichkeit. *Agriturismo Azienda Torre Galli,* Loc. S. Rocco Moccina 1, 88030 Drapia, Tel./Fax 0963/672 54, moderat; bietet eine ruhige Unterkunft in einem Haus aus dem 18. Jh., umgeben von Zitronenbäumen, in den grünen Bergen oberhalb von Tropea, mit Blick auf's Meer. Eigene Produktion von Olivenöl, Zitrus- und Waldfrüchten, Konfektüren und Pasteten. Koch- und Stickereikurse.

Trattoria Il Ritrovo Fabrizia Brattirò, SS 101, Tel. 0963/31 47 02, ganzjährig geöffnet, Di geschl., günstig; einfaches Landlokal mit lokaler Küche, familiäre Atmosphäre; Spezialitäten: Antipasti.

Südlich von Tropea zum Capo Vaticano und Monte Poro

Hinter der Ortsausfahrt Tropea in Richtung Süden (vor dem Bahnübergang) führt eine Straße hinunter zur *Baia di Riace.* Diese Bucht hat nichts mit dem gleichnamigen Fundort der berühmten Eisenbronzestatuen von Riace (am Ionischen Meer) zu tun. Der beliebte Strand- und Badeplatz ist nach dem imposanten Felsen Scoglio Riace benannt.

Weiter geht's entlang der Küste der Götter, die ihrem Namen alle Ehre macht. Mit etwas Geduld finden sich immer wieder schmale Zufahrten oder ein manchmal beschwerlicher Abstieg zu Fuß, der mit kleinen, oft noch einsamen Buchten belohnt wird. In der Karte ›Costa degli dei‹, die bei den Tourist-Informationen (Pro Loco) und gelegentlich auch in den Zeitungsläden (edicola) der Gegend erhältlich ist, sind alle Strände und Buchten verzeichnet.

Capo Vaticano, das ›vatikanische Kap‹, gilt als das schönste Strand- und Küstengebiet Kalabriens und bietet faszinierende, atemberaubende Ausblicke auf das Meer, die Klippen und wunderbare Buchten. Am **Faro** (Scheinwerfer) führt ein Weg halb um das Kap herum und gibt den Blick auf die Bucht **Praia'l Fuoco** frei. Bezaubernde Ausblicke auf bizarre Felsformationen bietet auch der Aussichtspunkt **Belvedere** an der nördlichen Kapseite. Wen wundert es, dass auch dieser Ort mit der Legende von einer umwerfenden Frau verbunden ist.

Canfora, eine wunderschöne, von den Sarazenen geraubte Frau, soll sich vom Kap in den Tod gestürzt haben. Seitdem leuchte das Meer in ihren Lieblingsfarben azur und türkis, erzählen sich die Kalabresen. Wer nach diesem wunderschönen Farbenspiel des glitzernden Meeres direkt in das erfrischende Nass eintauchen möchte, findet südlich des Kaps einladende Strände wie z. B. **Grotticelle** oder **Calipsera.**

Einige Kilometer südlich, hinter Ioppolo, erhebt sich direkt über dem Meer der Sarazenenturm **Torre Parnaso** aus dem 16. Jh. Das Vorgebirge des **Monte Poro,** das immer wieder von Schluchten durchbrochen wird, ragt mit bewachsenen Felsklippen direkt ans Meer. So wird

Capo Vaticano/Monte Poro/Nicotera

Traumhafte Buchten dehnen sich südlich vom Capo Vaticano aus

die Küste zwischen Ioppolo und Nicotera immer steiler und schwieriger zugänglich.

Von Ioppolo aus führt eine Straße in vielen Windungen nach oben. In einer langsamen Auffahrt mit immer wieder atemberaubenden Ausblicken auf die Küste, vorbei an einem Äquadukt wird der höchste Punkt des Monte Poro in 710 m Höhe erreicht. Hier liegt auch die kleine Kirche **Madonna del Poro** (auch Madonna del Carmine genannt) mit einem kleinen Brunnen. Dieser schattige Ort im Grünen ist für viele Gläubige ein Wallfahrtsort, für andere ein erholsamer und erfrischender Rastplatz auf der Fahrt ins Landesinnere.

Nicotera

Hoch oben auf dem Berg liegt **Nicotera,** ein etwas verschlafener Ort mit Panoramablick auf den südlichen Küstenstreifen. Bei klarer Sicht kann man in der Ferne Sizilien erblicken. Bahnreisende erklimmen den hoch oben liegenden Ort über einen kakteengesäumten Weg, der oberhalb des Bahnhofs beginnt, und gelangen so in das enge Gassengewirr.

Nicotera (griech. = Wunder des Sieges) ist in den ersten Jahrhunderten nach Christus von einem siegreich aus Afrika zurückgekehrten Krieger gegründet worden. In seiner Nachfolge stand die Stadt unter der Herrschaft der Araber, Byzantiner, Normannen, Staufer, Anjou und der Aragonesen. Unter dem Normannen Robert il Guiscard wurde sie Bischofssitz und der römische Ritus, der 968 n. Chr. von der griechisch-byzantinischen Glaubenspraxis abgelöst worden war, kehrte zurück.

Das Nicotera dominierende Bauwerk ist das unter der Normannenherrschaft 1065 erbaute **Castello Ruffo**. Mehrmals von den Sarazenen und schließlich durch das Erdbeben 1184 vollständig zerstört, wurde es oft wieder aufgebaut. Der heutige Bau beheimatet das **Archäologische Museum** und das **Zentrum für Studien und Beobachtungen der bäuerlichen Kultur des Monte Poro** (Sommer 9–12, 16–20, Mo geschl., Winter 8–14 Uhr, So geschl., Eintritt frei). Die archäologischen, paläontologischen und rezenten Sammlungen geben interessante Einblicke in die Geschichte und Kultur der Stadt und des Umlandes.

Im Schatten des Kastells liegt das **Viertel Giudecca,** in dem sich unter der Regentschaft des Staufers Friedrich II. im 13. Jh. viele Juden ansiedelten, die im Zuge der sich entwickelnden Landwirtschaft (vor allem Maulbeerbaum-Anpflanzungen) und Textilverarbeitung den Handel vorantrieben. Im **Baglio-Viertel** lebten einst vor allem Handwerker und Edelmänner.

Am Corso Cavour liegt die einschiffige **Chiesa Santa Maria del Rosario** aus dem 16. Jh. Die Deckengemälde in der schmucken Kirche zeigen die Madonna del Rosario von Domenico De Lorenzo (1809) und das von Domenico Russo 1890 geschaffene Gemälde vom ›Tod des hl. Josefs‹. Die der Santa Maria Assunta gewidmete **Kathedrale** wurde nur zwei Jahre nach dem schweren Erdbeben von 1783 auf den Ruinen der noch unter Robert il Guiscard erbauten normannischen Kirche errichtet. In ihrem dreischiffigen im Spätbarock gehaltenen Interieur sind die aus weißem Marmor geschaffene ›Madonna delle Grazie‹ von Antonello Gagini, zwei Altäre der Neapoletanischen Schule und viele andere Kunstwerke zu bewundern.

Das **Diözesanmuseum** (Sommer tgl. 9–12, 16–19, Winter So 10.30–12.30 Uhr, Eintritt frei) ist im Bischofsseminar aus dem 17. Jh. untergebracht, das der Kathedrale gegenüberliegt. Neben den ausgestellten Marmorbildern, Inschriften, Ornaten, Silbergegenständen, Skulpturen sind in einer ethnographischen Abteilung u. a. auch typisch kalabresische Trachten zu bewundern.

Nach so viel Kunst und Geschichte lässt sich wunderbar in dem der Kathedrale vorgelagerten Park mit einem tollen Weitblick verschnaufen. In der Ferne rücken die Stahlgerüste von **Gioia Tauro** ins Bild. Die öde Ebene bildet das Kontrastprogramm zu der ›Küste der Götter‹: ein riesiges, endloses Hafengebiet und steil heraufragende Krähne. Einst sollte hier, um dem Mezzogiorno den wirtschaftlichen Aufschwung zu verschaffen, ein Eisenhüttenwerk errichtet werden. Doch daraus wurde nichts, weil die Metall verarbeitende Industrie längst in der Absatzkrise steckte. In dieser einst so fruchtbaren Ebene siedelten

Nicotera

bereits vor 2600 Jahren die Griechen. Die Locreser errichteten hier um 600 v. Chr. die antike Ansiedlung *Medma*. 1910 entdeckte Paolo Orsi bei Calderazzo die Nekropole mit Tonstatuetten und Büsten aus der Frühzeit der Besiedlung. Die archäologischen Schätze finden sich größtenteils im Nationalmuseum von Reggio (s. S. 204ff.), aber auch im Museo Archeologico in Nicotera (s. S. 174).

Neben Kultur, Geschichte und Kunst bietet der Ort auch rein sinnliches Vergnügen. In **Nicotera Marina** kann an endlos langen, weißen Sandstränden der Bade- und Sonnenlust gefrönt werden.

Pro Loco, Castello Ruffo, Corso Umberto I., 88033 Nicotera, Istruttore Sub, Via C.da Frizza, 89865 San Nicolo di Ricadi, Tel./Fax: 0963/66 35 60.

Hotel Villaggio Stromboli***, Loc. Torre Marino, 89865 S. Domenica di Ricadi, Tel. 0963/66 90 93, Fax 66 92 56, stromboli@scai.it, ganzjährig geöffnet, Hotel teuer, Villaggio moderat; im Grünen, hoch über dem Meer gelegene Anlage, Schwimmbad, versch. Sportmöglichkeiten, Bar, Diskothek, Restaurant, Kongressräume. *Hotel Grotticelle***/Residence Esmeraldo,* 89866 Capo Vaticano, Tel. 0963/66 39 00, Fax 66 39 78, moderat; Wahl zwischen einem einfachen Hotel im Grünen (mit Restaurant, Bar, Discothek) und der Ferienwohnanlage an der Meerseite. *Hotel Calabrisella***,* Viale G. Berto, 88030 S. Nicolo di Ricadi, Tel. 0963/66 30 65, Fax 66 50 75, www.emmeti.it/Calabrisella, ganzjährig geöffnet, moderat; 800 m vom Strand Grotticelle entfernt (Shuttle-Service), im Grünen mit Panoramablick gelegen, Restaurant, Tanz- und Musikabende. *Villaggio-Hotel-Camping Marco Polo,* 89865 S. Domenica di Ricadi, Tel. 0963/66 90 54, Fax 0963/66 91 98, Tiere nach Absprache gegen Aufpreis willkommen, moderat; das Feriendorf liegt in der Bucht Baia di Riace, 350 m vom Meer entfernt. *Residence-Villaggio/Camping Quattro Scogli***,* Loc. Grotticelle, 89865 S. Nicolò di Ricadi, Tel./Fax Sommer 0963/66 31 26, Tel./Fax Winter 0963/66 31 15, Villaggio moderat, Camping günstig; direkt am Strand, in einer der schönsten Buchten des Capo Vaticano.

La Pineta Hotel, Restaurant, Residence, Caroniti, Loc. Monte Poro, 89864 Spilinga, Tel./Fax 0963/88 30 89, ganzjährig mittags und abends geöffnet, Di geschl., moderat; gepflegtes Landlokal der gehobenen Klasse. Spezialitäten: *filej,* Pilzgerichte. *Cavallerizza Ristorante,* Pizzeria, Via Provinciale, Loc. Monte Poro, Spilinga, Tel. 0963/88 34 84, außerhalb der Saison Mo geschl., günstig; das weitläufig angelegte Landlokal bietet ganzjährig preiswerte lokale Küche.

Istruttore Sub, Angelo Nazionale, Via C. da Frizza, 88030 S. Nicolo di Ricadi, Tel. 0963/66 35 60; Tauchen.

13.–15. Aug., *Markt;* 15. Aug., *Madonna dell'Assunta;* 8. Dez., *Madonna dell'Immacolata.*

Bahnstationen: S. Domenica, Ricadi, Coccorino, Ioppolo, Nicotera, mehrmals tgl. nach Tropea, Pizzo, Lamezia, Rosarno, Reggio di Calabria, Umsteigemöglichkeiten in Schnellzüge Richtung Lamezia, Paola, Reggio di Calabria in Rosarno. **Flughafen:** Lamezia, s. S. 224. **Autobahnausfahrt:** Rosarno.

Vom Tyrrhenischen zum Ionischen Meer

Vom Mare Tirreno ans Mare Ionio, vorbei am Lago Angitola geht es in Höhenstufen hinauf bis in die Serre. Die Fahrt gestaltet sich als wahrer Streifzug durch die Geschichte: von Pizzo, wo Gioacchino Murat ermordet wurde, zu dem antiken *Hipponion,* auf den Spuren des Eremiten Bruno durch die dichten Wälder der Serre, vorbei an den königlichen Eisenwerken in Mongiana und Ferdinandea, hinab zu den byzantinischen Zentren Bivongi und Stilo bis hin zu den Überresten der *Magna Grecia* in Kaulonia.

Pizzo und Ausflüge ins Landesinnere

Karte: s. S. 162f.
Die kleine mittelalterliche Stadt **Pizzo** ist vor allem durch den hier gefangen gehaltenen und am 13. Oktober 1815 erschossenen König von Neapel, Gioacchino Murat, ›berühmt‹ geworden. In dem von den Aragonesen erbauten Kastell ist noch heute die Zelle zu besichtigen, in die der Schwager Napoleons eingesperrt war, bevor er schließlich hingerichtet wurde. Heute sind die Bewohner weitaus friedlicher gestimmt und heißen die Besucher mit ihren zahlreichen kleinen Geschäften, Bars und Gelaterien (Spezialiät tartuffo) herzlich willkommen. Die Friedenssäule auf der weiträumig angelegten *Piazza della Repubblica* manifestiert nochmals ihre guten Absichten und spätestens der wunderbare Panoramablick auf die Südküste vertreibt alle dunklen Gedanken.

Im *Museo del mare* (Piazza Repubblica, tgl. 10–13, 15–19 Uhr, Tel. 0963/53 49 03, Änderungen vorbehalten) stehen die Schätze des Meeres im Mittelpunkt: Schwämme, Muscheln, Krebse, das Skelett eines Walfischs, ein einbalsamierter Haifisch sowie Utensilien des Fischfangs.

Die lebhafte und freundliche Atmosphäre lädt zu einem Spaziergang durch die Gassen ein. Neben

Pizzo: Piedigrotta

der *Chiesa San Giorgio* mit ihrer barocken Fassade ist vor allem die 2 km nördlich des Zentrums (Straße 522) gelegene *Kirche Piedigrotta* sehenswert. Direkt am Strand befindet sich die andächtige Grotte in dem Tuffsteinfelsen. Im Inneren haben Angelo und Alfonso Barone Ende des 19. Jh. Figuren aus dem Tuffstein gehauen, die Heilige und Bibelszenen darstellen. Darunter die Madonna di Pompei, den einen Drachen tötenden San Giorgio, die Krippenszene und die Verdopplung der Fische durch Jesu. In den 60er Jahren des 20. Jh. sind zwei große Medaillons von John F. Kennedy und Papst Giovanni XXIII. angefertigt worden. Entstanden ist die Kirche infolge eines Schiffsunglücks. Die in Seenot geratene Besatzung hatte noch an Bord des Schiffes vor dem Bild der ›Madonna di Pompei‹ das Gelübde abgelegt, im Falle ihrer Rettung eine heilige Stätte zu schaffen. Nicht nur die Schiffbrüchigen überlebten: Das über dem Altar hängende Bild der neapolitanischen Schutzheiligen soll nach der Überlieferung das Originalbild sein, das ans Ufer geschwemmt wurde.

Trotz der Einmaligkeit und des unschätzbaren Wertes der Tuffsteinkirche sind bis heute noch keine Restaurierungsarbeiten veranlasst worden. So zersetzt der durch die Öffnungen eindringende Regen und die salzhaltige Meeresluft langsam aber stetig dieses einmalige Kunstwerk. Einzig der Fischer Francesco Generoso sorgt seit langer Zeit in der Tradition seines Vaters für die Zugänglichkeit und Reinhaltung der Grotte (tgl. 9–13, 15–17 Uhr). Einmal im Jahr, am 2. Juli findet hier ein Gottesdienst statt. Nach einem Besuch in der Grottenkirche bietet das nur wenige Meter entfernte Meer ein erfrischendes Bad und der feine Sandstrand die pure Entspannung.

Nördlich von Pizzo liegt der 1966 künstlich angelegte **Lago Angitola**, dessen Areal zum Feuchtgebiet von internationalem Wert erklärt wurde (Konvention von Ramsar). Die vom W.W.F. verwaltete Oase ist Ruhe- und Nistplatz für über 100 verschiedene Vogelarten, darunter Kormorane, Moorfalken, Bussarde, Kiebitze und Reiher. Der Park ist das ganze Jahr zugänglich.

Nur wenige Kilometer vom Lago Angitola entfernt gilt der kleine Ort **Monterosso** als Eingangstor zu der Gebirgskette der Serre. Inmitten des stufenartig angelegten Dorfs am Fuß der Serre befindet sich im Palazzo Aceti-Amoroso das *Museo della Civiltà contadina e artigiana*. Dieses Museum für bäuerliche Kunst und Handwerk mit 3000 Exponaten ist in seiner Art einzigartig und von der UNESCO mit dem Etikett ›Museum Europas‹ ausgezeichnet worden (Di, Do und Sa 9–12, So 16–18 Uhr). In der *Chiesa Parrocchiale* sind ein Ziborium (1551) und einige Holzfiguren aus dem 13. Jh. zu sehen. Die *Chiesa del SS. Rosario* aus dem 19. Jh. beherbergt ein Gemälde von Tommaso Martini.

In **Francavilla Angitola**, nördlich von Monterosso, ist das *Museo dell'Emigrazione Giovanni Battista Scalabrini* im Palazzo Mannacio zu besichtigen (s. S. 37, Sommer tgl. 16–20, Winter Mo–Sa 10–12, 15–17 Uhr, Infos Tel. 0968/72 20 46, Eintritt frei). Das Museum ist nach dem Bischof Giovanni Battista Scalabrini benannt, der sich Zeit seines Wirkens um Emigranten aus aller Welt kümmerte: Er half ihnen bei den Formalitäten der Ein- und Ausreise, unterstützte sie psychologisch und bot zum Teil warme Mahlzeiten an. 1887/89 gründete Scalabrini die Kongregation der Missionare von San Carlo und San Raffaele. Dem Freund aller Emigranten ist im Museum ein eigener Saal gewidmet.

In den anderen Sälen kann der neugierige Besucher sich mit Hilfe von Dokumenten und Fotografien ab dem Jahr 1860 umfassend zum Thema Emigration informieren.

Pro Loco, Piazza della Repubblica 56, 89812 Pizzo, Tel. 0963/53 13 10.

Hotel Murat ***, Piazza della Repubblica 41, 89812 Pizzo, Tel. 0963/53 42 01, Fax 53 44 69, teuer; gediegenes Hotel unmittelbar an der zentralen Piazza, Restaurant, Piano-Bar, Heizung. *Agriturismo Colamaio Agrimare,* Inh. Antonietta De Sando, Loc. Colamaio, 89812 Pizzo, Tel. 0963/53 48 80, moderat; unterhalb von Pizzo direkt am Meer gelegen, vier Häuschen zu vermieten, Boccia, Reiten, Tischtennis, traditionelle Küche. *Residence Il Giglio,* Loc. Marinella, 89812 Pizzo, Tel. 0963/53 48 40, günstig; einfache kleine Apartments im Grünen, direkt am Meer gelegen.

 Villaggio Camping Pinetamare, SS 18, 88026 Pizzo, Tel. 0963/

53 48 71 (Sommer), 26 40 67 (Winter), Juni–Sep., günstig; 6 km nördlich von Pizzo, direkt am Meer im Grünen gelegen, diverse Sportmöglichkeiten, Disco, Restaurant, Animation. Camping oder Apartments/ vier-Personen-Bungalows.

Ristorante Le Castellam, Piazza della Repubblica, Pizzo, Tel. 0963/53 25 51, ganzjährig, im Sommer mittags und abends geöffnet, Mo ganztägig, So Abend geschl., moderat; freundlich geführtes Restaurant im Zentrum, landestypische Küche.

Bahnstation: Schnellzug-Bahnhof Vibo-Pizzo ist in Vibo Marina, von dort stdl. Züge Richtung Reggio di Calabria und Lamezia. Vom Bahnhof Pizzo (ca. 1 km südlich des Kastells mehrmals tgl. Züge längs der Costa degli Dei über Tropea und Nicotera nach Lamezia. **Bus:** *Autolinee Genco Bruno,* mehrmals tgl. Verbindungen nach Vibo Valentia, zum Bahnhof Vibo-Pizzo und nach Vibo Valentia Marina, Tel. 0963/41 10 09. **Flughafen:** Lamezia, s. S. 224. **Autobahnausfahrt:** Pizzo.

Vibo Valentia

Die Hauptstadt der gleichnamigen Provinz **Vibo Valentia** bietet sich nicht nur für einen Einkaufsbummel, sondern auch für einen interessanten geschichtlichen und kunsthistorischen Ausflug an. Die Stadt wurde im 7. Jh. v. Chr. als griechische Kolonie *Hipponion* gegründet und sicherte gemeinsam mit *Medma* (nahe Nicotera) den Locresern die Kontrolle über Zentral- und Südkalabrien. In der Nähe des heutigen Friedhofs sind noch **Reste der antiken Stadtmauer** von *Hipponion* und Grundmauern einiger Wachtürme zu sehen. Die einst ca. 7–8 km lange Befestigung wurde 1920 von Paolo Orsi entdeckt.

Eine weitere Ausgrabungsstätte im **Parco delle Rimembranze** (Straße nach Vibo Marina SS 18, nahe Scuola di Polizia) verweist ebenfalls auf die fast 2500-jährige Besiedlung des Ortes: der *Tempio di Proserpina* (griech. Persephone), der nach der Schutzgöttin *Hipponions* benannt ist (6. Jh. v. Chr). Aus dem Kultort wurden im 11. Jh. n. Chr. Marmorblöcke und Säulen entfernt, um sie für den Aufbau der normannischen Kathedrale des nahe gelegenen Mileto zu verwenden. Vom Park, heute vor allem ein Treffpunkt für junge Leute, genießt man einen wunderbaren Panoramablick auf den Golf von Sant'Eufemia.

Das **Monument** gedenkt **Giuseppe Garibaldi,** der mit seinem legendären Befreiungsfeldzug ›Marsch der 1000‹ im August 1860 Vibo Valentia erreichte. Von der Anwesenheit der Römer, die der Stadt ihren heutigen Namen gaben, zeugt die zum Teil freigelegte **Thermenanlage** in der Via XXV. Aprile. Nach der römischen Herrschaft und den Byzantinern war die Stadt mehreren Einfällen und Zerstörungen der Sarazenen ausgesetzt. Die Normannen bauten die Stadt wieder auf und tauften sie auf den Namen Monteleone.

Unter der Herrschaft von Roger dem Normannen (I.) wurde das **Ka-**

stell (1, 1055–57) errichtet, über dessen Eingang noch heute das Stadtwappen von Monteleone prangt. Der Hohenstaufer Friedrich II. fügte vier Bollwerke hinzu und auch Karl II. von Anjou verstärkte die Burg abermals. Heute ist in dem restaurierten Kastell das **archäologische Museum** mit zahlreichen Funden der Umgebung untergebracht. Neben einer eindrucksvollen Münzsammlung sind in übersichtlich gegliederten Sälen zahlreiche Zeugnisse des Kore-Persephone-Kults sowie weitere Schätze zu bewundern (Tel. 0963/433 50, tgl. 9–19 Uhr, Eintritt 2 €).

Die Gläubigen ehrten die Göttin der Fruchtbarkeit in ihrem Tempel mit Weihetäfelchen *(pinakes)*. Um Platz für neue Weihgaben zu schaffen, wurden sie in regelmäßigen Abständen zerschlagen und durch neue ersetzt. Doch das wichtigste Fundstück des Museums ist die *laminetta aurea,* eine Goldfolie mit einem orphischen Text aus dem 6./5. Jh. v. Chr. Sie ist eine von weltweit sechs dieser Art gefundenen Grabbeigaben, die den Verstorbenen ins Jenseits begleiten sollten.

Von der Burg aus bietet sich ein Panoramablick auf die – abgesehen von einer Häuserfront – grüne Umgebung und das Meer. Die so häufig als ›Giardino sul mare‹ (Garten über dem Meer) bezeichnete Provinzhauptstadt macht ihrem Namen alle Ehre.

Unterhalb des Kastells liegt das *centro storico* mit alten Adelspalästen, die zum Teil aufwendig gearbeitete Portale, Eisenbeschläge und schmiedeeiserne Balkone zieren. Durch die kleinen, engen Gassen schlendernd, gelangt man beispielsweise zu den **Palästen Capialbi** (Via Ruggero il Normanno) **Marzano** (Via Marzano), **Cordopatri** und **Romei** (Via Francesco Cordopatri) und zum **Arco Marzano.** Dieser Bogen und die **Porta e Torre del Conte d'Apice** (2, beide Ende des 12. Jh. konstruiert) sind die einzigen noch erhaltenen Stadttore von Vibo.

Unterhalb des Arco Marzano führt die Via San Michele über altes Kopfsteinpflaster zur **Chiesa San Michele** (3) mit dem imposanten Glockenturm aus dem 16. Jh. Unter den zahlreichen kulturellen Schätzen der Stadt spielt die **Chiesa del Rosario** (4) als älteste Kirche im Ort eine wichtige Rolle. Um das Jahr 1280 auf den Resten eines griechisch-römischen Theaters errichtet, beherbergt sie die *Kapelle De Sirica-Crispo,* Grabstätte des Anjou Domenico De Sirica (14. Jh.). Den Marmorsarkophag des Soldaten ziert die Lilie der Anjou.

Sehenswert ist natürlich auch der **Dom Santa Maria Maggiore** (5), nach dem Schutzpatron der Stadt auch San Leoluca genannt. Die Kirche wurde von dem Vibonesen Francesco Antonio Curatoli entworfen und Ende des 17. Jh. erbaut. An dieser Stelle stand einst eine byzantinische Basilika aus dem 9. Jh., später eine im 13. Jh. erbaute und durch das Erdbeben von 1638 zerstörte Kirche. Besonders beeindruckend ist die bronzene Eingangstür, auf deren Innenseite Giuseppe Niglia Szenen

Einkaufsstraße in Vibo Valentia

aus der Geschichte von Vibo dargestellt hat.

Im Inneren beheimatet die stuckverzierte, barocke Kathedrale die Marmorgruppe der ›Madonna della Neve‹ und ein marmornes Triptychon, das Antonello Gagini 1524–34 erschuf. Die drei großen Figuren, Maria Magdalena, die Madonna mit dem Kind und der Evangelist Johannes, stellen die ›gereinigten Seelen‹ dar, was dem Altar seinen Namen *Altare delle anime purganti* gegeben hat.

Neben den Figuren von Heiligen wie Ignazio Dellovola, Francesco di Paola, Rosalia Panormitana und Filippus Mierius ist auch eine alte *Kirchenglocke* zu bewundern. Dem Dom angeschlossen ist das *Valentianum,* ein ehemaliges Dominikanerkloster mit einem schönen Kreuzgang. Heute hat hier die Università degli Studi della Calabria ihren Sitz.

Nach so viel Kunst bietet die gegenüberliegende **Villa Comunale** (6) eine willkommene Entspannungspause im schattigen Grün. Über den Viale Regina Margherita, vorbei am Palazzo D'Alcontres, gelangt man zur Piazza XXIV. Maggio. Hier bietet sich ein Ausblick auf die unterhalb gelegene lebhafte Stadt. Nur wenige Meter entfernt befindet sich zur Linken die **Chiesa Santa Maria degli Angeli** (7, 17. Jh.), die einen wunderschönen Holzschrank von Diego da Monteleone aus dem Jahr 1663 beherbergt, der reich mit Schnitzereien geschmückt ist. Weiter geht's zur **Piazza Garibaldi** mit schönen Palästen (8) aus dem 19. Jh.: Palazzi

Vom Tyrrhenischen zum Ionischen Meer

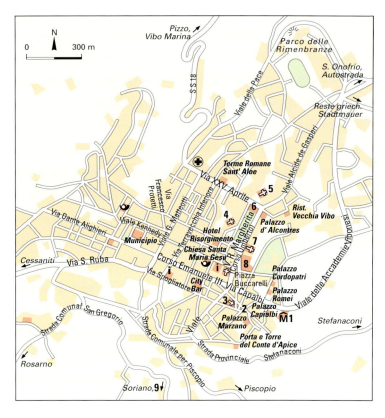

Vibo Valentia 1 Kastell 2 Arco Marzano 3 Chiesa San Michele
4 Chiesa del Rosario 5 Santa Maria Maggiore 6 Villa Comunale
7 Santa Maria degli Angeli 8 Palazzo Gagliardi 9 Santa Ruba

Murmuro und Gagliardi, gegenüber Palazzo Gagliardi-Derisa.

An der Piazza Diaz befindet sich neben der **Kirche Santa Maria Gesù** (16. Jh.) die Touristeninformation Pro Loco und eine dem vibonesischen Patrioten Michele Morelli gewidmete Gedenktafel. Unterhalb des Corso Umberto führen die Straßen in den modernen Teil der Stadt mit der Flaniermeile Corso Vittorio Emanuele III., der allabendlich vor allem auf Höhe des *municipio,* stark bevölkert ist.

Etwas außerhalb von Vibo Valentia (Richtung Soriano) liegt die kleine byzantinische Kirche **Santa Ruba** (9), die im Auftrag des Normannen Roger I. erbaut und von Papst Kalixt II. geweiht wurde. Als der normannische Graf kurz vor der Weihung starb, verschwieg dies seine Witwe Adelheid, um die Weihung der Kirche nicht zu gefährden. Als der Papst schließlich von dem Tod seines Bruders erfuhr, verfluchte er seine Schwägerin wegen ihrer Unehrlichkeit. Noch heute, so erzählen sich die Menschen, spuke der Geist von Gräfin Adelheid in der Kirche und bei Sturm seien ihre Schreie zu hören.

Pro Loco, Piazza Diaz 11/12, 89900 Vibo Valentia, Tel./Fax 0963/453 00, vibovalentia@libero.it. *APT Vibo Valentia,* Via Forgiari (Galleria Vecchio), 89900 Vibo Valentia, Tel. 0963/420 08, Fax 443 18, www.costadei.net.

Hotel 501****, Via per il mare, 89900 Vibo Valentia, Tel. 0963/439 51, Fax 434 00, hotelvv@tin.it., Luxus; Luxushotel mit Schwimmbad, Restaurant und Disco. *Hotel Risorgimento***,* Via P. Colletta 12, 89900 Vibo Valentia, Tel. 0963/411 25, 433 40, moderat; zentral gelegen, Restaurant.

Ristorante Pizzeria Vecchia Vibo, Via G. Murat, Vibo Valentia, Tel. 0963/430 46, Mi geschl., teuer. *City-Bar,* Pasticceria, Gelateria, Piazza Spogliatore, Vibo Valentia, Tel. 0963/420 31, moderat; angenehme, gepflegte Atmosphäre mit leckerem Gebäck und abends *pizzettine. Zodiaco Pub,* Via V. Veneto, Vibo Valentia, Tel. 0963/442 71, günstig; gemütliches Lokal.

Albastro L'Arte nei complementi d'arredo, Piazza Spogliatore, Vibo Valentia, Tel. 0963/420 13, Kunstgewerbe mit eigener Werkstatt (Terracotta, Tiffany, Blumendekorationen). Jeden 2. Sa im Monat, *Trödelmarkt Barattella* (Piazza Diaz).

Karneval, Umzug; Ostern, *Prozessionen;* 3. So im Aug., Vibo Marina – *Prozession der Madonna di Pompei* über's Meer; 1. So im Sept., *Palio di Diana* – Umzug mit 400 kostümierten Teilnehmern zu Fuß und zu Pferd durch die Straßen der Stadt.

Bahnstation: s. S. 179. **Flughafen:** Lamezia s. S. 224. **Autobahnausfahrt:** Pizzo und Sant'Onofrio/Vibo Valentia.

Von Vibo Valentia nach Serra San Bruno

Karte s. S. 162f.
An der Straße 182 zwischen Vibo und Soriano liegen die als Nationaldenkmal Italiens deklarierten **Ruinen der Chiesa San Francesco.** Erst in den 70er Jahren des 20. Jh. begann ein kulturinteressierter Bürger namens Francesco Tonzo mit Ausgrabungen an dieser Stelle und entdeckte in 3 m Tiefe die Reste einer romanischen-gotisch Basilika. Es soll sich um den im Auftrag des augustinischen Paters Francesco Marino da Zumpano 1490 errichteten

Konvent handeln. Auf Initiative von Tonzo wurde in den 1980er Jahren eine neue Heiligenstätte, die sternförmig angelegte Kirche San Francesco von Soreto errichtet.

Hier betet und diskutiert Pater Elia, ein Kartäuser aus Serra San Bruno, mit Besuchern und Gläubigen. In der kleinen, schlichten Kirche bilden drei Mosaike San Francesco di Paola, San Francesco d'Assisi und Francesco Marino da Zumpano ab. Alljährlich am vierten Sonntag im Mai findet das Fest des Schutzheiligen statt, das mit seinem Markt viele Besucher anzieht.

Die Fahrt nach **Soriano** führt durch eine anmutige Landschaft mit Oliven- und Obstbäumen, Eukalyptus, Ginster, Schilf und Eichen. Längs einer kurvenreichen Straße steuert der vom Westen Anreisende auf das Tal zu, an dessen Hang das lebhafte Handelsstädtchen liegt. Unten erstreckt sich ein geschäftiger moderner Teil, oberhalb am Hang dominieren die hoch aufragenden Ruinen der *Kirche und des Konvents San Domenico*. Über Treppenstufen neueren Datums gelangt man in den Innenhof, der mit seinem alten Kreuzgang und den ringsherum intakten Mauern die Welt draußen vergessen lässt.

Anfang des 16. Jh. errichtete man den Konvent nach dem beeindruckenden Vorbild des Escorial in der Nähe von Madrid. Er entwickelte sich unter den Dominikanern zu einem der kulturell und religiös aktivsten Zentren des Südens. So verwundert es nicht, dass hier Tommaso Campanella und Kaiser Karl V. weilten. Durch die Erdbeben von 1659 und 1783 zerstört, ist heute nur noch der untere Teil der schönen Barockfassade erhalten.

Die neue *Kirche San Domenico* wurde im 19. Jh. errichtet und beherbergt ein Ölgemälde des Heiligen über dem Hauptaltar. Im Kloster sind die wertvoll ausgestattete *Bibliothek* (auf Nachfrage geöffnet, Tel. 0963/35 10 22), Baufragmente des alten Klosters und weitere Kunstwerke zu besichtigen, die von der kulturellen Bedeutung Sorianos Bericht erstatten.

In Folge ihrer langen Tradition ist die Stadt seit 1980 kulturelles Zentrum der Folklore und Volksbräuche, was die Dauerausstellung über kalabresisches Handwerk im *Rathaus* (Palazzo municipale) gegenüber der Kirche belegt. Schon unter den dominikanischen Patres wurde Keramikgeschirr hergestellt und damit intensiver Handel getrieben. Auch die Kunst der Holzschnitzerei steht in dieser Tradition. Heute werden vermehrt kleine und große Gegenstände sowie Möbel aus Holz und Weidegeflecht gefertigt. Weit über die Stadt hinaus als kulinarischer Genuss bekannt und überall auf den Märkten der Region zu erstehen die *mostaccioli*, ein nach altem griechischen Rezept zubereitetes Honiggebäck. Man kann es in Form von Herzen, Pferden und barockähnlichen Verzierungen kaufen, was immer noch an die einstige magisch-religiöse Bedeutung erinnern soll.

Das Tal der Mühlen

Kurz bevor die Straße Richtung Sorianello ansteigt, geht es auf Höhe der Brücke links in die *Valle dei mulini*. Hier stehen, wie der Name schon sagt, verschiedene Wassermühlen, die zur Herstellung von Olivenöl und Mehl genutzt wurden.

Vor 900 Jahren ruhte sich in diesem Olivenhain der hl. Bruno – der Begründer des Kartäuserordens und der berühmten Certosa in Serra San Bruno (s. S. 186f.) – aus, wenn er zu Fuß von Serra San Bruno nach Mileto unterwegs war. Ihm zum Gedenken wurde an seinem einstigen Rastplatz eine Granitstatue erschaffen und 1915 eine kleine Kapelle errichtet.

Leider ist dieser beschauliche und interessante Ort in letzter Zeit sehr vernachlässigt worden. Bleibt zu hoffen, dass die Kooperative die Ausstellung über alte landwirtschaftliche Produktionsverfahren wieder eröffnet.

Über das Gründungsjahr der Stadt besteht bis heute Unklarheit. Während einige Historiker von der Gründung unter dem Normannen Roger I. im 11. Jh. ausgehen, meinen andere, dass Soriano bereits vorher existierte. Als die Einwohnerzahl der kleinen Stadt hoch oben auf dem Berg stark anstieg, dehnte sie sich ins Tal aus, wo sich zunächst nur die Stallungen befanden. Um die beiden Ansiedlungen zu unterscheiden, wurden der eigentliche Kern der Stadt ›Soriano Superiore‹ (oben gelegene) und der untere Teil ›Soriano Inferiore‹ genannt. Die Franzosen teilten die Stadt 1811 in zwei unabhängige Kommunen: Soriano Superiore hieß fortan Sorianello und Soriano Inferiore Soriano.

Die kleine Stadt **Sorianello** mit ihren knapp 1700 Einwohnern und dem dichten Gassengewirr thront oberhalb von Soriano. Im Gegensatz zu der unter ihr liegenden lebhaften Stadt, geht es hier sehr viel gemächlicher und ruhiger zu. Dafür sorgen schon die engen und steil ansteigenden Straßenzüge, die das Tempo der Menschen und der motorisierten Gefährte zwangsläufig verlangsamen.

Unterhalb der Via M. Bianca liegt die kleine *Kirche San Nicola* byzantinischen Ursprungs mit einer schönen Deckendekoration, einer in Gold gehaltenen Kuppel und einem Glockenturm mit Eisenlaterne. Die kleine Kirche ist ein trauriges Beispiel misslungener Instandsetzung: die antiken Mauern sind mit Mörtel zugespachtelt worden und die okkerfarbene Fassade ist ein echter Stilbruch. Von hier oben bietet sich sowohl ein wunderschöner Blick auf das Tal und auf Soriano als auch auf das sich weiter nach oben erstreckende, am Hang gebaute Städtchen.

Umgeben von einem wunderschönen Laub- und Nadelwald, in etwa 800 m Höhe inmitten der Serre liegt das weit über Kalabrien hinaus bekannte Städtchen Serra San Bruno. Die Entstehung dieses Ortes ist auf den hl. Bruno zurückzuführen. Der Begründer des Kartäuserordens, Bruno aus Köln, errichtete 1091 hier im Wald die **Certosa** (Kartause) **Santa Maria del Bosco.** Das Grundstück hatte ihm der Normanne Roger I. zum Geschenk gemacht. Der Kartäuserorden versteht sich als Gebetsorden, in dem die Mönche allein 8 Std. am Tag im Gebet verbringen. »Leben aus Gott und für Gott allein, das ist das tiefste Geheimnis der Kartäusereinsamkeit. Nichts mehr wollen, nichts mehr wissen, nichts mehr besitzen außer Gott und Gott allein...«, so beschreibt Blüm das Ziel der Kartäuser (1983).

Gemäß ihren Grundsätzen bemühten sich die Kartäuser nicht um die Heiligsprechung ihres Vaters. Erst seit dem 16. Jh., nach der Heiligsprechung Brunos durch Papst Leo X., ist der 6. Oktober (Brunos Todestag) ein Festtag. Pfingstmontag werden in einer Prozession die Reliquien und die Statue des hl. Bruno von der heutigen Kartause zum einstigen Gründungsort Santa Maria del Bosco getragen.

Später siedelten die Kartäuser in das noch von Bruno geweihte, in der Nähe befindliche Kloster Santo Stefano um. Allerdings wurde es kurz darauf einem Zisterzienserorden zugedacht und erst im 16. Jh. an die Kartäuser zurückgegeben. Das verheerende Erdbeben 1783 zerstörte den Komplex fast völlig. Geblieben sind lediglich die Frontseite, ein Teil der Arkadenmauer und leider auch nur noch Reste des Kreuzgangs.

Die heutige Kartause wurde Ende des 19./Anfang des 20. Jh. mit gotischen Elementen erbaut. Sie besteht aus einer weiträumigen Anlage mit zylinderförmigen Ecktürmen und einer Kapelle. Die Kartause selbst ist nur sehr eingeschränkt zu besichtigen: lediglich für Männer und nur zu bestimmten Zeiten (Mi und Sa 16.15–19 Uhr).

Einen Einblick in das Leben dieser zurückgezogen lebenden Mönche erhält man im *Museo della Certosa*. Auf 1200 m^2 beschreiben Schautafeln anschaulich – u. a. mit Hilfe audiovisueller Beiträge – die Lebensart, den Glauben und die Regeln des Kartäuserordens. Die Hintergrund-Gesänge der Mönche vermitteln hautnah die Spiritualität dieses Ortes – auch für Nichtgläubige ein Erlebnis. Nicht ganz so weltabgewandt geht es im Verkaufsraum des Museums zu: Hier werden neben den Gesängen auf CD auch von den Kartäusern hergestellte Liköre, Marmeladen und Eingemachtes verkauft (Museo della Certosa, C. da Certosa, 88029 Serra San Bruno, Tel. 0963/706 08, Fax 721 96, Mai–Okt. 9–13, 15–20, Nov.–April 9.30–13,

Certosa Santa Maria del Bosco/Serra San Bruno

Certosa Serra San Bruno

15–18 Uhr, Mo geschl., Führungen in deutscher Sprache nach Voranmeldung).

Doch die kleine 6000 Einwohner zählende **Stadt Serra San Bruno** hat noch weit mehr an Kultur und Kunst zu bieten. Bei einem Spaziergang durch den historischen Kern trifft man auf die aus dem 18. Jh. stammende *Barockkirche Addolerata*. In dem sehr aufwendig gestalteten Inneren sind ein prachtvoller Hauptaltar mit einem durch Mosaike besetzten Ziborium und Kunstwerke aus der ehemaligen Kartause zu besichtigen. In der *Mutterkirche San Biagio* befinden sich die von David Müller für die Kartause geschaffenen Marmorstatuen: Abbildungen von San Bruno, Santo Stefano, San Giovanni Battista und der Madonna mit dem Kind. Ebenfalls zu sehen das Pergamo, eine Kanzel, die im Katalog der italienischen Nationaldenkmäler verzeichnet ist.

Neben dieser sicherlich beachtenswerten Kunstsammlung in den Kirchen von Serra sind viele Häuser der Stadt mit kunstvollen Portalen versehen. Aus Eisen geschmiedete Geländer zeugen von der langen Handwerkstradition in der Serre-Stadt, die auf die Kartäusermönche zurückgeht. Wen wundert es da, dass das Stadtwappen Baum, Säge, Hammer und Amboss abbildet.

Eine gastronomische Spezialität im Serre-Gebiet und somit auch in Serra San Bruno sind die vor allen Dingen Pilze. Aber auch das süße Mandelgebäck *nzullo* (oder auch *nzuddi*) ist ein besonderer Gaumenkitzel.

ℹ️ *Pro Loco c/o De Masi Pasquale*, Convento Domenicano, 89831 Soriano, Tel. 0963/35 10 22. *Pro Loco*, Piazza Guido 5, 89822 Serra San Bruno. *Centro Informazioni e promozione turistica*, Corso Umberto I. 18, 89822 Serra San Bruno, Tel./Fax 0963/720 40.

🛏️ *Agriturismo Fondo dei Baroni*, Loc. La Chiusa, 89822 Serra San Bruno, Tel./Fax 0963/717 06, info@fondodeibaroni.it, April–Okt., moderat; landwirtschaftlicher Betrieb mit Zimmer- und Apartmentvermietung, kulturellen Angeboten, Trekking, Mountain-Biking, Restaurant. *Hotel Ristorante Certosa ***, Via Alfonso Scrivo 6, 89822 Serra San Bruno, Tel. 0963/715 38, Fax 721 30, günstig; im Zentrum von Serra San Bruno gelegen, im Sommer schattiger Ort, lokale und internationale Küche.

🍴 *Ristorante Bar Ritrovo Santa Maria*, Loc. Santa Maria, 89822 Serra San Bruno, Tel. 0963/700 00, Mo geschl., moderat; am Rand des Ortes gelegen, bietet der Wirt eine Hausmannskost mit typischen lokalen Gerichten. *Agriturismo Fondo dei Baroni*, Adresse s. o., Tel./Fax 0963/717 06, April–Okt., Voranmeldung erforderlich, Mo geschl., moderat; lokale Küche in gepflegtem Ambiente, Spezialität: Pilzgerichte.

🎁 *Pasticceria Ceravolo*, Via Giorgio Amendola 5, Soriano; in der Pasticceria werden *nzuddi*, das typische figürliche Gebäck hergestellt. *Domenico Grenci*, Via Fontana Vecchia, Brognaturo, Tel. 0963/740 77; die berühmten Pfeifen (mit kunstvollem Dekor) von Domenico Grenci sind in Brognaturo zu bestaunen und zu erwerben.

🎭 **Serra San Bruno:** 3. Feb., *Markt von San Biagio;* Pfingstmontag, *Fest des Schutzpatrons San Bruno* begleitet von einem Markt; August, *Festival della montagna* (Bergfest); 5./6. Okt., *Fest San Brunos* und *Markt*. **Sorianello:** 1. Mai, *Markt*; 4. So im Mai, Chiesa San Francesco (Straße 182) *Fest des Schutzheiligen mit Markt;* 6. Dez., *Fest des Schutzpatrons San Nicola da Bari.* **Soriano:** 27./28. Aug., *Markt San Domenico;* 2. Nov., *Fest des Schutzpatrons San Martino.*

🚌 **Busverbindungen:** *Ferrovie della Calabria*, von Soriano und Serra San Bruno mehrmals tgl. nach Vibo Valentia, Tel. 0963/454 80. **Flughafen:** Lamezia, s. S. 224. **Autobahnausfahrt:** Pizzo, dann Straße 110 nach Serra San Bruno oder die Ausfahrt Serre und Anfahrt über Soriano nach Serra San Bruno.

Von Mongiana nach Bivongi

Der kleine, knapp 1000 Seelen zählende Ort **Mongiana** im Herzen der Serre ist im 18. Jh. rund um die Eisenwerke entstanden, die der Bourbone Ferdinand hier 1782 bauen ließ. Die gefertigten Produkte dienten sowohl zivilen als auch militärischen Zwecken. Über ein Jahrhundert avancierte Mongiana zu einem wichtigen Zentrum für Eisenproduktion und -verarbeitung. Der Brennstoff wurde aus den Wäldern der Umgebung gewonnen, und das Eisen in den Minen von Stilo und Pazzano abgebaut. Heute sind von der ehemaligen Hochburg der Eisenverabeitung nur noch Überreste zu sehen, so das Eingangstor der ehemaligen Waffenschmiede mit zwei mächtigen gusseisernen dorischen Säulen.

Bei einem Spaziergang durch den Ort trifft man auf weitere Zeugnisse, wie z. B. schmiedeeiserne Handwerkskunst an einigen Häusern (Case Panucci, Bosco, Morabito). Auch wenn Mongiana kein Industrieort mehr ist, so sind die dichten Wälder ein begehrtes Ausflugsziel im heißen Sommer und zur Pilzzeit im Herbst. Das Ambiente und der kleine See laden zu einem Picknick im Schatten ein. Fast könnte man meinen, mitten im Schwarzwald zu sein – wäre da nicht in geringer Entfernung das Ionische und das Tyrrhenische Meer. Der *Parco Vittoria,* ein 400 ha großer botanischer Garten mit seinem Wildgehege (hier sind Hirsche, Rehe, Wildschweine, Pfauen und Fasane zu Hause) ist ein beliebtes Ziel für Naturfreunde.

Auch der kleine Ort **Ferdinandea** liegt inmitten des dichten Waldes. So anmutig er heute erscheint, so wenig friedlich ging es hier in der Vergangenheit zu. Das einstige Jagdschloss wurde später zur Produktionsstätte von Waffen umfunktioniert, bis diese nach der Einigung Italiens an den Colonello und Getreuen Garibaldis, Achille Fazzari verkauft wurde. Während die Werksgebäude heute einsam und verlassen darliegen, ist die ehemalige Residenz des Chefs der königlichen Eisengießerei abgeriegelt und nicht zugänglich.

Hier in den Wäldern der Serre bieten sich dem Urlauber viele Möglichkeiten, unweit der beiden Meere die Natur zu genießen und sich zu erholen: Man kann z. B. *andare a funghi* (Pilze sammeln gehen), durch die Wälder spazieren und beim Wandern die frische Luft bewusst atmen, auf einem Pferderücken die Serre erkunden, Tennis oder Boccia spielen.

Auf dem Weg nach Stilo sollte man noch einen Abstecher nach **Bivongi** inmitten des Stilaro-Tals wagen. Ein Wasserfall, die alte Eisenmine und das griechisch-orthodoxe Kloster lohnen den Umweg. Hoch oben liegt die *Basilika San Giovanni Theristis* (von der Straße nach Bivongi geht es links 3 km aufwärts – nicht zu verwechseln mit dem Monastero degli Apostoli). Hier, an den grünen Hängen der Serre, umgeben von Olivenhainen und Weinstöcken, vereint sich eine wilde Landschaft mit einer jahrtausendalten Kultur. Die Basilika ist ein besonderes Kleinod normannisch-byzantinischer Baukunst aus dem 12. Jh. In der basilianischen Epoche war das Kloster mit einer großen Bibliothek das wichtigste in Süditalien. Es gehörte zu der Region, die einst als ›heilige Erde des Basilianismus‹ in Kalabrien bezeichnet wurde. Durch die arabische Eroberung Siziliens kamen ab dem 9. Jh. n. Chr. viele Mönche in diese Gegend, um sowohl in dieser Einsiedelei, als auch im Monastero degli Apostoli oder in Stilo zu leben.

Das Kloster ist nach dem hl. Giovanni benannt, der Anfang des 11. Jh. lebte und ›Theristis‹ (= *mietitore*

Weg zur Cascata dal Marmarico

= Schnitter, Mäher) genannt wurde, weil er der Legende nach innerhalb kürzester Zeit eine Wiese mähen konnte. Die Mönche wurden im 17. Jh. durch Briganten vertrieben und siedelten ins Konvent San Giovanni Nuovo (Theristi) in Stilo über. 1994 kehrten Mönche des Athos-Bergs in Griechenland in das Kloster San Giovanni Theristis zurück und führten den alten, 1662 aufgegebenen Ritus wieder ein. Hier wird u. a. das griechisch-orthodoxe Osterfest gefeiert, das eine Woche nach der katholischen Festwoche stattfindet (16. Sept.–30. Juni Sa und festtags 10–12, 15–17 Uhr, 1. Juli–15. Sept. tgl. von 17 Uhr bis Sonnenuntergang, Info Tel. 0964/73 40 17).

Der Weg zu dem ca. 10 km außerhalb von Bivongi gelegenen Wasserfall **Cascata dal Marmarico** ist recht beschwerlich und kann nur teilweise mit dem Auto zurückgelegt werden. Der Ausflug bietet sich daher für eine Wanderung (festes Schuhwerk) an, an deren Ziel ein wunderschönes Naturspektakel wartet. Der Stilaro-Fluss schlängelt sich durch den Wald von Stilo und stürzt schließlich aus 100 m Höhe in das Tal. Am Fuß des Wasserfalls liegt ein klarer, kühler See, der zu einem erfrischenden Bad einlädt. Entlang des Stilaro sind Picknickplätze angelegt und an heißen Tagen kann man wunderbar in der kühlen Frische entspannen.

Die alte **Mine Noceto,** ist Zeuge der industriellen Vergangenheit von Bivongi (Besichtigungen s. S. 191). Hier wurden jahrhundertelang Kupfer und Eisen abgebaut, und in den Eisenwerken von Mongiana und Ferdinandea verarbeitet.

Nicht versäumen sollte man die kulinarischen Genüsse der Gegend. Aufgrund seiner langen Tradition im Weinanbau findet hier jährlich am 13. August die *sagra del vino* statt. Ein typischer *primo piatto* ist die *pasta cu alivi*, hausgemachte Pasta mit gequetschten Oliven in Tomatensoße. Für die Schleckermäuler sind die *nzulli* (Mandelgebäck), *pitta di San Marco* (ein Weihnachts- und Ostergebäck mit Nüssen), *cuzzupa* (Eiergebäck) und getrocknete und unterschiedlich zubereitete Feigen *(fichi secchi)* unbedingt empfehlenswert.

Pro Loco Bivongi, Viale Principe Umberto, 89040 Bivongi, Tel. 0964/73 17 79.

Ristorante La Vecchia Miniera, Contrada Perrocalli-Lavaria, Bivongi, Tel. 0964/73 18 69, Mo geschl., moderat; Straße entlang des Stilaro, 2 km außerhalb, typische Trattoria mit Gebirgsküche, Spezialitäten: *maccarruni i casa, pomodori secchi, funghi sott'olio.*

Parco Villa Vittoria, Via Roma, 30, Mongiana; Tel. 0963/31 11 14; *Reitzentrum Le ferriere,* Tennisplätze, Boccia. *Marina Riggio,* Bivongi, Tel. 0964/731778, 0338/966 25 83; Führungen, Besichtigungen der Mine und Wanderungen zu den Wasserfällen.

Busse nur bis Serra San Bruno, s. S. 188. **Autobahnausfahrt:** Serre, dann weiter über Straße 182.

Stilo – *Città del sole*

Karte s. S. 162f.

Die genauen Ursprünge der Stadtgründung und des Namens sind bis heute nicht geklärt. Eine Vermutung ist, dass die Einwohner von *Kaulonia*, die immer wieder von arabischen Einfällen und Malaria heimgesucht wurden, sich im 3. Jh. hier ansiedelten. Den Beinamen der Stadt *Città del sole* (Stadt der Sonne) verdankt Stilo seinem wohl berühmtesten Sohn, Tommaso Campanella (1568–1639). Der viele Jahre für seine Ideen verfolgte Philosoph lebte und arbeitete im Kloster San Domenico. Er schrieb 1602 das weltbekannte Werk ›Città del sole‹, ein utopisches Szenario einer gerechten, guten und naturbelassenen Welt. Ihm wurde auf dem **Piazza Luigi Carnovale** ein bronzenes Denkmal gesetzt.

Der 3000 Einwohner zählende Ort am Fuße des Monte Consolino ist aber vor allem durch die Cattolica weltbekannt und lockt alljährlich viele Touristen an. Doch neben diesem berühmten Juwel hat der Ort einiges mehr zu bieten. Ein Spaziergang durch die Stadt führt durch die Gassen Via XXI. Aprile und Via Luigi Cunsolo (oberhalb des Piazza Vittorio Emanuele) vorbei an einigen prachtvollen Palästen, kleinen eng aneinander geschmiegten Häusern und der **Fontana Gebbia,** einem Brunnen aus dem 12. Jh. Die an vielen Häusern angebrachten Eisenhalterungen dienen während des *palio*

(Anfang August) als Fackelhalterungen. Während des historischen Umzugs ziehen Reiter, Musiker, Kartenleger, Wahrsager und Schauspieler durch die mit Fackeln erleuchtete Stadt, in der in den alten Tavernen traditionelle Speisen angeboten werden. Neben einem Wettkampf der sechs *casali* (Burschenschaften) finden artistische Spiele und ein Feuerwerk statt.

Der **Dom Santa Maria d'Ognissanti** aus dem 14. Jh. war einer der ersten und wichtigsten Bischofssitze in Kalabrien. Sein imposantes gotisches Portal zeigt noch das Königswappen von Otto II. von Sachsen, der Stilo 982 n. Chr. eroberte. Links neben dem Portal sind zwei Füße, Teil einer heidnischen, marmornen Figur, gemauert. Diese seltsame Konstruktion demonstriert den Triumph des Christentums über die Ungläubigen. Im Inneren befinden sich wertvolle Kunstwerke wie das Bild der ›Madonna d'Ognissanti‹ von Battistello Caracciolo, Pergamente aus dem 17. und 18. Jh., ein Holzkreuz im barocken Stil sowie Silber- und Goldstücke.

Die **Chiesa San Domenico** mit der **Porta Stefanina** und dem anschließenden Wachturm liegt unterhalb des Doms und war einst Eingangstor der Stadt. Von den noch vorhandenen Kirchen fällt noch besonders die Kirche mit einem steinernen Kuppeldach am Ortseingang auf. Die **Chiesa San Nicola da Tolentino** (11. Jh.) mit dem Grundriss eines griechischen Kreuzes wird allerdings zur Zeit restauriert.

Auch in Stilo gibt es eine dem Mönch und hl. San Giovanni Theresti gewidmete Kirche. Die 1625 errichtete und im Laufe der Zeit mehrfach umgebaute **Kirche San Giovanni Nuovo** lädt mit ihrer barocken Außenfassade und zwei Glockentürmen zu einem Besuch ein. Der Altar mit der bronzenen Büste birgt die Reliquien des Heiligen. Bemerkenswert sind auch die Gemälde, Skulpturen und Goldornamente.

Im anschließenden ehemaligen **Konvent** sind heute das *Rathaus*, die nach Tommaso Campanella benannte *Bibliothek* und die *Pinakothek Francesco Cozza* untergebracht, letztere erhielt ihren Namen von dem einheimischen Maler aus dem 17. Jh. Ebenfalls im Palazzo San Giovanni zu besichtigen ist das Museum der industriellen Archäologie, das über die Eisenfabrikation informiert (sämtliche Einrichtungen sind auf kurze Nachfrage in den Gemeindebüros im selben Gebäude zu besichtigen).

In der stilesischen Küche sind vor allem Artischocken in Öl, Oliven, getrocknete Tomaten und die getrockneten mit Mandeln, Nüssen oder Anissamen gespickten Feigen kostenswert.

Umgeben von einer teils zerklüfteten, aber grünen und blühenden Landschaft, unten das Flussbett des

---

Die Cattolica von Stilo gilt als Inbegriff der Byzantinischen Kirche in Kalabrien

Stilaro, in der Ferne das blaue Meer, strahlt dieses Fleckchen Erde Ruhe und Geborgenheit aus. Hoch oben auf der Spitze des Berges Consolino thronen die Ruinen des von Roger dem Normannen 1071 erbauten Kastells. Und an diesem Berg – man muss schon genau hinsehen, um sie mit bloßem Auge auszumachen – liegt das byzantinische Juwel von Stilo, chamäleonartig der Vegetation des Bergs angepasst: die **Cattolica** (Sommer 8–20, Rest des Jahres 7–19 Uhr). Je näher man kommt, desto faszinierender ist der Anblick der Kirche aus dem 9. Jh.

Auf einer Grundfläche von 6 x 6 m erhebt sich die winzige Kirche mit drei gen Osten gerichteten Apsiden mit je einem Fenster. Die Säulen im Inneren stammen teils aus *Kaulonia,* teils aus dem Stilaro-Tal. Die erste Säule rechts bildet ein griechisches Kreuz ab, die linke Säule weist eine Allah gewidmete Inschrift auf. An den Wänden befinden sich Freskenschichten aus unterschiedlichen Epochen. Sie spiegeln ebenso wie die Säuleninschriften die unterschiedlichen Kulturen und Besatzungen wider.

Der berühmte Archäologe Paolo Orsi, der Anfang des 20. Jh. wesentlich zur Erhaltung der Cattolica beitrug, schrieb einmal: »Alles in der Cattolica verströmt den Byzantinismus: ihre Struktur, der Organismus, die vielfarbige Anordnung der Außenmauern, die Kuppeln, der auf das Ionische Meer gerichteter Blick«.

Tipps und Adressen s. S. 195

Kaulonia – Monasterace Marina

An der Ionischen Küste liegt der Badeort **Monasterace Marina** mit einer 1000-jährigen Geschichte, denn hier siedelten bereits vor 2800 Jahren die Griechen. Nur wenige Meter vom Meer entfernt (S 106 Richtung Punta Stilo, kurz vor der Brücke rechts) liegen die *Reste eines dorischen Tempels* (ca. 450 v. Chr.). Die Kultstätte war Teil einer ehemals 10 000 Einwohner zählenden Kolonie namens **Kaulonia,** die sehr wahrscheinlich Ende des 8. Jh. v. Chr. gegründet wurde. Bei den Ausgrabungen fanden Archäologen einen enormen Schatz an Silbertalern, die aus der 2. Hälfte des 6. Jh. v. Chr. stammten. Im Jahre 388 v. Chr. zerstörte Dionysos I. aus *Syrakus* die Stadt und verschleppte die Einwohner nach Sizilien. Nachdem nur ein Jahrhundert später Dionysos II. *Kaulonia* wieder aufbauen ließ, wird es 205 v. Chr. von den Römern endgültig zerstört. Unklar ist nach wie vor, ob nicht das im Landesinneren liegende Stilo eine Neugründung der Bewohner des einstigen *Kaulonia* war.

Von den Bauten aus den verschiedenen Jahrhunderten zeugen die Ruinen in diesem 1890 von Paolo Orsi entdeckten *Freiluftmuseum.* Anhand der Mauern lassen sich die unterschiedlichen Bauphasen (7.–6., 6.–5., 4.–3. Jh. v. Chr.) nachvollziehen. Die Funde sind in den Museen von Crotone (s. S. 130f.) und Reggio

Stilo/Kaulonia/Monasterace Marina

(s. S. 204ff.) zu besichtigen. Der *Tempel der Passoliera,* 200 m südöstlich der Stadtmauer wurde Ende des 6. Jh. v. Chr. erbaut. Die im Tempel freigelegte mehrfarbige *sima* mit dem Wasserspeier ist im Nationalmuseum von Reggio rekonstruiert worden. Dort ist auch das mehrfarbige Mosaik eines Seeungeheuers aus dem *Haus des Drachens* (unterhalb des Leuchtturms), zu bewundern, das der Archäologe De Francisis 1960 entdeckte. Da in dem Gebiet noch wesentlich mehr Ruinen vermutet werden, sind weitere Ausgrabungen anberaumt. Zielsetzung ist der Aufbau eines archäologischen Parks, ähnlich dem von Locri und Squillace.

Ufficio Pubbliche Relazioni, Palazzo San Giovanni Theristi (erste Etage), Francesco Sorgiovanni, Piazza San Giovanni Theristi 1, 89049 Stilo, Tel. 0964/77 60 06, Fax 77 53 12, comune stilo@libero.it.

Hotel San Giorgio ***, Palazzo Lamberti, Via Citarelli 8, 89049 Stilo, Tel. 0964/77 50 47, Fax 73 14 55, moderat; kleines Hotel im Zentrum von Stilo, gediegene Atmosphäre, luxuriöse Ausstattung, Schwimmbad, Lesesaal, Garten. *Agriturismo Fiumanò,* Contrada Aguglia, 89041 Focà di Kaulonia, Tel./Fax 0964/822 72, moderat; der Hof im Grünen, am Strand, ist Sitz der kulturellen Vereinigung ›Europa, arte Calabria‹, es werden diverse Kurse und Wanderungen angeboten. Spezialität: Gemüsegerichte.

Villaggio Camping Faro Punta Stilo, 88060 Guardavalle Marina, Tel. 0967/864 31, 86404, faropuntastilo@libero.it, günstig; gut ausgestattetes Feriendorf mit Sportmöglichkeiten (u. a. Reiten, Minigolf), Restaurant, Disco, Campingplatz.

Pizzeria Viale Roma, Piazza L. Carnovale, Stilo, moderat; Pizzen. *Ristorante La Cattolica,* Viale Roma di Stilo, Tel. 0964/77 50 17, 0368/733 83 71, Mi geschl., günstig–moderat; Spezialiäten: Antipasti.

Stilo: 6. Jan., *Antica fiera della Befana,* traditioneller Markt kalabresischen Handwerks; Ostern (von Do–So), *alte Riten der Festwoche;* 24. Juni, *Fest von San Giovanni* nach basilianischem Ritus, Markt; in der ersten Augustwoche, *Palio di Ribusa,* Wettkampf am ersten Sonntag im August; 8. Dez. *Fest der Immacolata,* beginnend im Morgengrauen vor der Kirche San Giovanni Theristis.

Bahnstation: Monasterace-Stilo, tagsüber stdl. Verbindungen nach Catanzaro Lido über Soverato und Squillace, Reggio di Calabria über Roccella Ionica, Locri, Capo Spartivento und Bova Marina. **Busverbindungen:** *Saja,* vom Bahnhof Monasterace-Stilo 2 x tgl. entlang der Südküste bis Bova Marina, entlang der Nordküste bis Catanzaro Lido, Tel. 0965/81 23 35; *Autolinee Federico,* mehrmals tgl. von Stilo und Reggio di Calabria über Monasterace und Locri, Tel. 0965/59 02 12. **Auto:** über Straße 110.

Die Südspitze

Scilla: Farbenprächtige Sonnenuntergänge an der Costa Viola

Reggio di Calabria und die Bronzestatuen von Riace

Der Aspromonte

Fünf-Finger-Felsen und griechische Kultur in der Bovesia

Gerace: Juwel am Aspromonte

Scilla: Blick auf das Castello und Marina Grande

Um die Südspitze Kalabriens

Die Reise entlang der südlichsten Küstenlinie des italienischen Festlandes bietet von allem etwas: ein charakteristisches Fischerviertel in Scilla, farbenprächtige Sonnenuntergänge an der *Costa Viola,* Moderne und Antike in Reggio, griechische Dörfer und wilden Aspromonte, eine Jasminküste sowie griechische und byzantinische Spuren in Locri und Gerace.

Scilla

Kurz vor der Meerenge von Messina, am Tyrrhenischen Meer, liegt **Scilla,** einst das antike *Hoppidum Scyllaeum* aus dem 4. Jh. v. Chr. Um Scilla ranken sich die unterschiedlichsten Mythen, so wird die Stadt in einer Legende als versteinerter Adler beschrieben, dessen Kopf der Fels mit dem Kastell Ruffo und dessen angelegte Flügel die Buchten Chianalea und Marina Grande darstellen. Homer beschreibt in der ›Odyssee‹ ein schreckliches Meeresungeheuer mit sechs Köpfen und zwölf Tatzen. Dieses Monster namens Skylla soll auf dem Felsen gelebt und alles, was seiner Höhle zu nah kam, vernichtet haben, so auch die sechs Begleiter von Odysseus.

Und wer sich den Strudeln der Skylla entziehen konnte, geriet in die der gegenüber wütenden Charybdis von Sizilien. – Was hier so legendär beschrieben wird, warnt vor der starken Strömung zwischen Scilla und Cariddi (Sizilien): Denn dort, wo die Wogen des Tyrrhenischen und des Ionischen Meeres aufeinander treffen, existiert in der Tat ein nicht ganz ungefährlicher Strudel.

Chianalea ist das überwiegend von Fischern bewohnte Viertel nördlich des Kastells. Der Spaziergang vorbei an schön restaurierten Fassaden, pflanzenbehangenem Mauerwerk, alten heruntergekommenen und verlassenen Gebäuden wird durch das rauschende Meer untermalt und von stimmungsvollen Ausblicken auf das zwischen den Häusern auftauchende Blau begleitet. Das Meer spült die Wellen bis zu den Häusern und selbstverständlich parken dort Boote statt Autos. Am nördlichen Ende des Viertels, in der Via Annunziata, befindet sich die kleine **Kirche San Giuseppe** mit alten Holzbänken, einem Marmoraltar und der Figur des hl. Joseph. In

Marina Grande erstreckt sich der 600 m lange und ca. 30 m breite Sandstrand von Scilla. Neben Fischerbooten liegen Tretboote für einen Ausflug bereit. Restaurants, Pizzerien, Bars und Strandbuden sorgen für das leibliche Wohl der Einheimischen und der Touristen.

Unübersehbar erhebt sich mitten im Viertel die **Kirche Santo Spirito** (Via C. Colombo). Der Kirchenbau ist 1752 erstmals errichtet, aber bei dem schweren Erdbeben 1783 fast vollständig zerstört worden. Dank der Mühen der Scilleser konnte die Kirche wieder aufgebaut werden. Die barocke Fassade ziert ein Portal mit dekorativen Elementen aus dem Syrakus-Stein. Im Inneren befindet sich ein schön gearbeitetes Holzgestühl und das Altarbild der Madonna, das bereits zweimal entwendet und dann wieder gefunden wurde.

Das sagenumwobene **Kastell Ruffo** trägt den Namen einer der ältesten Familien Europas, die 1543–1806 in der Stadt die Vorherrschaft inne hatte. Durch die Erdbeben von 1783 und 1908 schwer beschädigt, wurde das Kastell mehrfach erneuert. Heute gewährt die Burg den Besuchern einen einzigartigen Panoramablick und Einblicke in das alte Mauerwerk mit einem Brunnen und dem Wappen der Ruffo über dem Eingangstor. Sie wird wieder militärisch, aber auch privatwirtschaftlich genutzt.

Offen steht dem Besucher allerdings eine Ausstellung rund um den Fischfang. Ein altes Schwertfischfangboot und eine ausführliche Darstellung der Geschichte verschaffen Einblick in das Alltagsleben der Fischer. Direkt unterhalb des Kastells liegt die sehr farbenfrohe, im 20. Jh. vollständig umgebaute **Chiesa dell' Immacolata** mit einem von Mario Benedetto 1986 gefertigten Mosaikbild der Stadt. Vom Vorplatz der Kirche bietet sich eine wunderschöne Aussicht auf das Viertel Chianalea und die nördliche Küste.

Das oberhalb gelegene **Viertel San Giorgio** wird von der zentralen **Piazza San Rocco** mit der gleichnamigen Kirche aus dem 15. Jh. beherrscht. In der Apsis befindet sich die Marmorstatue des hl. Rocco (16. Jh.), dem Schutzpatron der Stadt. Die Piazza wird neben der Kirche von der weiträumigen gen Süden gerichteten Terrasse dominiert. Zum Greifen nah sieht man Sizilien auf der anderen Seite der Meerenge von Messina, nordwestlich die Liparischen Inseln mit dem rauchenden Stromboli. Bevor die Sonne abends ins Meer taucht, entfacht sie mit ihren letzten Strahlen ein Farbenspiel, dem der Küstenabschnitt den Namen *Costa Viola* (violette Küste) verdankt.

Pro Loco, Via Minasi 1, 89058 Scilla. *Municipio,* Piazza Rocco, 89058 Scilla, Tel. 0965/75 47 04.

Apartmentvermietung Signora Elisabeta Cardona, Via C. Colombo 11, 89058 Scilla, Tel. 0965/75 40 59 (Mai–Okt.), Via Umberto I. 52, 33038 San Daniele del Friuli, Tel. 0432/95 49

Südspitze Kalabriens

39 (Nov.–April), Luxus; Apartments in Marina Grande mit/ohne Meeresblick, gehobene Ausstattung. *Pension Le Sirene,* Via Nazionale 55, 89058 Scilla, Tel. 0965/75 40 19, 75 41 21, nach Absprache ganzjährig geöffnet, moderat; kleiner Familienbetrieb, Frühstücksterrasse mit Blick auf das Meer, Zimmer mit Bad. *Agriturismo Romeo Rijtano,* Inh. Domenico Romeo Rijtano, Via per Militino, 89050 Melia di San Roberto, Tel. 0965/75 53 01, Fax 89 79 52, Zimmer-

Scilla

Südspitze Kalabriens

Galeone U Bais, Schiff im Hafen, Tel. 0965/75 48 89, Juni–Sept., Vorbestellung notwendig, teuer. *Ristorante Grotta Azzura,* Via C. Colombo (Marina Grande), Tel. 0965/75 48 89, ganzjährig geöffnet, Mo geschl., moderat; gehoben, in freundlicher Atmosphäre, vorderer Saal im mediterranen Stil, azzurrer Speisesaal im hinteren Teil. Lokale Fischküche. *Ristorante Vertigine,* Piazza del Rocco, Tel. 0965/75 40 15, ganzjährig geöffnet, Mo geschl., moderat; Terrasse mit ›Schwindel‹ *(vertigine)* erregend schönem Ausblick, Küche bietet nichts Außergewöhnliches. *Agriturismo Romeo Rijtano,* Adresse s. o., günstig-moderat, nur nach Voranmeldung unter Tel. 0965/75 53 01.

Tipps: Ausgrabungen unter fachmännischer Leitung bietet die *Campagna di scavo per archeoturismo CERERE s.r.l.,* Castello Ruffo 1, 89058 Scilla, Tel. 0965/70 40 17.

Am auf den 16. August folgenden So, *Fest des Schutzpatronen San Rocco* mit Prozession und Markt.

Bahnstation: Scilla, ca. stdl. Verbindungen nach Villa San Giovanni, Reggio di Calabria, Rosarno, Lamezia und Paola.

vermietung und Campingstellplätze für Wohnmobile, günstig; oberhalb von Scilla, 14 km entfernt von Gambarie, auf einem Ausläufer des Aspromonte gelegen, Obst-, Oliven- und Kräuteranbau, Verpflegung.

Reggio di Calabria

Am *Stretto di Messina* (Meerenge von Messina) liegt die heimliche Hauptstadt Kalabriens. Gesäumt wird das Ufer vom Lungomare Matteotti, den Gabriele D'Annunzio einst als den schönsten Kilometer Italiens bezeichnet haben soll. Im Jahr 743 v. Chr. von den chalkidischen Griechen als *Rhegion* gegründet, blickt die Stadt auf eine lebhafte Vergangenheit zurück. Leider sind die meisten Spuren der Geschichte durch die verheerenden Erdbeben von 1783 und 1908 verwischt worden. Allein bei dem letzten Erdbeben vor rund einem Jahrhundert blieb ein Drittel der 45 000 Einwohner unter den Trümmern begraben. Agazio Trombetta beschreibt in seinem Buch ›La città di legno‹ (Die Stadt aus Holz) eindrucksvoll den Mut und die Kraft der Überlebenden, ihre Stadt neu aufzubauen. Entstanden ist eine moderne, in quadratischen Straßenzügen angelegte Stadtlandschaft mit einigen Überbleibseln der Geschichte.

Im oberen Teil der Stadt befinden sich die Ruinen des **Castello Aragonese** (1) mit seinem imposanten Mauerwerk und den Rundtürmen. Die mittelalterliche Burg wurde im 15. Jh. von den Aragonesen errichtet. Unterhalb des Kastells steht die kleine Kuppeldachkirche **Chiesa degli Ottimati** (2). Sie besticht durch ihre anmutige Schlichtheit, die lediglich durch bunte Fensterbilder und einen farbigen Marmoraltar durchbrochen wird.

An der Piazza Duomo befindet sich der nach dem Erdbeben Anfang des 20. Jh. wiedererrichtete **Dom** (3) im neuromanischen Stil. Die von dem Meister Francesco Jerace geschaffenen Statuen auf der Freitreppe bilden die hll. Paolo und Stefano ab. Besonders beachtenswert ist auch die Innenseite der Haupteingangstür, auf der die Stiefelspitze Italiens mit den wichtigsten Kirchen abgebildet ist. Das Innere des dreischiffigen Doms mit dezenter Deckenverzierung, Kerzenleuchtern und buntem Fensterglas ist sehr eindrucksvoll. Neben den Grabstätten einiger Bischöfe ist ein wertvoller Kirchenschatz mit Silber- und Goldschmiedearbeiten aus dem 15./16. Jh. zu sehen.

Im linken Flügel des Doms befindet sich die mit Marmor ausgekleidete *Kapelle Santissima Sacramento* mit einem imposanten Altar und riesigen Säulen, Heiligenfiguren und Deckengemälden. Der Bischof Agostino Gonzalez hatte 1537 die *Kapelle Santissima Trinità* errichten lassen. Später wurde sie nach mehreren Zerstörungen durch Eroberungszüge und Erdbeben wieder errichtet und umgetauft. Wegen ihrer wertvollen, noch originalen Intarsienarbeiten des späten 16. Jh. wurde die Kapelle zum Nationaldenkmal erklärt.

Einer Legende nach soll dem 16. Jh. lebenden Mönch Antonio Tripodi die Jungfrau erschienen sein und verkündet haben, er möge hingehen und den Bürgern von Reggio sagen, sie sollen den Allerhöchsten preisen für die Gnade, dass er die Pest von ihnen genommen hat. Seitdem wird die Schutzpatronin Madonna della Consolazione bei allen Naturkatastrophen und Unglücken um Hilfe

Besonders stimmungsvoll:
der Dom von Reggio am Abend

gebeten. In einer eindrucksvollen Prozession Mitte September wird das Gemälde vom Dom in den außerhalb gelegenen **Wallfahrtsort Chiesa Maria Santissima della Consolazione** (Busse vom Bahnhof aus) geleitet.

An der belebten **Piazza Carmine** nahe dem Dom strebt die **Chiesa del Carmine** (5) mit einer schlichten Außenfassade und einem in Stein gemeißelten, dekorierten Türbogen gen Himmel. Nach der andächtigen Stille der Kirchen bietet die **Villa Comunale** (6) willkommene Abwechslung. Inmitten des schön angelegten Parks mit Palmen und Pinien befindet sich ein Spielplatz für Kinder.

Der schattige Ort inmitten dieser geschäftigen Handelsstadt schluckt den rundherum tosenden Straßenlärm und bietet das pure Kontrastprogramm, das in Kalabrien so häufig anzutreffen ist: Modernität, Geschichte und Natur versetzen den Besucher immer wieder in ein Wechselbad der Gefühle: Zwischen den Anpflanzungen verstecken sich Kunstwerke wie die vier neoklassizistischen Büsten, eine Büste des Signore G. Zerbi und ein Torbogen aus dem 14. Jh. sowie einige Säulenreste.

Dieser Eindruck begleitet den Besucher, wenn er den **Lungomare Matteotti** entlang schlendert. Auf der einen Seite die Meerenge von Messina, unmittelbar auf der anderen Seite die vielbefahrene Straße. Dahinter, inmitten des Grünstreifens, befinden sich die **Ruinen der**

Römischen Thermen (7) mit einem freigelegten Mosaikfußboden. Nur wenige Schritte weiter sieht man noch **Reste der Griechischen Stadtmauer** (8).

Spaziert man in der Abenddämmerung oder im Dunkeln die Uferpromenade entlang und lässt den Blick gen Sizilien schweifen, kann man sich lebhaft vorstellen, wie einst leise Ruderschläge zu vernehmen waren, Boote anlegten und sich die Sarazenen an Land schlichen. Auch die Normannen brachen in der Nacht von Reggio nach Sizilien auf und eroberten die Insel.

Weiter nördlich am Lungomare trifft der Spaziergänger auf die **Piazza Indipendenza.** Hier befindet sich nebst einem dem Autor Corrado Alvaro gewidmeten **Denkmal** (s. S. 43) die **Gelateria Cesare** mit ihren wunderbaren Eiskreationen. Wer nach Sizilien übersetzen möchte, muss vorerst noch mit dem Schiff (von der Bahnstation Villa San Giovanni oder ab dem Hafen von Reggio) vorlieb nehmen. Die lang diskutierte und geplante Brücke, die den direkten Zugang vom italienischen Festland nach Sizilien herstellen soll, wird wohl im 21. Jh. verwirklicht werden. Die 5 km lange Brücke soll von Villa San Giovanni zum nordöstlichen Zipfel Siziliens hinüberführen.

Von der Moderne zurück in die Antike findet der Besucher im **Archäologischen Nationalmuseum** (9, Piazza della Nave). Auf vier Etagen sind die in Reggio ausgegrabenen Schätze und die bedeutendsten Funde aus ganz Kalabrien zu bewundern (Tel. 0965/81 22 25, Mo–So 9–18.30 Uhr, 1. und 3. Mo im Monat geschl., Eintritt 4 €). Im Erdgeschoss sind die vor- und frühgeschichtliche sowie die lokresische Sammlung in insgesamt 15 Sälen zu sehen. 18 Räume im ersten Stock zeigen die Funde aus den anderen griechischen Kolonien. Mittelalterliche und moderne Kunst findet der Besucher in der zweiten Etage. In den drei Sälen des Untergeschosses ist die Abteilung ›Unterwasserarchäologie‹ untergebracht, die mit den berühmten Bronzestatuen die Hauptattraktion des auf Initiative von Paolo Orsi eingerichteten Museums ist.

Die vor- und frühgeschichtliche Sammlung präsentiert auch Funde aus Locri, die größtenteils aus der Casa Marafioti und dem griechischen Theater stammen. Anfang des 20. Jh. entdeckte Orsi die Scherben des Terrakottadachs (Casa Marafioti) ebenso wie eine steinerne Reiterfigur. Datiert sind die Funde auf das 5. Jh. v. Chr. Neben vielen Keramikvasen sind auch die berühmten *pinakes* zu bestaunen. Diese tönernen Weihetäfelchen bilden Szenen des Persephone-Kore-Kults und der Entführung der Kore ab.

Die wohl berühmtesten Fundstücke Kalabriens, die ›*Krieger von Riace*‹, befinden sich in der Abteilung Unterwasserarchäologie. Die eindrucksvollen Statuen sollen im 5. Jh. v. Chr., in der griechischen Klassik, von unterschiedlichen unbekannten Meistern erschaffen wor-

Bronzestatuen von Riace – Entwicklungshelfer des Südens?

Die bronzenen Krieger von Riace gehören zu den berühmtesten Statuen der Welt. Sie sind 2500 Jahre alt und lagen über zwei Jahrtausende auf dem Grund des Ionischen Meers. Im Sommer 1972 wurden sie zufällig von einem Hobbytaucher entdeckt und sorgten für eine Sensation. Erstmals im Dezember 1980 wurden sie nach Restaurierungsarbeiten der Öffentlichkeit in Florenz präsentiert und lange stritten die Experten darüber, ob man die Statuen an ihre Fundstätte in Kalabrien zurücktransportieren solle. Die Region war damals noch ein weitgehend unbekanntes Urlaubsland. Wäre es nicht sinnvoller, die archäologischen Kostbarkeiten zu den Menschen zu bringen (in die Metropole Rom oder die Kunststadt Florenz), als die Menschen zu den Statuen reisen zu lassen? Aber schließlich siegten die Kalabresen und konnten ›ihre‹ Krieger im Nationalmuseum von Reggio di Calabria ausstellen. Man schwor sich dort, dass die Fundstücke nie wieder den heimischen Boden Kalabriens verlassen sollten.

Seit 1980 haben sie nun viele Besucher in die Stadt an der Meerenge von Messina gelockt und den Bekanntheitsgrad der südlichen Region erhöht. Vor allem aber haben dieser Fund und die Ausstellung deutlich gemacht, dass Kalabrien weit mehr zu bieten hat als Sonne, Strand und Meer. In diesem Sinne sind die schönen Krieger im wahrsten Sinne des Wortes ›Entwicklungshelfer des Südens‹.

den sein. So mancher Betrachter schwärmt von der erotischen Ausstrahlung und der Perfektion dieser übergroßen Mannsbilder. In der griechischen Kultur ist der männliche, nackte Körper ein Zeichen von Göttlichkeit und Tugend. Die Nacktheit der beiden Helden oder Athleten steht im Einklang mit den in den heiligen Stätten wie Olympia und Delphi veranstalteten Spiele.

Ein weiteres interessantes Fundstück ist der sogenannte ›Philosophenkopf‹ aus Bronze und ebenfalls Ende des 5. Jh. v. Chr. datiert. Er ist als Abbild eines Philosophen identifiziert worden, weil er das für alle Philosophen damals so typische Stirnband trug. Die umfangreiche Münzsammlung des Museums zeigt Funde aus ganz Kalabrien und aus unterschiedlichen Epochen.

Die Pinakothek ist in chronologischer Abfolge gegliedert. In der Abteilung der mittelalterlichen Kunst ist u. a. eines der frühesten Gemälde von Mattia Preti und ein Gemälde

Südspitze Kalabriens

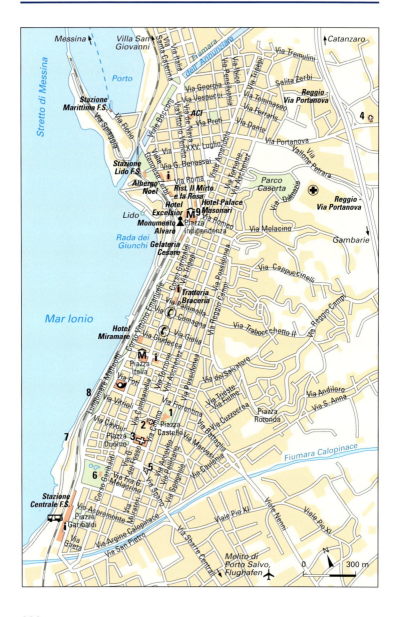

von Antonello da Messina (14. Jh.) zu betrachten. Der schuhförmige Kindersarg ist einer der zahlreichen Funde, die in der Nekropolis rund um das Museum gefunden wurden. Unter den Mauern des heutigen Museums wurden Grabstätten freigelegt, die für die Öffentlichkeit nicht zugänglich sind.

Um detaillierte Informationen zu den einzelnen Fundstücken zu erhalten, sollte der Besucher sich unbedingt vorab mit Literatur ausstatten (im Museum integrierter Buchladen), denn die Beschreibungen zu den Fundstücken sind bisher ausschließlich in italienischer Sprache und teils unvollständig. Am Wochenende sind häufig Museumsassistenten im Einsatz, die kompetent und ausführlich informieren.

Ein Bummel durch die Innenstadt über den **Corso Garibaldi** mit seinen eleganten Geschäften bietet sich nach dem beeindruckenden Museumsbesuch ebenso an wie ein Streifzug durch die Seitenstraßen (Via Fra Gesualdo Melacrino, Via G. del Fosso), in denen alte Palazzi mit in Stein gehauenen, prunkvollen Balkonen und reich verzierten Außenfassaden das Auge erfreuen. Auch wenn Reggio sicherlich nicht unbedingt das Ziel des Badeurlaubers ist, so bietet sich der unmittelbar in der Innenstadt unterhalb der Bahnstation Lido gelegene Strand für ein erfrischendes Bad an.

Azienda di Promozione Turistica APT, Via Roma 3, 89100 Reggio di Calabria, Tel. 0965/211 71, 89 25 12, Fax 89 09 47. *APT c/o Stazione Centrale FF.SS.*, Piazza Garibaldi, Tel. 0965/ 271 20. *Uffici Informazioni Turistiche*, Corso Garibaldi 327, Tel. 0965/89 20 12.

Grand Hotel Excelsior****, Via Veneto 66, 89121 Reggio Calabria, Tel. 0965/81 22 11, Fax 89 30 84, Luxus; luxuriöses Kongresshotel, Ristorante Gala (exklusive lokale und internationale Küche). *Hotel Miramare*****, Via Fata Morgana 1, 89127 Reggio Calabria, Tel. 0965/81 24 44, Fax 81 24 50, mira mare@reggiocalabriahotels.it, teuer; in einem imposanten Palazzo, gediegene, gepflegte Atmosphäre, mit Restaurant. *Hotel Palace Masonari's****, Via Vittorio Veneto 95, 89121 Reggio Calabria, Tel. 0965/264 33, Fax 264 36, palace@reggiocalabriahotels.it, moderat; gut ausgestattetes Hotel. *Albergo Noel***, Viale Zerbi 13, 89121 Reggio Calabria, Tel. 0965/89 09 65, Fax 33 00 44, günstig; am Lungomare, einfache Unterbringung.

Trattoria Bracieria, Via Demetrio Tripepi 81–83, Tel. 0965/293 61, tgl. geöffnet, Menü inkl. Getränke moderat; oberhalb des Corso Garibaldi gelegen, kalabresische Küche in einfacher, ursprünglicher Atmosphäre. *Ristorante Il Mirto e La Rosa*, Via Roma 10, So geschl., moderat; kleines, zentral gelegenes Restaurant. *Gelateria Cesare*, Piazza Indi-

---

Reggio di Calabria 1 Castello Aragonese 2 Chiesa degli Ottimati 3 Duomo 4 Chiesa Maria Santissima della Consolazione 5 Chiesa del Carmine 6 Villa Comunale 7 Römische Thermen/Terme Romane 8 Griechische Stadtmauer/Mura Greca 9 Museo Nazionale

pendenza/Via C. Colombo 2, Di geschl.; köstliches Eis gibt es in der unterhalb des Nationalmuseums gelegenen Eisdiele.

Euroartigianato, Viale G. Zerbi 1/3, Di nachmittags geschl.; Geschenkartikel, Keramik der Gegend. *Enoteca Vintripodi,* Via Veneto 46b; einheimische Weine, Liköre, Geschenkartikel. *Libreria Paoline,* Via T. Campanella 65, Mo Vormittag geschl.; am Domplatz, gut sortiert, Literatur zu christlichen wie weltlichen Themen.

Karneval, *Estate reggina* – Sommer mit kulturellen Veranstaltungen, u. a. *Bergamotto d'oro* und Vergabe des Literaturpreises Rhegium Julii; Mitte Sept., *Fest der Madonna della Consolazione* mit Markt.

Bahnstation: Reggio Calabria Centrale, Tel. 0965/89 81 25, mehrmals tgl. nach Taormina, Catania, Siracusa, mehrmals tgl. Schnellzüge nach Neapel, Rom, Florenz, Bologna, Turin, Mailand, stdl. Verbindung nach Villa San Giovanni, Messina, Rosarno, Vibo Valantia-Pizzo, Lamezia, Paola, stdl. entlang der Ionischen Küste bis nach Catanzaro Lido, mehrmals tgl. nach Cosenza, Locri, Catanzaro, Crotone, Sibari, Taranto, und Bari. **Busverbindungen:** *Autolinee Federico,* tgl. vom Hafen und Bahnhof nach Locri, Roccella Ionica, Monasterace und Stilo, Tel. 0965/59 02 12; *A.M.A.,* mehrmals tgl. von der Piazza Garibaldi nach Gambarie, Tel. 800 43 33 10/numero verde/kostenlos. **Flughafen:** Aeroporto dello Stretto, Via Provinciale Ravagnese 11, 89067 Reggio Calabria, Tel. 0965/64 30 32, Altalia Tel. 0965/64 30 95; Air One Tel. 0965/63 66 00, tgl. Flüge mit nach Rom und Mailand. Vom Flughafen in die Stadt besteht ein *Shuttle-Bus-Verkehr, A.M.A.,* Tel. 0965/ 62 01 21, der mehrmals stdl. Stadt-Flughafen verkehrt, Busstation Bahnhof/Nationalmuseum. **Schiff:** Überfahrten (Pkw, Personen) von der Bahnstation Villa San Giovanni–Messina alle 30–60 Min., 35-minütige Überfahrt (Infos bei der Bahn); *Traghetti Meridiano,* Fähren vom Hafen Reggio (Stazione Lido)–Messina, Mo–Fr stdl., Sa alle 2 Std., So 2 x tgl., ca. 30-minütige Überfahrt, Tel. 0965/81 04 14, pro Person 1,50 €, pro Auto 7,50 €, Motorrad 2,50 €; *SNAV,* Ausflüge zu den Liparischen Inseln in den Sommermonaten vom Hafen Reggio, Stazione Lido mehrmals tgl., Tel. 0965/295 68. **Autoverleih:** *Maggiore Autonoleggio,* V. Aeroporto Civile, 89100 Reggio, Tel. 0965/64 31 48, Fax 63 60 71; *Autonoleggio Auto Europcar,* V. Aeroporto Civile, 89100 Reggio, Tel./Fax 0965/64 54 22; Büro nahe Hbf, Via Aspromonte 18, Tel. 095/200 21.

Pentidàttilo und die griechischen Dörfer an der Südspitze und im Aspromonte

Rund 30 km südlich von Reggio di Calabria liegt **Pentidàttilo.** Von der Küstenstraße 106 gelangt man über eine sehr kurvenreiche Straße mit einer reichen Vegetation aus Kakteen, Glockenblumen, gelben Margeriten, wildem Fenchel, Mandel-, Oliven- und Eukalyptusbäumen zu dem in 400 m Höhe gelegenen, entvölkerten Ort. Der Name des Bergdorfs am Fuß des Aspromonte entstammt dem griechischen *pentedaktylos*

Pentidàttilo/Bovesia

(fünf Finger), denn der Felsen, auf dem sich Pentidàttilo ausdehnt, soll einer Hand gleichen. Direkt unter einer Felswand stehen bzw. verfallen die kleinen an dem Hang gebauten Häuser. Bedrohlich und beschützend zugleich ragen die Felsen gen Himmel.

Die Ursprünge und die genaue Geschichte des Bergdorfs liegen im Dunkeln und lassen Raum für allerhand Legenden. Wahrscheinlich geht die erste Besiedlung auf das 7. Jh. v. Chr. zurück. Anzunehmen ist, dass die strategisch günstige Position zwischen den ehemals griechischen Ansiedlungen *Rhegion* und Lokroi Epizephyrioi zu der Gründung führte. Als Pentidàttilo im Jahre 1589 vom Besitz der Barone Abenavoli in den des Marquis Alberti überging, begann eine Tragödie.

Die Tochter des Marquis, Antonietta, verliebte sich in den Sohn des Barons von Montebello, Bernardino. Doch der Marquis Alberti lehnte diese Verbindung ab. Als Antonietta sich schließlich dem galanten Don Petrillo Cortez zuwendete, war Bernardino zu Tode beleidigt und nahm Rache. Er schlich sich unter dem Schutz des rauschenden Windes heran, eroberte die Burg der ›dreihundert Türen‹ (Ruinen des Kastells noch heute sichtbar) und veranstaltete ein blutiges Gemetzel. Dann entführte er Don Petrillo, kerkerte ihn in Montebello ein und zwang Antonietta, ihn zu heiraten. Schon bald aber musste der Rächer Bernardino fliehen und starb fernab der Heimat im Kampf gegen die Türken.

Um diese wahre Begebenheit ranken sich viele Legenden. So wollen die Bewohner Pentidàttilos in den stürmischen Winternächten noch den Wut- und Schmerzensschrei des Marchese Alberti vernommen haben. Eine andere Geschichte erzählt von dem tödlich verwundeten Marquis, der seine blutige Hand gegen die Felswand stützte, und den Abdruck der fünf Finger hinterließ.

Ende des 18. Jh. siedelte sich hier eine Gruppe von Griechen an, die von der Landwirtschaft und Hirtentum lebte. Die Erdbeben von 1783 und 1908 sowie einige schwere Unwetter verursachten allerdings schwere Schäden. So zogen immer mehr Bewohner an die Küste oder emigrierten, bis der Ort schließlich vollkommen verlassen war. Heute sind einige der alten Häuser restauriert und werden von ihren Besitzern in den Sommermonaten bewohnt.

An der Südspitze Kalabriens konnte die griechische Kultur auch fast 1000 Jahre nach der Vorherrschaft der Byzantiner überleben. In den Dörfern Roghudi, Ghorio di Roghudi, Roccaforte del Greco, Condofuri, Gallicianò und Bova sprechen noch einige ältere Bewohner griechisch und halten die Folklore lebendig.

Das Zentrum der **Bovesia** ist der ehemalige Bischoffsitz **Bova.** Hier in *Vua,* wie der Ort auf Griechisch heißt, wurde bis 1573 der griechische Ritus ausgeübt. Die Anfahrt zu der in 800 m Höhe befindlichen Ansiedlung führt über eine in Bova Ma-

Aspromonte

Bereits der Name ›rauher Berg‹ vermittelt einen ersten Eindruck von dem Naturspektakel des Aspromonte-Gebirges mit seinem höchsten Berg, dem Monte Cocuzza (1955 m): Eine wilde und fast unberührte Natur, wie sie nur noch selten in Europa anzutreffen ist. Der Aspromonte ist reich an Wasserläufen, die von ihren Quellen hinaus ins Tal hinabstürzen. Im Sommer sind die Flussbetten, z. B. die der Amendolea, ausgetrocknet, doch im Winter können sie zu reißenden Strömen werden. Ist die Vegetation im Südwesten von dichtem Nadelwald bestimmt, überwiegt ein karger Charakter an der Ostseite. Hier, im Gebirgsmassiv des Aspromonte, findet man sicher eine der letzten Spuren archaischen Bauernlebens in Italien, so die jahrhundertealte Tradition der Schafs- und Ziegenzucht. Der in San Luca geborene und aufgewachsene Schriftsteller Corrado Alvaro vermittelt in seinem Buch ›Gente in Aspromonte‹ anschaulich das einfache und harte Leben der Hirten.

Das Aspromonte Gebirge ist ein wunderbares Ziel für Wanderer und zugleich ein beliebtes Wintersportgebiet. In 1360 m Höhe bietet **Gambarie,** nur 35 km östlich von Reggio di Calabria mit seinem milden mediterranen Klima pure Winterfreuden an. 7 km nördlich dieses Feriendorfs gedenkt ein **Monument** dem **Garibaldi,** der wesentlich an der Befreiung Italiens von den Bourbonen und der nationalen Einigung beteiligt war. Als er mit seinen Getreuen jedoch weiter für eine gerechte Umsetzung der revolutionären Ziele in Italien kämpfte, kam es 1862 im Aspromonte zu einer Auseinandersetzung mit den Piemontesen. Dabei wurde er nicht nur verletzt, sondern die königstreuen Truppen bereiteten ihm auch eine Niederlage.

Die ›Berühmtheit‹ hat der Aspromonte allerdings weder durch seine wunderschöne Natur noch durch Garibaldi erlangt. In den letzten Jahrzehnten des 20. Jh. war seine Bergwelt vielmehr Endpunkt zahlreicher Entführungen, deren Opfer hier Monate, manchmal Jahre lang in Höhlen gefangen gehalten wurden. Viel ist über die Hintergründe der grausamen Entführungen durch die 'ndrangheta spekuliert worden. Schließlich ist ja ein Heer von Mitwissern beteiligt, das auch seinen Anteil an dem Lösegeld haben will. Und so steigen denn auch die horrenden Forderungen an die Familien der Entführten, deren Zahlung häufig durch die italienische Polizei vereitelt wird, Monat für Monat, Jahr für Jahr bis ins Unermessliche. Der Journalist Sergi Pantaleone hat inzwischen sogar die These aufgeworfen, ob damit nicht einfach ein Ablenkungsmanöver bezweckt ist. Indem die Carabinieri mit der fast unmöglichen Suche nach den Opfern beschäftigt sind, werden sie von dem Drogenhandel im Aspromonte-Gebirge abgelenkt.

Auch wenn es in den letzten Jahren keine neuen Entführungen gegeben hat, so sollte dennoch eine besondere Achtsamkeit gewahrt werden. Vorwitzige Abenteuerlust und Ignoranz gegenüber etwaigen Äußerungen der Bewohner des Aspromonte sind absolut unangebracht. Empfehlenswert, auch wegen der teils schwer zugänglichen und abgelegenen Winkel, sind daher Führungen und Wanderungen, die von zahlreichen Organisationen angeboten werden.

Ente Parco Nazionale dell'Aspromonte, Via Aurora, 89050 Gambarie di Santo Stefano, Tel. 0965/74 30 60, Fax 74 30 26. *Consorzio Turistico Gambarie,* Via degli Abeti 8, 89050 Gambarie.

Hotel Miramonti ***, Via degli Sci, 89050 Gambarie, Tel. 0965/74 31 90, assotur@diel.it, ganzjährig geöffnet, moderat; neu errichtetes, modernes 40-Zimmer-Hotel in Gambarie. Ausflugsprogramm, Restaurant, Discothek, Bar, Spielplatz. *Albergo Ristorante Centrale,* Piazza Mangeruca 23, 89050 Gambarie, Tel. 0965/74 31 33, Fax 74 31 41, centralenet@tin.it, ganzjährig geöffnet, moderat; familiär geführtes, komfortabel eingerichtetes 48-Zimmer-Hotel: Balkon, Aufzug, Restaurant, Bar, Discothek und Kongresssaal. Mitten im Zentrum von Gambarie, nah des Skigebiets gelegen. *Agriturismo Romeo Rijtano,* Melia, s. Infoteil zu Scilla, moderat.

Agriturismo Rijtano, s. Infoteil zu Scilla), moderat. *Ristorante Centrale,* Adresse s. Unterkunft, ganzjährig tgl. geöffnet, Menü ab 12 €; lokale Gebirgsküche, Spezialität: *tagliallini ai funghi* (Pasta mit Pilzen).

C.A.I. Club Alpino Italiano, Via Argine Destro Calopinace 3, 89121 Reggio di Calabria, Tel. 0965/89 82 95. *Zweigstelle in Gambarie,* Tel. 0965/74 30 75. *Cooperativa Nuove Frontiere,* Via Argine Destro Calopinace, 89121 Reggio di Calabria, Tel. 0965/89 82 95. *G.E.A. – Gruppo Escursionistico Aspromonte,* Via Castello 2, 89121 Reggio di Calabria, Tel. 0965/33 28 22. *Aspromonte Up & Down,* Via degli sci 10, 89050 Gambarie, Tel. 0965/74 30 61; bietet Wanderungen, *torrentissimo,* Mountain-Biking und Ausflüge an.

Busverbindungen: A.M.A., mehrmals tgl. von und nach Reggio di Calabria, Tel. 800 43 33 10/numero verde = kostenlos. **Flughafen:** Reggio di Calabria, s. S. 208. Anfahrt mit dem **Auto** von Norden über Reggio di Calabria (Autobahnausfahrt Reggio) über die S 184, vom Süden über die S 183 (Abzweig in Melito Porto Salvo).

Aspromonte mit Blick auf den Ätna

rina beginnende, sich langsam nach oben schlängelnde Straße (14 km). Wie in allen griechischen Dörfern, trifft man auf zweisprachige Beschilderungen im Ort.

Geschichte und Moderne, eingebettet in die urtypische Landschaft des wilden Aspromonte, ergeben einen seltsamen Anblick: halbverfallene Palazzi aus dem 17./18. Jh. zeugen von einer harmonischen Architektur, Bauschutt, Ruinen und hässliche Gebäude neueren Datums von Bauwut und -sünden.

Die beste Aussicht über die sattgrüne Umgebung und das Flussbett der Amendolea genießt man zweifellos von den *Ruinen des Kastells*. Die Burg ist direkt an den Fels gebaut worden, um die naturgegebene Befestigung zu nutzen. In schwindelerregender Höhe, neben einem halb zerfallenen Kreuz, erblickt man im Süden das Ionische Meer, im Norden den Aspromonte, direkt unterhalb der Ortschaft mit den *Kirchen San Leo* und *dell'Immacolata*.

In dem wichtigen Landwirtschaftszentrum werden sehr gute Weine (u. a. bekannt ist der rote *Bova*) und Öl hergestellt, Textil- und Holzverarbeitung florieren. Besonders interessant ist, dass die Bewohner den weitverbreiteten und robusten Ginster als Textilstofflieferant entdeckten. Auch wenn die Verarbeitung relativ aufwendig ist, so macht sich die Arbeit doch bezahlt.

Als äußerst strapazierfähige Faser wurde die Pflanze früher zur Herstellung von Bettlaken, Mehlsäcken aber auch für Kleidungsstücke verwandt. Heute wird so allerdings nur noch vereinzelt produziert.

Nördlich von Bova gelangt man in das völlig abgeschiedene **Dorf Roghudi** (527 m). Angeschmiegt an einen begrünten Hang scheinen die verlassenen Häuser das Flussbett der Amendolea zu bewachen. In dem nur 1 km entfernt gelegenen Ortsteil **Ghorio di Roghudi** kann der Besucher miterleben, wie auf traditionelle Art Ziegenkäse hergestellt und die Ginsterfäden zu Textilien verarbeitet werden.

Die in 970 m Höhe errichtete Ortschaft **Roccaforte del Greco** liegt westlich auf der anderen Flussseite der Amendolea und wird von Roghudi über eine kurvenreiche, steile

Straße erreicht. Überragt von dem Gipfel des **Monte Cavallo** (1333 m) genießt man vom Felsgrat oberhalb des weißen Kiesbetts des Amendolea-Flusses ein tolles Panorama.

Das wohl urtypischste und traditionell lebendigste der griechischen Dörfer ist **Gallicianò**. Von Condofuri Marina fährt man landeinwärts in Richtung Condofuri Superiore und biegt nach ca. 15 km rechts ab (unbefestigte Straße). Die wenigen verbliebenen Bewohner halten in dieser Abgeschiedenheit des Aspromonte ihre Musik (Tamburin und Dudelsack), Handwerkstraditionen (Holzschnitzerei, Handwebstühle zum Ginsterweben) und Sprache lebendig. Hier tragen die Straßen die Namen von griechischen Göttern und mystischen Figuren.

Die rund 4000 Einwohner zählende Stadt **Bova Marina** mit ihren Sandstränden und dem klaren Wasser ist das reine Kontrastprogramm zu den Dörfern im Aspromonte. Mitte des 16. Jh. ließ man unter König Karl V. zahlreiche Küstenwachtürme zur Verteidigung vor den türkischen Invasoren errichtet. Einer dieser so genannten Sarazenentürme, die *Torre di San Giovanni d'Avalos* bzw. deren Grundmauern sind noch am Kap San Giovanni zu besichtigen. Erst im 17./18. Jh., als die Invasionen nachließen, begannen sich die Küstenstriche wieder zu bevölkern. In dem kleinen Handelszentrum ist die *Università per la terza età e per il tempo libero* ansässig, die sich um die Bewahrung und Pflege der Traditionen der Bovesia bemüht. Ihr Sitz ist die *Biblioteca Comunale,* in der auch das *Museo delle tradizioni popolari e grecaniche* Landwirtschaftsgeräte, Hand-

werkszubehör und Gegenstände des Hausgebrauchs ausstellt (Mo–Sa 10–14 Uhr, Eintritt frei).
Tipps und Adressen s. S. 214f..

An der Costa dei Gelsomini

Jasminküste, so lautet der Name der Ionischen Küste an der Südspitze des italienischen Festlands. Den Namen trägt die Küste nach der hier wachsenden Jasminpflanze mit ihren kleinen weißen Blütenblättern und dem bezaubernden Duft im Frühling. Der zentrale Abschnitt der *Costa dei gelsomini* liegt auf der Höhe von Brancaleone.

Ohne die Schönheit und den Duft der Jasminpflanze schmälern zu wollen, darf eine andere Pflanze nicht unerwähnt bleiben: die Bergamotte, auch Frucht der Götter genannt. Melito Porto Salvo, der südlichste Punkt der italienischen Halbinsel, ist eines der bekanntesten Anbauzentren der Bergamotte. Weltweit wächst die Zitrusfrucht fast ausschließlich rund um die Südspitze Italiens, von Bagnara (Tyrrhenisches Meer) bis Locri (Ionisches Meer).

Aus ihrer Schale wird die begehrte Essenz gewonnen, die Verwendung in der Parfüm-, Pharma- und Lebensmittelindustrie findet. Denn die Bergamotte ist nicht nur wegen ihres Duftes und Geschmacks, sondern auch wegen ihrer antiseptischen und antibakteriellen Eigenschaften bekannt. So ist es nicht verwunderlich, dass die Früchte ausgesprochen kostbar sind: um 1 kg Essenz zu gewinnen, werden 200 kg Früchte benötigt. Alle Versuche, die Bergamotte unter ähnlichen klimatischen Bedingungen anzupflanzen, blieben bisher erfolglos.

Der Küstenabschnitt von **Brancaleone** mit seinem Jasmin- und Bergamotte-Anbau nordwärts Richtung **Africo** bietet dem Bade- und Sonnenhungrigen weitläufige, wenig besuchte Strände. Die Küstengegend ist ausgesprochen flach und hinter den Stränden (überwiegend weiße Sand-, teils aber auch Kieselstrände mit vorgelagerten Felsen im Wasser) verläuft ein Grüngürtel. Einzig die nah verlaufende Eisenbahnlinie und Straße stören. Die Sandhügel links der Küstenstraße erwecken streckenweise den Eindruck, man befinde sich in der Wüste. Farbenfrohe Kontraste setzen Klatschmohn, Orchideen und Oleander. Ergänzt wird die Blütenpracht durch Akazien, Mimosen, Ginster, Ficus und Glockenblumen.

Pro Loco, Via Crotone 9, 89063 Melito Porto Salvo (Pentidàttilo), Tel. 0965/78 16 79. *Pro Loco,* c/o Municipio, Piazza Roma, 89033 Bova. *Pro Loco,* Piazza Mercato, 89035 Bova Marina.

Hotel Residence Altalia****, Via Nazionale 106, 89036 Brancaleone, Tel. 0964/93 30 31, Fax 93 39 92, Hotel teuer, Residence moderat; luxuriöses Hotel, Schwimmbad, Tennisplatz, Privatstrand, Restaurant, Bar, Aufzug. *Vil-*

laggio Eurocamping, SS 106 km 83, Cas. Postale 24, 89034 Bovalino, Tel./Fax 0964/91 14 07, Tel. 46 16 26 (Winter), Apartments moderat, Camping günstig; im Grünen am Meer gelegen, Tennis, Fußball, Disco, Animation, Restaurant. *Hotel Villaggio Stella Marina,* 89063 Annà di Melito Porto Salvo, Tel. 0965/78 76 44, Fax 78 70 01, moderat, Campingplatz günstig; 5 km von Pentidàttilo entfernt liegt diese moderne Ferienanlage, Bungalows, Spielplatz, Pizzeria, Animation und Reiten am Meer. *Agriturismo Il Bergamotto,* Inh. Ugo Sergi, Contrada Amendolea, 89030 Condofuri, Tel./Fax 0965/72 72 13, günstig; im Amendolea-Tal, renovierte, funktionale Bauernhäuser, Wandern, Ausflüge, Bergamotte-Anbau.

 Bova Marina: Karneval; Mai, *Internationaler Preis für griechische Poesie und Texte;* 1. So im August, *Festa della madonna del mare,* Meeresprozession. **Bovesia:** Sommer, *Paleariza,* Festival der griechischen Kultur und Musik, schwerpunktmäßig in Bova, Sagre, Ausstellungen lokaler Produkte. **Roccaforte del Greco:** am zweiten Oktoberwochenende *Jahrmarkt.*

Tipps: Spezialitäten der Bovesia sind die *maccarruni i casa,* hausgemachte Macceroni, *ricotta con il miele,* Ricotta mit Honig und natürlich Wein.

Bahnstationen: Von Melito Porto Salvo, Bova Marina, Capo Spartivento, Brancaleone, Africo Nuovo, Bianco, Bovalino und Ardore fahren tagsüber stdl. Züge Richtung Reggio di Calabria und Catanzaro Lido (Locri, Monasterace, Soverato, Squillace). **Busse:** *Autolinee Bonfa'Talia,* von Bianco (Bahnhof) nach Locri (Piazza dei Martiri) über Bovalino (Bahnhof) und Ardore (Bahnhof), Tel. 0964/91 33 70; *Autolinee SAJA,* von Bova Marina (Bahnhof) nach Rom über Brancaleone (Bhf.), Africo (Ampel), Bianco (Bhf.), Bovalino (Piazza Mercato), Locri (Piazza dei Martiri), Roccella Ionica (Bhf.), Monasterace, Soverato, Copanello, Catanzaro Lido bis Rom, Tel. 0965/81 23 35, Fax 89 36 22. **Flughafen:** Reggio di Calabria, s. S. 208. **Auto:** Küstenstraße 106; Anreise Pentidàttilo über die SS 106, Abzweiger Pentidàttilo zur Linken folgen, nächste Kreuzung links, hinter dem Tabakladen biegt man links ein, aufwärts.

Locri Epizefiri und Locri

Die Gründer von **Lokroi Epizephyrioi** (ital. *Locri Epizefiri*) siedelten zunächst 20 km südlich in der Nähe des heutigen Capo Bruzzano (früher Zefiro). Als sie das nördliche, wesentlich fruchtbarere Gebiet entdeckten, gründeten sie dort Ende des 8. Jh. v. Chr. ihre Stadt. In Erinnerung an den ersten Siedlungsort gaben sie Lokroi den Beinamen Epizephyrioi (Zefiro). Die Stadt wurde auch dank dem hier lebenden Zaleucos, Verfasser des ersten europäischen Gesetzbuches (im 7. Jh. v. Chr.), bekannt. Sie entwickelte sich rasch und gründete bereits Ende des 7. Jh. die Tochterkolonien *Hipponion* (Vibo Valentia) und *Medma* (Ebene von Gioia Tauro) am Tyrrhenischen Meer.

Berühmt geworden ist die einst reiche Stadt mit ihren 30 000 Einwohnern allerdings durch die *Schlacht an der Sagra:* Als die Krotoner den Goldschatz von Persephone aus dem Tempel rauben wollten, schlugen die Locreser den angeblich zehnmal stärkeren Gegner in die Flucht. Durch die Heirat einer locresischen Adligen mit dem Herrscher von Syrakus, gewann die Stadt weiter an Macht. Dionysos I. vermachte *Lokroi* weite Gebiete von *Rhegion* und *Kaulonia*. Als sein Sohn, Dionysos II. aus Syrakus vertrieben wurde und nach *Lokroi* kam, begann eine schreckliche Tyrannenherrschaft, die mit der Ermordung des Syrakusers durch die Bevölkerung endete. Hannibal besetzte die Locri Epizefiri 216/215 v. Chr., später wurde sie *municipium* des Römischen Reichs. Im Zuge der vielen Angriffe der Sarazenen verließen die Einwohner um das 7./8. Jh. n. Chr. die Stadt und gründeten im Landesinneren Gerace (s. S. 217ff.).

Heute zeugt der zwischen Meer, Olivenhainen und Feldern entstandene **Archäologische Park** (tgl. von 9 Uhr bis Sonnenuntergang) von dem einstigen Reichtum der Stadt. An Ausgrabungen sind besonders die Mauerreste des ionischen *Tempels Marasà* und die Säulenhalle des Hafens, die *stòa*, beachtenswert (beide Stellen an der Ostseite des Parks). Anhand der freigelegten Mauerreste im Nordosten konnte errechnet werden, dass einst eine 7 km lange Mauer die Stadt umgab. Zu sehen sind westlich davon die Fundamente des *griechischen Theaters* (erbaut um das 6. Jh. v. Chr.), das durch seine Bauweise und seinen Durchmesser von 70 m eine wunderbare Akustik gehabt haben muss.

Im äußersten Westen, jenseits der inneren Stadtmauern befand sich der *Wachturm des Hauses Marzano* und etwas südlich der *Tempel der Persephone*. In dem Heiligtum hat Paolo Orsi bei seinen Ausgrabungen zahlreiche Terrakotta-Täfelchen mit den Darstellungen des Persephone-Kore-Kults und diverse Keramikgegenstände gefunden. Die Täfelchen wurden in Huldigung an die im Frühling zur Erde hinabsteigende Göttin der Fruchtbarkeit an Bäume gehängt. Im Herbst zerschlug man diese *pinakes* wieder, um Platz für neue zu schaffen. Den Persephone-Kore-Kult bezeugen zahlreiche im Nationalmuseum von Reggio (s. S. 204ff.) ausgestellte gebrochene Täfelchen. Dort sind auch andere Fundstücke der Casa Marafioti wiederzufinden. Weitere Funde sind im Antiquarium, in Locri (Collezione Scaglione), in Catanzaro (Museo provinciale) und in Crotone (Museo Archeologico Nazionale) zu besichtigen. Die **Kollektion der Familie Scaglione** zeigt Fundstücke aus der griechischen Epoche und kann auf Nachfrage kostenlos besichtigt werden (Via Domenica Candida 6, Tel. 0964/203 44).

Nah dem Ausgrabungsgebiet befindet sich das **Nationalmuseum** (Contrada Marasà, Locri, Tel. 0966/39 00 23, im Sommer Di–Sa 9–13, 15.30–19, Mo und So 9–13 Uhr, im Winter Di–Sa 9–13, 15.30–17.30, Mo und So 9–13 Uhr). Hier werden Fundstücke, wie Tonstatuen, *pinakes*, figürliche Terrakotten, Münzsammlungen, Grab-

beigaben und Vasen ausgestellt, die von dem einstigen Reichtum dieser Stadt zeugen. Zugleich wird die Ausgrabung der *centocamere* (die Grundmauern von einigen Wohnhäusern konnte freigelegt werden) umfassend dokumentiert.
Tipps und Adressen s. S. 219ff.

Gerace

Die 3000 Einwohner zählende Stadt an den nordöstlichen Ausläufern des Aspromonte ist ein kleines Juwel. Die Stadt wurde um das 7./8. Jh. von den aus dem nahegelegenen *Lokroi* geflüchteten Einwohner gegründet und erlebte unter der Herrschaft der Normannen ihre höchste Blüte. Nach der Einheit Italiens 1861 entstand eine neue Siedlung am Meer, Gerace Marina, die 1934 auf den Namen Locri getauft wurde.

Im unteren Teil der Stadt, dem Borgo, ist von den fünf Gotteshäusern die byzantinische **Kirche Santa Maria del Mastro** (1) aus dem Jahre 1084 besonders sehenswert. Durch eines der Stadttore, die Porta del Sole mit dem bronzenen Stadtwappen, gelangt man in den oberen Stadtteil, den Borghetto. Direkt die erste Straße links führt zu dem Augustinerkonvent und der **Kirche Sant'Anna** (2). Im Inneren der Kirche sind einige Kunstwerke zu sehen, so das Bild vom hl. Pantaleon von Mattia Preti (17. Jh.), der ›Ruhm der hl. Anna‹ (17. Jh.) und das Abbild der hl. Katherina von Azzolino, ebenfalls 17. Jh. Dass die unterhalb der Kirche gelegene **Passegiata delle Bombarde** in früheren Zeiten der Entdeckung unerwünschter Gäste diente, kann der Besucher anhand des wunderbaren Panoramas erahnen.

Über die Piazza Tocco und die Via Zaleuco gelangt man links in die Via Beccari. An einem Palazzo sind zwei **Biforienfenster** (3) aus dem 13. Jh. zu bestaunen. Besonders interessant an den zweibogigen Fenstern ist das Farbenspiel mit dem aus Gerace stammenden hellen Stein und dem schwarzen Lavagestein. Vorbei am Largo Baarlam geht es zur Piazza Tribuna, die vom imposanten Bau der Kathedrale dominiert wird. Rechts neben dem Dom schließt sich der Torbogen **Porta dei Vescovi** mit dem Wappen des jeweils amtierenden Bischofs an.

Die der Assunta gewidmete **Kathedrale** (4) in Gerace ist die größte in Kalabrien und von enormer Bedeutung, da sie die Kontinuität zwischen dem antiken *Lokroi* und dem mittelalterlichen Gerace bewahrt hat. Für ihre Konstruktion wurden größtenteils die Säulen samt Kapitellen aus den Tempeln des alten *Lokroi* verwendet. Die Kathedrale gilt als Modell eines romanisch-byzantinischen Stils, den alle nachfolgenden normannischen Kathedralen im Süden übernommen haben. Wann genau sie errichtet wurde, ist nicht bekannt. Nach zahlreichen Erdbeben ließ man sie nach der Wiederherrichtung in Anwesenheit von Friedrich II. 1222 erneut weihen.

Südspitze Kalabriens

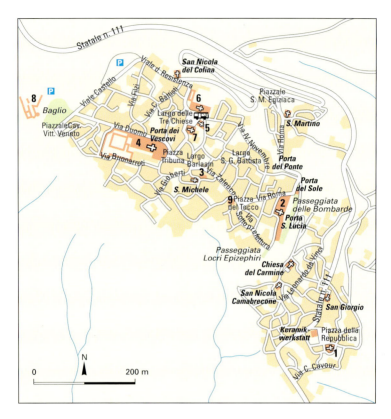

Gerace 1 Santa Maria del Mastro 2 Kirche und Konvent Sant'Anna 3 Palazzo mit bifore 4 Dom/ Duomo 5 San Giovanello 6 San Francesco 7 Sacro Cuore 8 Castello Normanno 9 La Casa d'Gianna und Ristorante Lo Sparviero

In Form einer Basilika ist sie durch zwei Säulenreihen in drei Schiffe unterteilt. Hinter dem Altar befindet sich die *Kapelle Madonna della Deitria,* die mit wunderschönem mehrfarbigen Marmor ausgestaltet und durch ein filigran gearbeitetes Eisentor (Ende 17. Jh.) abgetrennt ist. Beachtenswert ist die Altarstatue der ›Jungfrau mit dem Kinde‹ aus dem 14. Jh. In der Kathedrale befinden sich außerdem zahl-

Gerace

reiche Grabmäler, die im gotischen Stil 1431 errichtete Sakramentskapelle und der Hauptaltar aus dem 18. Jh. In der *Cappella di San Giuseppe* ist wertvolles Kirchengerät aus dem Domschatz und aus anderen Kirchen von Gerace zu besichtigen. Diese Schätze sollen bald im zukünftigen Diözesanmuseum ausgestellt werden.

Auch wenn der imposante Dom kaum zu überbieten ist, sollten die anderen Kultstätten des Ortes nicht unerwähnt bleiben. Über die Via Caduti gelangt man zur **Piazza San. Francesco** auch **Largo delle Tre Chiese** genannt. Rund um den Platz befinden sich drei sehr wichtige Gotteshäuser aus unterschiedlichen Epochen. Die Kirche **San Giovanello** (5), ein byzantinisch-normannisches Kleinod ist in 11./12. Jh. erbaut worden. Seit 1993 ist der orthodoxe Ritus wieder aufgenommen worden. **Kirche und Konvent San Francesco d'Assisi** (6) sind im gotischen Stil um 1252 erbaut worden. Neben dem Hauptportal mit arabischen Einflüssen, verfügt die Kirche über ein schönes Seitenportal. Im einschiffigen Inneren sticht der schmuckvoll gearbeitete Marmoraltar und -bogen ins Auge (1664). Zahlreiche Bilder von Blumen, Landschaften und Tieren sind kunstvoll als Intarsienarbeiten im toskanischen-sizilianischen Stil gearbeitet worden. Hinter dem Altar befindet sich der Marmorsarkophag des Fürsten Nicola Ruffo. Die barocke **Kirche del Sacro Cuore di Gesù** (7) geht auf das 19. Jh. zurück.

Der Spaziergang durch die einladende und ruhige mittelalterliche Stadt führt über eine mit großen Steinen gepflasterte Straße. Über die Via Duomo gelangt man zu den **Ruinen des normannischen Kastells,** dessen Außenmauern noch auf die einstige Festung schließen lassen. Außer durch historische Ereignisse ist Gerace aber auch bekannt für die heute noch praktizierte Keramikherstellung nach alter Tradition. So kann man beim Schlendern durch die Gassen noch das ein oder andere schöne Teil als Mitbringsel erstehen.

Azienda di promozione turistica Locri, Via Fiume 1, Locri, Tel. 0964/296 00. *Pro Loco Marina di Gioiosa Ionica,* Via Fratelli Rosselli, Tel. 0964/41 52 16. *Pro Loco, c/o Comune di Gerace,* 89040 Gerace, Tel. 0964/35 60 03.

Albergo La Casa di Gianna, Via Paolo Frascà 6/nahe Piazza Tocco, 89040 Gerace, Tel. 0964/35 50 24/18, Fax 35 50 81, www.lacasadigianna.it, Luxus; luxuriös eingerichtetes, sehr persönlich und der alten Tradition der Gastfreundschaft verbundenes Hotel im Borghetto von Gerace. *Hotel Kennedy***,* SS 106, 89047 Roccella Ionica, C. da. Lacchi, Tel. 0964/86 33 94, Fax 86 33 84, moderat; Bar, Restaurant, Tennis, Schwimmbad und Aufzug. *Azienda Agrituristica Ritorto,* Inh. Domenico Ritorto, Contrada Calvace, 89040 Portigliola, Tel./Fax 0964/36 53 46, moderat; inmitten von Oliven- und Zitrusbäumen, idyllisch gelegen, 2 km zum Meer, Tischtennis, Mountain-Bike, Zimmervermietung.

Ristorante La Casa di Gianna, Adresse s. o., ganzjährig tgl. geöffnet, teuer–Luxus; ausgewählte internatio-

Südspitze Kalabriens

Von Gerace reicht der Blick bis ans Meer

---

nale und nationale Küche. *Ristorante Lo Sparviero,* Piazza del Tocco, Gerace, Tel. 0964/356 26, Di geschl., moderat; typische *Trattoria. Ristorante la Playa,* Lungomare, Locri, Tel. 0964/23 20 10, moderat; sehr guter Service. *Azienda Agrituristica Ritorto,* Adresse s. o., günstig; lokale meridionale Küche, eigene Herstellung von Öl, Wein, Gemüse, Obst, Likör, Kräuter.

Gerace: Juli–August, *Estate Geracese* mit Ausstellungen und Konzerten; 15. August, *Himmelfahrtsfest;* 22./23. Aug., *Fest des Schutzpatrons.* **Roccella Ionica:** Ende August, *Internationales Jazzfestival.*

Bahnstationen: Von Sant'Ilario dello Ionio und Locri tagsüber stdl. Züge Richtung Reggio di Calabria und Catanzaro Lido über Melito di Porto Salvo, Bova Marina, Capo Spartivento, Brancaleone, Africo Nuovo, Bianco, Bovalino und Ardore, Monasterace, Soverato, Squillace). **Busverbindungen:** *Autolinee Audino,* mehrmals tgl. von Locri (Stazione) nach Gerace (Largo delle tre chiese), Tel. 0964/209 80; *Autolinee Procopio,* mehrmals tgl. von Locri nach Siderno, Ardore, Bovalino, Tel. 0964/215 36; *Autolinee Bonfa'Talia,* von Locri (Piazza dei Martiri) nach Bianco (Bahnhof) über Bovalino (Bahnhof) und Ardore (Bahnhof), Tel. 0964/91 33 70; *Autolinee SAJA,* von Locri (Piazza dei Martiri) nach Bova Marina (Bahnhof) über Brancaleone (Bhf.), Africo (Ampel), Bianco (Bhf.) und Bovalino (Piazza Mercato), nach Rom über Roccella Ionica (Bhf.), Monasterace, Soverato, Copanello, Catanzaro Lido, Tel. 0965/81 23 35, Fax 89 36 22. **Flughafen:** Reggio di Calabria, s. S. 208. **Auto:** Küstenstraße 106.

TIPPS & ADRESSEN

Alle wichtigen
Informationen rund
ums Reisen – von
Auskunftsbüros bis
Zollbestimmungen –
auf einen Blick

Ein zusätzlicher
Sprachführer mit den
wichtigsten Vokabeln
und viele Tipps für
Urlaubsaktivitäten

INHALT

Reisevorbereitung & Anreise
Informationsstellen 223
Diplomatische Vertretungen . . 223
Einreise- und
  Zollbestimmungen 223
Reisezeit 224
Kleidung und Ausrüstung 224
Karten 224
Anreise 224
... mit dem Zug 224
... mit dem Auto 224
... mit dem Flugzeug 224

Unterwegs in Kalabrien
... mit dem Zug 225
... mit dem Auto 225
... mit dem Bus 225

Unterkunft & Restaurants
Unterkunft 226
Essen und Trinken 227

Urlaubsaktivitäten
Ausgrabungen 228
Bridge 228
Golf 228
Mountain-Biking 228
Rafting 228
Reiten 228
Skifahren und Rodeln 228
Sprachurlaub 228
Schwimmen 229
Segeln und Surfen 229
Strandvolleyball 229
Tauchen 229
Thermal- und Schönheitskuren . 229
Torrentissimo Classico 229
Tretbootfahren und Rudern . . . 229
Wandern 229

Kleiner Sprachführer
Schilder/wichtige Hinweise . . 230
Allgemeines 230
Essen und Trinken 230
Gesundheit 230

Reiseinformationen von A bis Z
Ärztliche Versorgung 231
Auskunftsstellen 231
Autofahren 231
Behinderte 231
Diebstahl 231
Elektrizität 232
Einkaufen & Souvenirs 232
Feiertage 232
Fotografieren 232
Frauen allein 232
Geld & Geldwechseln 232
Kinder 233
Literatur und weitere Infos . . . 233
Meer 233
Notrufnummern 233
Öffnungszeiten 234
Post & Postleitzahl 234
Sonnenschutz 234
Straßenhunde und -katzen . . . 234
Telefonieren 234
Trinkgeld und Rechung 234
Wasser 235

Abbildungsnachweis 235

Register 236

REISEVORBEREITUNG & ANREISE

Informationsstellen

Auskunft über Kalabrien erteilt das **Staatliche Italienische Fremdenverkehrsamt ENIT** im Internet unter www.enit.it oder

…in Deutschland
Kaiserstr. 65
60329 Frankfurt a. Main
Tel. 069/23 74 34, Fax 23 28 94,
enit-ffm@t-online.de;
Goethestraße 20, 80336 München,
Tel. 089/53 13 17, Fax 53 45 27,
enit-muenchen@t-online.de;
Karl-Liebknecht-Straße 34,
10178 Berlin,
Tel. 030/247 83 98, 247 83 99, Fax 247 83 99, enit-berlin@t-online.de.

… in Österreich
Kärntnerring 4, 1010 Wien,
Tel. 01/65 43 74,
Fax 505 02 48.

… in der Schweiz
Uraniastraße 32, 8001 Zürich,
Tel. 01/211 36 33,
Fax 211 38 85.

…in Kalabrien
Assessorato del Turismo,
Via San Nicola (Galleria Mancuso),
88100 Catanzaro,
Tel. 0961/74 16 57,
Fax 74 14 31.

Porspektbestellung in Deutschland, Österreich und der Schweiz unter der gebührenfreien Telefonnummer:
008 00 00 48 25 42

Diplomatische Vertretungen

Bundesrepublik Deutschland
Botschaft: Francesco Siacci 2c,
00198 Rom, Tel. 068/84 47 41.
Dt. Konsulat Neapel, Via Crispi 69,
80122 Napoli, Tel.: 081/761 33 93.
Österreich
Botschaft: Via Pergolesi 3, 00198 Rom,
Tel. 068/ 44 01 41;
Konsulat, Corso Umberto I. 275,
80100 Napoli, Tel. 081/28 77 24.
Schweiz
Botschaft: Via Barnaba Oriani 61,
00197 Rom, Tel. 068/08 36 41.
Schweizerisches Generalkonsulat Neapel: Via Pergolesi 1, 80122 Napoli, Tel. 081/761 43 90, Fax 761 17 50.

Einreise- und Zollbestimmungen

Reisende aus der Bundesrepublik, Schweiz und Österreich benötigen lediglich einen Personalausweis oder Reisepass, wenn der Aufenthalt nicht länger als 3 Monate dauert. Der nationale Führerschein ist ausreichend, empfehlenswert ist die Grüne Versicherungskarte.

Für EU-Bürger ist die Ein- und Ausfuhr für den Eigenbedarf unbegrenzt. Richtmengen zur Abgrenzung gegenüber dem gewerblichen Verbrauch: 800 Zigaretten, 10 l Spirituosen, 90 l Wein. Nicht-EU-Bürger unterliegen folgenden Begrenzungen: 200 Zigaretten, 2 l Wein, 1 l Spirituosen. Devisen dürfen nur bis zu einer Höhe von 10000 € ein- oder ausgeführt werden.

Reisezeit

Die Hauptreisezeit beläuft sich in Kalabrien auf die Monate Juli/August. Dann ist in einigen Orten (z. B. Tropea) mit Überfüllung zu rechnen. Strand- und Badeurlaub ist von Juni bis September zu empfehlen. Ideal für Entdeckungsreisen ist die Zeit von April bis Ende Juni und von Ende August bis in den November hinein. Wer den Trubel liebt, sollte sich allerdings auf die Hauptsaison beschränken. Denn vielerorts sind die Touristenlokalitäten, allen voran die Diskotheken, nur im Juli und August geöffnet.

Karten

Sehr empfehlenswert ist die Carta Generale d'Italia von De Agostini (1: 200 000). Weitere Karten von der Sila, dem Monte Polino, dem Aspromonte, den Provinzen Cosenza, Catanzaro und Crotone sind über die jeweiligen Informationsstellen anzufordern.

Kleidung und Ausrüstung

An den Küsten ist in der Regel von Juni bis September leichte Sommerkleidung ausreichend. Allerdings sollte an langärmelige Kleidungsstücke für die Stunden nach dem Sonnenuntergang gedacht werden. Im Frühjahr und Herbst sowie bei Reisen in höhere Lagen im Landesinneren sind leichte Pullover angebracht. Da der Regen wenn dann sturzbachartig fällt und meist nach wenigen Stunden endet, ist eine Regenausrüstung nicht notwendig. Zum Wandern sollte auf jeden Fall an festes Schuhwerk gedacht werden.

Anreise

... mit dem Zug
per Nachtzug via *cuccette* (Liegewagen) oder *vagone letto* (Schlafwagen) von Berlin, Frankfurt a. M., München und Hamburg; in Rom umsteigen.

.... mit dem Bus
Buslinie SIMET verbindet mehrere deutsche Städte (Hamburg, Hannover, Frankfurt, Augsburg, München u. a.) mit Kalabrien (u. a. San Giovanni in Fiore / Cosenza / Spezzano / Rossano / Sibari); Agenzia SIMET, V.le L. De Rosis 49-51, Tel. 0983/51 27 93-4, Fax 51 60 79, www.simetspa.it.
In Deutschland Information/Buchung bei Holiday Express, Hannover, Tel. 0511/36 84 80.

... mit dem Auto
Über die Alpen, dann über die Autobahn (Milano, Firenze, Roma, Napoli, Salerno – Richtung Reggio di Calabria). In Kalabrien sind keine Mautgebühren zu zahlen.

...mit dem Flugzeug
Inzwischen fliegen LTU, Aerolloyd, Fly FTI Lamezia Terme mehrmals wöchentlich von 12 deutschen Städten (April-Okt.) an. Weitere Charterflüge nach Crotone. Mehrmals tgl. Linienflüge von Rom und Mailand nach Lamezia, Crotone und Reggio Calabria.
– Aeroporto dello Stretto, V. P. Ravagnese, 89128 Reggio di Calabria, Info-Tel. 0965/64 30 95;
– Aeroporto Civile, Contrada S. Anna, 88841 Isola di Capo Rizzuto (nahe Crotone), Info-Tel. 0962/79 11 50;
– Aeroporto Lamezia Terme, V. Aeroporto, 88040 Lamezia Terme, Info-Tel. 0968/41 41 11.

REISEVORBEREITUNG/ANREISE/UNTERWEGS

UNTERWEGS IN KALABRIEN

...mit dem Zug

Um das Land zu erkunden, bietet sich teilweise die italienische Bahn mit ihren sehr preiswerten Verbindungen an. Insbesondere die Strecke entlang der tyrrhenischen und ionischen Küste ist sehr reizvoll. Nicht zu vergessen der kleine Zug Calabro-Lucano, der einige Orte im Landesinneren verbindet (Cosenza-Catanzaro, Cosenza-San Giovanni in Fiore). Fahrkarten gibt es an den Schaltern, die meist nur begrenzte Öffnungszeiten am Morgen und am Spätnachmittag haben. Eine Zugfahrt sollte daher rechtzeitig geplant werden. Unbedingt zu beachten ist die Entwertung *(convalidità)* der Fahrkarten. In der Nähe der Bahnsteige stehen in der Regel gelbe Automaten bereit. Sollten sie nicht funktionieren, ist es ratsam, die Schaffner beim Einstieg zu informieren (unabgestempelt ist die Fahrkarte im Zug nicht gültig!).
Informationen: Internet: http:/www.fs-on-line.com
Info-Telefon (24 h) Tel.: 1478 88088
Ferroviario dell Stato / Stationen:
Reggio di Calabria - Tel.: 0965/23640; Cosenza - Tel.: 0984/482333; Paola - Tel.: 0982/610100; Rossano - Tel.: 0983/511786; Camigliatello - Tel.: 0984/578120.

... mit dem Auto

Wer das Hinterland entdecken möchte, dem sei die Fahrt mit einem Leihwagen angeraten. Unbedingt empfehlenswert ist gutes Kartenmaterial. Es ist ratsam, die Karten gründlich zu studieren und zweifelsfalls eher der Karte als den teilweise nicht eindeutig ausgerichteten Wegweisern zu trauen. Da die Straßen zum Teil sehr eng sind, bietet sich ein Kleinwagen an, der jedoch eine ausreichende PS-Zahl besitzen sollte, um die teilweise erheblichen Höhen-unterschiede zu bewältigen. Bei der Tourenplanung sollte an die rechtzeitige Ankunft am Zielort gedacht werden, um so durch etwaige Umleitungen nächtliche Fahrten durchs Gebirge zu vermeiden. Wer in Bezug auf eine ausreichende Tankfüllung auf Nummer Sicher gehen will, der sollte die Fernverkehrsstraßen bzw. die Superstrada (S.S.) nutzen. Ebenfalls ist darauf zu achten, dass in manchen Ferienorten außerhalb der Hochsaison bereits am frühen Abend die Lokalitäten geschlossen sind. Daher empfiehlt es sich, vorab ein Hotelzimmer zu reservieren.
Und noch eins: Sollte plötzlich eine Kuh auf der Straße stehen, etwas Geduld, bis die freilaufende Kuh von selber das Feld räumt.

... mit dem Bus

Mehrmals täglich Verbindungen von Cosenza zum Monte Pollino, zum Ionischen Meer und nach Catanzaro bietet *saj*, Trebisacce, Tel. 0981/50 03 31, Fax 50 03 32, info@saj.it; Verbindungen von Cosenza nach Lamezia, Paola, Amantea u. a. *Costabilebus*, Tel.

0984/46 22 80, Fax 46 22 80; tägliche Verbindungen zwischen Rossano, Camigliatello, Catanzaro, Crotone, Guardia Piemontese, Paola, San Giovanni in Fiore bietet u. a. *ias,* Tel. 0983/56 56 35, Fax 56 54 11, ias@ias autolinee.it; mehrmals täglich verbinden die *Autolinee Romano* Tel. 0962/ 217 09, Crotone mit Ciro, Isola di Capo Rizzuto, Santa Severina und Catanzaro; längs der südlichen Ionischen Küste von Bova Marina nach Catanzaro fährt die Buslinie *Saja,* Tel. 0965/ 81 23 35, Fax 89 36 22; von Locri nach Bianco *Autolinee Bonfa'Talia,* Tel. 0964/91 33 70; von Reggio Calabria bis nach Stilo verkehren *Autolinee Federico,* Tel. 0965/59 02 12. Landüber durch die Serre nach Vibo Valentia bieten die *Ferrovie della Calabria,* Tel. 0963/454 80 Busfahrten an.

UNTERKUNFT & RESTAURANTS

Unterkunft

Hinweise zu der Unterkunft werden im jeweiligen Informationsblock der Reisekapitel gegeben.

Die aufgestellten **Preiskategorien** beziehen sich jeweils auf eine Übernachtung mit Frühstück in einem Doppelzimmer (pro Person) während der Hauptsaison (August):

günstig: bis 20 €
moderat: bis 35 €
teuer: bis 50 €
Luxus: ab 50 €

Da in vielen Orten die Saison nur 2–3 Monate dauert, versuchen die Hoteliers in dieser Zeit, einen möglichst hohen Gewinn zu erzielen.

Eine ganz neue Form der Unterbringung bietet seit einigen Jahren der wachsende **Agriturismo,** eine besondere Art ländlichen Tourismus. Ob Bergamotte-Anbau, Olivenernte, Keramikherstellung oder kulturelle Ausflüge in die Umgebung – all das wird von den Agriturismi angeboten. Auf verschiedenen Höfen produzieren die Bauern Lebensmittel, die zugleich dem Gast kredenzt werden. Hierbei trifft man auch auf Betriebe, die eine kontrolliert biologische Landwirtschaft betreiben. Wer eine preiswerte Unterkunft sucht, sollte insbesondere die Angebote des Agriturismo beachten, die in den letzten Jahren immer zahlreicher werden.

Eine andere, relativ preiswerte Möglichkeit ist die Anmietung einer Ferienwohnung in einem Villaggio oder der Campingurlaub. Mit einer Selbstverpflegung in der eigenen Küche kann man einen recht preiswerten Urlaub verleben, denn die Kosten für Lebensmittel sind im Einkauf recht niedrig.

Die Ausstattung der **Ferienwohnungen** und **Hotels** reicht von einfach, rein funktional bis zu komfortabel ausgestatteten Unterkünften. Die meisten *villaggi* sind klein genug, um überschaubar zu sein und groß genug, um Animation, Kinderbetreuung, Disco, Mini-Supermarkt und Sportangebote

UNTERKUNFT & RESTAURANTS

anzubieten. Meist eignen sich gerade diese Feriendörfer aufgrund ihres breiten Angebotes insbesondere für einen Urlaub mit Kindern.

In den meisten Angeboten der Hotels und Feriendörfer (in der Regel kleine Anlagen mit kaum mehr als 30 Einheiten) ist der Sonnenschirm und Liegestuhl am Strand inklusive. Ansonsten sind pro Person und Tag ca. 5 € zu veranschlagen.

Viele **Campingplätze** verfügen über kleine Bungalows, die oft eine preiswerte Alternative zu den Ferienwohnungen darstellen. In den Wohnungen benötigt man zum Kochen eine Gasflasche *(bombola di gas)*, die je nach Vereinbarung vom Gast oder von der Vermieter bezahlt wird (ca. 25 €).

Essen und Trinken

Die **Preiskategorien** gelten für eine Mahlzeit und lassen sich pro Person in folgende Kategorien aufteilen:

günstig: bis 10 €
moderat: bis 15 €
teuer: bis 25 €
Luxus: ab 25 €

Eine italienische Besonderheit *pane e coperta* (Brot und Gedeck) wird in vielen Lokalitäten pro Person berechnet. Darunter versteht sich ein Festpreis für Tischwäsche und den traditionellen italienischen Brotkorb. Der lokale Tafelwein ist gut und preiswert.

Die Kalabresen essen gern und reichlich: ein *antipasto,* ein *primo* (meist Pasta) und ein *secondo* (Fisch- oder Fleischgericht). Nachher gibt's je nach Wunsch *formaggio* (Käse) oder *frutta* (Obst). Ein *caffè* oder Schnaps rundet das Mahl ab. Ein beliebter Treff, insbesondere für die jungen Kalabresen, ist die Pizzeria, wo zur Pizza meist Bier getrunken wird. In den *trattorie* hingegen genießt der Gast vorrangig die regionaltypische Hausmannskost, die aber auch in den *ristoranti* oft neben der internationalen Küche angeboten wird.

Zu Mittag *(a pranzo)* isst man gegen 13 Uhr, so sind die Lokale denn auch von ca. 12.30–15 Uhr geöffnet. *A cena* (zum Abendessen) geht man nicht vor 20 Uhr, so dass in der Saison die Restaurants, Pizzerien und Trattorien durchaus bis 23 Uhr geöffnet sind. Je nach Gegend und Saison gibt es Abweichungen.

URLAUBSAKTIVITÄTEN

Ausgrabungen

Auf den Spuren der antiken Zeugnisse am Tyrrhenischen Meer nahe Palmi graben. Voraussetzungen: Gesundheitszeugnis, Bescheinigung über Tetanusspritze. Cerere s.r.l., Castello Ruffo, 89058 Scilla, Tel. 0965/38 53 11, galvate@galvate.it, www.galvate.it.

Bridge

Ein Hotel, ganz dem Bridge gewidmet, befindet sich in San Nicola Arcella an der Costa dei Cedri, s. S. 56.

Golf

In der luxeriösen Umgebung des Hotels San Michele in Cetraro/Costa dei Cedri, s. S. 61, erstreckt sich ein schöner 9-Loch-Golfplatz.

Mountain-Biking

Eine Herausforderung bei den teils extremen Höhenunterschieden. Landschaftlich und verkehrstechnisch im Landesinneren ein Erlebnis. Verleih in größeren Ortschaften Erkundigungen bei der Touristeninformation.

Rafting

Mit einem Schlauchboot den Fluss Lao hinab (Monte Pollino). Adressen findet man im Infoteil des jeweiligen Orts.

Reiten

Die Landschaft auf dem Rücken der Pferde zu erkunden, ist in der Serre (Mongiana), in der Sila, an der Isola di Capo Rizzuto und in vielen anderen Orten möglich. Adressen findet man im Infoteil der jeweiligen Orte.

Skifahren und Rodeln

In den Wintersportgebieten in der Sila und im Aspromonte warten viele Skipisten (für Abfahrt und Langlauf) auf die Besucher. Informationen über Lifte sowie zu Länge und Beschaffenheit findet man unter den jeweiligen Orten.

Sprachurlaub

Eine ideale Möglichkeit, die Menschen und ihre Sprache besser zu verstehen, ist sie Sprache im Land zu lernen und das Gelernte direkt anzuwenden.
– Sprachcaffe Sprachreisen Capo Vaticano, Schneckenhofstr. 15, 60596 Frankfurt a. M., Tel. 069/610 91 20, Fax 603 13 95, info@sprachcaffe.de, www.sprachcaffe.de
– Caffè Italiano Club, Largo Antonio Pandullo 5, 89861 Tropea, Tel./Fax 0963/60 32 84, caffeitaliano@tin.it, www.paginegialle.it/caffeital
– carpediem Sprachreisen GmbH, Münsterstr. 111, 48155 Münster, Tel. 02506/830 30, Fax 83 03 23, info@carpe.de, www.carpe.de

URLAUBSAKTIVITÄTEN

Schwimmen

Das wohl beliebteste und verbreiteste Urlaubsvergnügen, fast überall möglich an der 780 km langen Küste. Überwiegend sauberes Meer, an manchen Tagen flach wie ein Teich, in der Spätsaison manchmal ausgesprochen stürmisch mit sehr hohen Wellen. Die schönsten Strände findet man an der Costa degli Dei, am Capo Rizzuto und am Golf von Squillace.

Mittlerweile bieten aber auch einige Acquaparks Plantschvergnügen für Groß und Klein an.

Segeln und Surfen

Wenn der Wind und die höheren Wellen so manchen Schwimmer schrecken, freuen sich die Wassersportler und hinaus geht's in die Wellen. Besonders empfehlenswert sind die Monate Mai, Juni, September, Oktober, gegebenenfalls November.

Strandvolleyball

Trotz der heißen Temperaturen in den Sommermonaten ist dies ein beliebter Strandsport.

Tauchen

Längs der Küste bietet sich dem Taucher fast überall eine interessante Unterwasserwelt. Besonders beeindruckend der Meeresboden an der Costa Viola und vor der Isola di Capo Rizzuto.

Thermal- und Schönheitskuren

In mehreren gut ausgestatteten Thermalanlagen können Kurgäste diverse Anwendungen nehmen. Aber nicht nur Kranke sind hier anzutreffen, sondern auch Menschen, die sich mal so richtig verwöhnen lassen wollen. S. dazu auch S. 21f.

Torrentismo Classico

Hinter diesem Wort verbirgt sich die Führung (Auf- und Abstieg) durch ein Flusstal entlang dem Wasserlauf, verbunden mit dem Waten im *torrente* (Sturzbach): Möglich ist dieses anstrengende Vergnügen im Flusstal Raganello/Monte Pollino und im Aspromonte, Adressen s. Reiseteil.

Tretbootfahren und Rudern

Kleine Boote lassen sich an zahlreichen Lidos anmieten und bieten eine Gelegenheit, die Landschaft mal von anderer Perspektive kennenzulernen.

Wandern

Zahlreiche ausgeschilderte Wanderrouten in der Sila, im Aspromonte und Monte Pollino bieten sich für Wanderungen an. Aber auch im Monte Poro, in der Serre, im Bosco di Stilo und in vielen kleineren Waldgebieten gibt es unzählige Wandermöglichkeiten. S. dazu auch S. 104 und unter den entsprechenden Infoteilen der Orte.

KLEINER SPRACHFÜHRER

Schilder/wichtige Hinweise

vietato attraversare i binari   es ist verboten, die Gleise zu überqueren
vietato fumare   Rauchen verboten
pericolo   Gefahr
rallentrare   verlangsamen

Allgemeines

la chiesa   die Kirche
il duomo   der Dom
il museo   das Museum
il faro   der Scheinwerfer/Leuchtturm
il castello   das Kastell
la torre   der Turm
la galleria   der Tunnel
la partenza   die Abfahrt
l'arrivo   die Ankunft
la stazione   der Bahnhof
stazione centrale   Hauptbahnhof
il biglietto   Fahrkarte
la scheda telefonica   die Telefonkarte
l'autonoleggio   die Autovermietung
il municipio   das Rathaus
l'orario   Öffnungszeiten
giorni festivi   sonn- und feiertags
giorni feriali   werktags
la convalidità   die Entwertung
la prenotazione   die Reservierung
il treno   der Zug
le cuccette   Liegewagen
il pulman = der Autobus
la nave   das Schiff
il traghetto   die Fähre
l'autostrada   die Autobahn
il bivio   die Abzweigung
il francobollo   die Briefmarke
la lettera   der Brief
la cartolina   die Postkarte
la posta   die Post
lo scirocco   sehr heißer Wind (aus Afrika)
le sagre   Feste, Kirchweihe, Kirmes
la medusa   die Qualle

Essen und Trinken

il tramezzino   dreieckiges doppeltes Toastsandwich
il panino   das Brötchen
il gelato   das Eis
la frutta   das Obst
il carne   das Fleisch
il pesce   der Fisch
l'antipasti   die Vorspeisen
vegetariano   vegetarisch
i dolci   Süßspeisen
le bibite   Getränke
la birra   das Bier
il vino   der Wein
acqua naturale   stilles Wasser
acqua gassata   Sprudelwasser
il conto   die Rechnung
la focaccia   das Fladenbrot
la mostarda   der Senf

Gesundheit

l'ospedale   das Krankenhaus
pronto soccorso   die Notaufnahme
guardia medica   medizinischer Dienst
la farmacia   die Apotheke
il medico   der Arzt
il dentista   der Zahnarzt
il veterinanio   der Tierarzt

REISEINFORMATIONEN VON A BIS Z

Ärztliche Versorgung

Urlauber aus EU-Ländern bekommen mit einem Auslandskrankenschein (bei der Krankenversicherung) die Kosten für ambulante und stationäre Behandlung erstattet. Viele italienische Ärzte akzeptieren nur Privatpatienten, d. h. im Ernstfall muss bei Behandlung Vorkasse geleistet werden. Es empfiehlt sich daher der Abschluss einer privaten Auslandsreise-Krankenversicherung.
Erste Hilfe leistet kostenlos (in jedem größeren Ort) die *Guardia Medica*.

Auskunftsstellen

Die örtliche Touristeninformation übernehmen die Azienda Promozione Tursitica (APT) und die Pro Loco. Leider funktionieren die Einrichtungen teilweise schlecht. Hilfreich, ist der Internet-Anbieter *Esperia,* der – auch in englischer Sprache – wichtige Orte in Kalabrien vorstellt und Unterkunft vermittelt: www. esperia.it

Autofahren

Innerhalb von Ortschaften 50 km/h, auf Landstraßen 90 km/h (mit Anhänger 80 km/h), auf Autobahnen 130 km/h (Pkws unter 110 cm 110 km/h). Anschnallpflicht gilt für Fahrer und Beifahrer. Telefonieren ist während der Fahrt verboten. Parkverbot herrscht an schwarz-gelb markierten Bordsteinen.
Der **Pannendienst** des italienischen Automobilclubs ACI *(Soccorso Stradale)* kann unter Tel. 116 oder über Handy 800 11 68 00 erreicht werden.
Automobile Club Catanzaro: Via dei Normanni, 99, Catanzaro, Tel. 0961/75 41 31, Fax 75 44 32.
ADAC-Notruf (Milano): Tel. 02/66 15 91, Fax 66 10 15 17.

Behinderte

In ihrer Bewegungsfreiheit eingeschränkte Menschen sollten bei der Auswahl eines Ferienorts darauf achten, dass die Gegebenheiten geeignet sind. Die pittoresken gepflasterten Gassen, Trampelpfade und nicht vorhandene Bürgersteige, steile Abstiege zum Strand können den Alltag erschweren. In diesem Fall sind die bekannteren Touristenorte mit einer funktionierenden touristischen Infrastruktur und auch Hotels mit Aufzügen empfehlenswert. Ansonsten sei aber auch auf die enorme Hilfsbereitschaft der Kalabresen hingewiesen.

Diebstahl

Das lange Zeit verbreitete Vorurteil, man fahre nach Italien und komme ohne Auto wieder, entspricht längst nicht mehr den Tatsachen. Sicherlich sollten gewisse Vorsichtsmaßnahmen berücksichtigt werden. So sind beispielsweise die Anti-Diebstahl-Pedal-Schlösser *(anti furto)* in Kalabrien weit verbreitet. Das Auto sollte möglichst auf dem Grundstück der Unterkunft abgestellt werden.

Selbstverständlich locken beliebte Ferienorte in der Hauptreisezeit auch Spitzfinger an. Wenn Sie am Strand Wertsachen und Bargeld dabei haben, sollten Sie diese möglichst am Lido (Strandbar) in einer angemieteten Kabine aufbewahren. Falls vorhanden, sind Wertsachen natürlich am besten im Safe der Unterkunft aufgehoben.

Elektrizität

Die Netzspannung beträgt 220 Volt. Zum Teil benötigt man einen Adapter *(adattore)*, der an der Rezeption oder von den Hauswirtin ausgeliehen oder in den Haushaltswaren- und Elektroladen gekauft werden kann.

Einkaufen & Souvenirs

Die Wochenmärkte, die in den meisten größeren Ortschaften stattfinden, sind eine günstige Gelegenheit, einheimische Handwerksprodukte und Import-Artikel oder typisch kalabresische Spezialitäten zu erwerben. Handeln ist selbstverständlich erlaubt.
Wenn Sie sich im Urlaub selbst verköstigen, sind die in vielen Orten täglich stattfindenden Gemüsemärkte empfehlenswert. Dort erhalten Sie frisches lokales Obst und Gemüse. Auch wenn inzwischen fast überall kleine Supermärkte vorhanden sind, ist der persönliche Service im Tante-Emma-Laden, dem *alimentari,* empfehlenswert.

Feiertage

1. Januar (Neujahr), 6. Januar (*Befana*/bringt Geschenke), Ostermontag, 25. April (*La Resistenza,* Tag der Befreiung und des Widerstands im Zweiten Weltkrieg), 1. Mai, 15. August (*Ferragosto,* Maria Himmelfahrt); 1. November (Allerheiligen), 8. Dezember (Maria Empfängnis), 25./26. Dezember.

Fotografieren

Die Kalabresen sind grundsätzlich ein sehr gastfreundliches Volk. Dort, wo wenig Touristen anzutreffen sind, begegnen die Kalabresen den Fremden mit neugieriger Zurückhaltung. Mit einem freundlich *buon giorno* wird die Stimmung fast immer gelockert. Richten Sie sich nach Hinweisen zum Fotografieren in Kirchen, Museen oder anderen öffentlichen Gebäuden. Ansonsten fragen Sie einfach: »*Mi scusi, e permesso di fare una foto?*«

Frauen allein

»*Ciao bella, ciao bionda*«, die Sprüche der Italiener sind auch in Kalabrien allgegenwärtig. Wenn kein Interesse besteht, einfach nicht reagieren. Das ist die beste Möglichkeit, um aufdringliche Verehrer abzuwehren. In den Ferienorten allein unterwegs zu sein, stellt kein Problem dar, denn die meisten *machos* sind harmlos. Es sei denn, die dauernde Anmache verdirbt einem die Urlaubslaune. Als Frau allein durch das Hinterland zu reisen, ist nicht zu empfehlen.

Geld & Geldwechseln

Inzwischen haben vielerorts in Kalabrien auch die Geldautomaten Einzug

INFORMATIONEN VON A–Z

gehalten, an denen problemlos Geld mit Euroscheckkarte oder Kreditkarte gezogen werden kann. Bei der Einlösung von Euroschecks verlangen die Banken vielfach die Vorlage des Personalausweises *(carta identità)* und die Angabe der Unterkunft und ziehen Kopie sämtlicher Unterlagen. Das Gleiche gilt je nach Bank für den Bargeldwechsel. Pro Scheck darf nur eine festgelgte Höchstsumme abgehoben werden.

Kinder

Bambini sind den meisten Italienern und selbstverständlich auch den Kalabresen das Allerliebste. Wie in den nördlichen Gefilden kaum zu sehen, spielen und toben die Kinder am Strand und im Piazza.

Wenn Sie mit Ihren Kindern nach Kalabrien reisen wollen, werden Sie sich gut aufgehoben fühlen. Die Kinderliebe und Hilfsbereitschaft der Süditaliener erleichtert Müttern und Vätern problemlos die Bewältigung etwaiger Hindernisse.

Für einen Urlaub mit Kindern bieten sich die *villaggi* mit Kinderbetreuung, Animation und verschiedenen Sportangeboten an. Insbesondere Spaß für Kids versprechen auch die Acquaparks in Rossano und Zambrone sowie die Trocken-Bobbahn bei Lorica in der Sila. Infos s. unter den jeweiligen Kapitel des Reiseteils.

Literatur und weitere Infos

Alvaro, C.: Gente d'Aspromonte. Garzanti, 1987.
Campanella, T.: La Città del sole, Feltrinelli, 1991.
Gissing, G.: Sulle rive dello Ionio, Edt., 1993.
Homer: Odyssee. Reclam, 1979.
Meridiani: Calabria. Monatsheft 1996, in Neuauflage am ital. Kiosk zu erhalten.
Palange, G.: Die Königin der drei Brüste. Wegweiser ins magische und legendäre Kalabrien. Rubbettino, 2000.
Schumann: Geschichte Italiens. 1983, München.
Sergi, P.: Le mie Calabrie. Rubbettino, 1993, Soveria/Messina.

Recht informative Reiseführer werden mittlerweile von der Region Kalabrien herausgegeben (*Assesorato del turismo,* Via San Nicola, Galleria Mancuso, 88100 Catanzaro) und mittlerweile im italienischen Buchhandel vertrieben:
Donzelli, C. (1997): Magna Graecia in Kalabrien.
Carlino, C. (1997): Klöster und Kirchen in Kalabrien.
Carlino, C. (1998): Sila Piccola (in engl. und ital. Sprache).
Laruffa, D.: Guida Agrituristica (dreisprachig, u. a. deutsch), Hrsg. Regione Calabria, Assessorato Agricoltura e Foreste, Caccia e Pesca, Via S. Nicola 8, Galleria Mancuso, 88100 Catanzaro.

Meer

Die Strandbetriebe sind verpflichtet, während der Öffnungszeiten einen Bademeister *(bagnino)* mit der Aufsicht zu beauftragen. Sollte die rote Fahne wehen, bedeutet dies, dass vom Baden abgeraten wird. Baden trotz Warnung geschieht auf eigene Gefahr! Insbesondere der starke Brandungssog wird, auch von guten Schwimmern, immer wieder unterschätzt.

Notrufnummern

… für ganz Italien
– Tel. 112 Polizei
– Tel. 113 Krankenwagen
– Tel. 115 Feuerwehr
– Tel. 116 Pannenhilfe des ACI

Öffnungszeiten

In der Regel öffnen die **Geschäfte, Museen, Banken** und **Postämter** von 8–12/12.30, am späten Nachmittag von 16.30/17–19 bzw. je nach Saison 24 Uhr.

Die meisten **Informationsstellen** haben sehr unregelmäßige Öffnungszeiten.

Häufig findet der Besucher die Türen der **Kirchen** verschlossen. Gute Besuchszeiten sind nach der Messe am Morgen oder am späten Nachmittag vor der Abendmesse (18/19 Uhr).

Post & Postleitzahl

Die süditalienische Post wird ihrem schlechten Ruf in der Hauptsaison immer wieder gerecht: keine Seltenheit, dass Postkarten und Briefe bis zu einem Monat unterwegs sind. Abhilfe schafft die *Posta Priorità:* Gegen Zahlung eines leicht erhöhten Portos garantiert die Post, dass die Zustellung im Eiltempo erfolgt (Briefe und Karten ins europäische Ausland benötigen dann 2–4 Tage).

Die Postleitzahlen von italienischen Ortschaften können über das Internet herausgefunden werden: www.nonsolocap.it

Sonnenschutz

Die Kraft der südlichen Sonne sollte man keineswegs unterschätzen und für geeigneten Schutz sorgen (Sonnenhut, Sonnenschirm und Sonnencreme mit hohem Lichtschutzfaktor). Die Stunden von 11.30–15 Uhr sollten wegen der starken Sonneneinstrahlung und der erhöhten Ozonwerte gänzlich gemieden werden (vor allem in den Sommermonaten Juli–August).

Straßenhunde und -katzen

Überall sind sie anzutreffen, die Hunde und Katzen ohne Besitzer. Oft werden sie von den Einheimischen gefüttert und mit Wasser und Streicheleinheiten versorgt. Andere wiederum werden verscheucht oder gar getreten. Das italienische Tierschutzgesetz schreibt fest, dass es bei Androhung einer Strafe verboten ist, Hunde oder Katzen zu quälen oder zu töten. Beschwerden oder Verstöße sind bei der Gemeinde zu ahnden *(municipio)*. Sinnvoll ist es, die Tierschutzarbeit im Land zu unterstützen: PETA, Via degli ontani 32, 00172 Roma, Tel. 06/23 23 25 69, Fax 23 23 25 98.

Telefonieren

Länderkennzahl I: 0039
Länderkennzahl D: 0049
Länderkennzahl CH: 0041
Länderkennzahl A: 0043
Telefonieren von D nach I: Die 0 der Ortswahl muss mitgewählt werden.
Telefonieren von I nach D: Die 0 der Ortskennzahl muss weggelassen werden.

INFORMATIONEN VON A-Z/ABBILDUNGEN

Telefonieren in I: Auch für Gespräche innerhalb einer Ortschaft muss die Vorwahl mitgewählt werden.
Die meisten Telefonzellen sind auf Telefonkarten umgestellt. Die *scheda telefonica* gibt's beim *tabacchaio* (Tabakwarenladen) und in einigen anderen Läden.

Trinkgeld und Rechnung

Wenn nach einem guten Mahl *il conto* verlangt wird, stellt sich für viele die Frage nach dem Trinkgeld. Obwohl der Service bereits im Preis einkalkuliert ist, wird in der Regel 10 % Trinkgeld gegeben, meist nach oben hin aufgerundet. In den letzten Jahren wird auch von den Kalabresen selbst immer stärker beäugt, ob der Service tatsächlich ein Trinkgeld wert ist. Denn immerhin ist es freiwillig.

Eine nette Eigenart ist der Zahlungsmodus der Italiener, die Rechnungssumme einfach durch die Zahl der Anwesenden zu teilen, ohne auszurechnen, wer mehr und wer weniger verzehrt hat.

Wasser

Am Wegesrand in Kalabrien stehen unzählige Brunnen, aus denen sauberes Trinkwasser plätschert. Ansonsten kann es in den Sommermonaten je nach Infrastruktur der Orte durchaus zu einem kurzzeitigen Wassermangel kommen.

ABBILDUNGSNACHWEIS

Alle Abbildungen, inklusive **Titelbild** und **Umschlagklappen** lieferte:
Raffaele **Celentano/laif,** Köln

Karten und Pläne
Berndtson & Berndtson
Productions GmbH,
Fürstenfeldbruck
© DuMont Buchverlag, Köln

REGISTER

Personen- und Sachregister

Alleanza Nationale   29
Alvaro, Corrado   43, 204, 210
Amato, Giuliano   29
Anania, Abt Giovan Antonio   58
Angnolo, Giovanni   168
Anjou   74, 78, 96, 111
Anjou, Johanna von   74
Anjou, Karl II. von   27, 180
Aragon, Alfons V. von 28, 114
Aragon, Friedrich II. von   27
Aragon, Isabella von   33, 77
Aragon, Peter III. von   27
Aragonesen   74, 78, 124, 161, 202
Architektur   32

Baducci, Giovanni   109
Barone Alfonso 176
Barone, Angelo 176
Basilianer   38
Battista, San Giovanni   70
Belluno, Ugolino da   100
Benedetto, Mario   199
Benedikt von Nursia   38
Berlusconi, Silvio   29
Bisbal, Ferdinando   161
Bisignano, Fürst von   115
Bonanno, Rinaldo   89
Borsolino, Paolo   29
Bossi, Umberto   29
Bourbonen   28
Brandi, Giacinto 109
Bruno di Chiaravalle   86, 186
Bruno, Giordano   143
Bruttier   26, 74
Byzantiner   26, 111

Campanella, Tommaso   42, 65, 70, 143, 191f.
Capizzano, Achille   81f.

Caracciolo, Battistello   92, 192
Carafa, Francesco   165
Carafa, Andrea   53, 138
Carlo, Luigi   61
Carnevali, Maurizio   151
Cassiodor   153
Cefaly, Andrea   143
Cimino, Bruno   67
Cirillo, Francesco   52
Coelestin III.   102
Cortez, Petrillo   209
Curatoli, Francesco Antonio   180

D'Annunzio, Gabriele 202
Desiderio IV., Abt   57
Dini, Lamberto   29
Dionysos I. aus Syrakus   194, 216
Dionysos II.   194, 216
Dominikaner   38, 184
Douglas, Norman   43, 106
Dumas, Alexandre   43

Emigration   37
Enotrier   26, 80, 141

Falcone, Giovanni   29
Fauna   17
Fazzari, Achille   189
Ferdinand II.   54, 138, 188
Fiore, Abt Gioacchino da   86, 102
Fiore, Giovanni   136
Firorentino, Francesco   143
Flora   17
Foca, Niceforo   142
Forza Italia   29
Franziskanerorden   38
Friedrich II.   26f., 32, 34, 77f., 123f., 174, 180, 218

Gagini, Antonello   66, 155, 174, 181

PERSONENREGISTER

Galluppi, Pasquale 42, 143, 167
Garibaldi, Guiseppe 28, 179, 210
Gebirge 14
Generoso, Francesco 177
Geschichte 26ff.
Giordano, E. 115
Giordano, Luca 85
Giovanni XXIII., Papst 177
Gonzalez, Agostino 202
Gregor VII., Papst 26
Griechen 26
Guiscard, Robert il 26, 57, 145, 173f.

Habsburger 28
Hannibal 26, 118, 138, 216
Heinrich VI. 26f.
Heinrich VII. 77
Hendricksz, Dirk 92, 146
Herodot 118
Hippodamos aus Milet 119
Homer 43, 116, 123, 151, 154, 198

Italiker 26

Jerace, Francesco 143, 202
Jerace, Vincenzo 143

Kalixt, Papst 183
Karl III. 28
Karl V./Karl I. 28, 139, 142, 213
Kartäuserorden 38, 186
Kastriotis Skanderbeg, Georg 114
Kastriotis, Irene 115
Klemens IV. 27
Klima 22f.
Küche 41f., 101

Langobarden 41, 96
Laurentius, D. D. 109
Lega Nord 29
Leo X., Papst 186
Leoncavallo, Ruggeriero 83
Lokreser 128
Lorenzo, Albino 34f., 37

Lorenzo, Domenico de 174
Ludwig IX. 27

Malerei 32
Mancuso, Eugenio 106
Martin I. 27
Martini, Simone 70
Martini, Tommaso 178
Matteis, Paolo de 51
Mazzini, Giuseppe 143
Messina, Antonello da 207
Milano, Francesco da 89
Milon 118, 129, 132
Moiano, Benedetto 134
Monteleone, Diego da 181
Morelli, Michele 182
Mura, Francesco de 82
Murat, Gioacchino 176
Mussolini 28

Napoleon 28
Nationalpark 20f., 62, 96ff., 100, 106
'ndrangheta 30
Niglia, Giuseppe 180
Nilus/San Nilo 113
Normannen 38, 74, 80, 85, 96, 111, 145, 148, 152f., 179, 217

Odysseus 43, 116, 123, 151, 154, 198
Orsi, Paolo 93, 136, 170, 175, 179, 194, 204, 216
Otto II. von Sachsen 192

Paola, Francesco di 38
Paola, Gabriele de 80
Parrasio, Aulo Giano 77
Pascaletti, Giuseppe 82, 92
Pellicore, Francesco 82
Penna, Antonio 70
Penna, Onofrio 70
Pitere, Ignazio Poerio 109
Pius V., Papst 58
Pius XII., Papst 92

Plinius 61
Preti, Gregorio 107
Preti, Mattia 33, 107ff., 146, 217
Pythagoras von Kroton 118, 129

Rendano, Alfonso 77
Roger I. 26, 179, 183, 185f., 194
Roger II. 26
Rotella, Mimmo 34
Ruffo 69, 111, 199
Ruffo, Nicola 219
Russo, Daniele 66, 78
Russo, Domenico 174

San Bernadino di Siena 38
San Francesco d'Assisi 38, 92, 184
San Francesco di Paolo 75, 92, 185
Sangineto, Pallotta di 69
Sanginetto, Filippo 70
Sanseverino, Antonio 65, 67
Sanseverino, Erzbischof 69, 111, 124
Santanna, Cristoforo 80ff., 109, 134
Sarazenentürme 139
Satriani, R. Lombardi 81
Scalfaro da Catazaro 143
Schal/Vancali 149
Schriftsteller 42f.
Scilla, Ruffo von 167
Sclabrini, Giovanni Battista 178
Simeri, Bartolomeo da 113
Spanier 74, 96
Spinelli, Signore di Fuscaldo 52, 58
Staufer 96

Telesio, Bernadino 76f., 143
Thermen 21f.
Toledo, Don Pedro von 129
Tripodi, Antonio 202
Ugurk Ali 133

Vaccaro, Andrea 85
Vico, Biagio di 146
Virginis, Dormito 134
Vittorio Emanuelle II. 28

Wald Fossiata 100
Waldbrände 19
Waldenser 58f., 83
Wandern 104

Zacharias, Papst 141
Zaleucos 215
Zedern 54
Zerbi, G. 203
Zisterzienserorden 86, 102
Zumpano, Francesco Marino da 183f.

Ortsregister

Acri 97, 110
Albanische Dörfer/Arbereshe 114
Alto Ionio Cosentino 120ff.
Altomonte 69ff.
Amantea 40, 86ff.
Amato-Fluss 17
Amendolara 123
Äolische Inseln 161, 171
Argentino-Fluss 62
Aspromonte 14, 17f., 20, 23, 32, 35, 41, 210f.
Assi 32

Badia 36
Bagnara 42, 214
Barco Vercillo 132
Bisignano 36
Bivongi 33, 38, 176, 188ff.
Bova 209
Bova Marina 213
Brancaleone 214
Briatico 139, 160f.
Busento-Schlucht 74
Buturo 104

Camigliatello 43, 79, 99f., 105
Capo Bruzzano 215
Capo Cimiti 132
Capo Colonna 131, 139

ORTSREGISTER

Capo Donato 132
Capo Rizzuto 14
Capo Scalea 139
Capo Vaticano 172
Caronte 22
Cassano Ionio 21
Castiglione di Paludi 114
Castrovillari 40, 68
Catanzaro 20, 34, 139, 142ff., 152
Cerchiara di Calabria 62, 120f.
Cetraro 57f.
Cirella Vecchia 52
Cirò 136ff.
Cirò Marina 138
Civitate 26
Corace-Fluss 17
Corone 33, 110
Corvino-Fluss 62
Cosenza 20, 33, 74ff., 86
Costa degli Dei 14, 160ff.
Costa dei Cedri 14, 48ff.
Costa dei Gelsomini 14, 214
Crati-Fluss 16, 18, 74, 85, 116
Croce di Magara 79, 100
Cropalati 110
Cropani 134
Crotone 128ff., 131, 136, 139, 150, 194

Diamante 38, 42, 52ff.

Esaro-Fluss 116

Falerna 86
Ferdinandea 32, 176, 189
Fiumarella-Fluss 142
Francavilla Angitola 178

Galatro 22
Galliciano 213
Gariglione 97
Gerace 33, 36, 198, 217ff.
Gioia Tauro 215
Grisoloa 55
Grotta Azzura 49

Grotta del Romito 26, 65
Grotta della Madonna 26
Grotta Torre Talao 26
Guardia Piemontese 22, 58ff.

Ioppolo 139, 173
Isola di Capo Rizzuto 23, 132
Isola di Dino 49

Lago Ampollino 17, 96, 105
Lago Arvo 17
Lago Cecita 17, 20, 97, 100
Lago dell'Angitola 17f., 176ff.
Lago Tarsia 17f.
Laino Borgo 39
Laos-Fluss 17, 62ff.
Largo Arvo 103ff
Le Castella, Wasserschloss 131ff.
Lipuda-Fluss 139
Locri 22, 128, 150, 152, 198, 215f.
Locri Epizefiri 214f.
Lago di due Uomini 17
Longobucco 35
Lungro 115
Luzzi 85f.

Maida 26
Maierà 55
Mancuso 97, 104, 106
Marchesato 128ff.
Melfi 26
Melissa 137ff.
Melito Porto Salvo 214
Messina 26
Mongiana 32, 176, 188f.
Montalto Uffugo 40, 57, 83f.
Monte Altare 97
Monte Botte Donato 103
Monte Cavallo 213
Monte Cocuzza 14, 210
Monte Consolino 191
Monte Curcio 100, 105
Monte Fuscaldo 141
Monte Livia 22
Monte Pollino 14, 18, 20f., 40,

239

48ff., 52, 62, 67f., 120, 124
Monte Poro   14, 41, 172
Monte Scuro   100
Monte Sorbello   105
Monte Sordillo   97
Monte Spina   97
Monte Stella   32
Monterosso   178
Morano   41
Murria-Fluss   161
Musofalo-Fluss   142

Neto-Fluss   16f., 97, 136, 139
Nicotera   173ff.
Nocera Terinese   39

Oriolo   124f.

Palermo   26
Palmanocera   69
Palmi   42
Paludi   97, 110
Palumbo   97
Paola   39, 92f.
Papasidero   63
Parghelia   38, 160, 164f.
Pentidàttilo   208
Piana degli Albanesi   115
Pizzo   176ff.
Praia a Mare   26, 39, 48f., 139

Racise   97, 106
Raganello, Flusstal   68
Reggio di Calabria   20, 52, 65, 89,
   114, 136, 139, 167, 171, 175, 194,
   198, 201ff., 205
Rende   81ff.
Riace   172, 205
Rocca Imperiale   124
Roccaforte del Greco   212
Roccelletta di Borgia   152
Roghudi   212
Rogliano Grimaldi   86
Roseto Capo Spulica   123
Rossano 33, 38f., 97, 111ff., 124

San Benedetto Ullano   115
San Demetrio Corone   97, 115f.
San Giovanni di Fiore   79, 102f.
San Nicola   79
Santa Maria del Cedro   64
Santa Severina   38, 140
Savuto-Fluss   7, 86
Scalea   49, 52
Scilla   42, 198ff.
Serra Dolcedorme   14, 62
Serra San Bruno   183f.
Serre   18, 36
Siano   147
Sibari   116ff.
Sila   16f., 18, 20, 23, 32, 79, 96ff.
Sila Grande   16, 20, 96f., 99ff., 110ff
Sila Greca   17, 96f., 120
Sila Piccola   20, 96f., 105ff., 148
Soriano   36, 184f.
Soverato   14, 154ff.
Spezzano Albanese   21, 39, 116
Squillace   36, 134, 152ff.
Staiti   38
Staletti   14, 154f.
Stilo   32f., 38, 113, 176, 189ff.
Strongoli   137ff.
Sybaris   26, 116ff., 123, 128
Syrakus   26, 150

Taverna   33, 97, 107f.
Terme Luigiane   61
Timpa Conca   68
Timpa del Demanio   68
Timpa di Cassano   69
Timpone Bruno   16
Timpone della Motta   68
Tiriolo   35f., 148ff.
Torre Galli   170
Trebiacce   122
Trionto-Fluss   17
Tropea   34ff., 160, 167ff.

Vallata del Fiume Bagni   61
Vibo Valentia   160, 179ff., 215